외교관이 되는 길

외교관 후보자 선발 제2차 시험
기출 문제 및 연습문제 풀이 포함

외교관이 되는 길 외교관 후보자 선발 제2차 시험
기출 문제 및 연습문제 풀이 포함

발행일	2018년 9월 21일

지은이	황 용 식		
펴낸이	손 형 국		
펴낸곳	(주)북랩		
편집인	선일영	편집	오경진, 권혁신, 최승헌, 최예은, 김경무
디자인	이현수, 김민하, 한수희, 김윤주, 허지혜	제작	박기성, 황동현, 구성우, 정성배
마케팅	김회란, 박진관, 조하라		
출판등록	2004. 12. 1(제2012-000051호)		
주소	서울시 금천구 가산디지털 1로 168, 우림라이온스밸리 B동 B113, 114호		
홈페이지	www.book.co.kr		
전화번호	(02)2026-5777	팩스	(02)2026-5747

ISBN	979-11-6299-337-8 13340

이 도서의 국립중앙도서관 출판예정도서목록(CIP)은 서지정보유통지원시스템 홈페이지(http://seoji.nl.go.kr)와
국가자료공동목록시스템(http://www.nl.go.kr/kolisnet)에서 이용하실 수 있습니다.
(CIP제어번호: CIP2018029797)

외교관 후보자 선발시험을 거쳐 외교관이 되려는 자들이
헤매지 않고 지름길로 목표를 달성할 수 있는 방법을 제시!

외교관이 되는 길

황용식 편저

외교관 후보자 선발 제2차 시험
기출 문제 및 연습문제 풀이 포함

북랩 book Lab

저자가 이 책을 저술하는 데 몰두할 수 있도록 도와준
아내에게 감사하는 마음을 담아 이 책을 바친다.

외교관은 국가를 대표해 국가가 국제사회에서 대외 교섭을 통해 지향하고자 하는 목표를 달성하는 데 기여한다. 자국 외교관의 외교 활동은 국가를 대표해 행해지므로 외교관 활동의 질은 국가 이익에 직접적인 영향을 미친다. 또한 국가는 외교관이 국가를 대표해 활동한다는 점을 고려해 외교관에게 국가 체면을 유지할 수 있도록 정신적·물질적으로 지원한다. 이러한 이유로 모든 국가가 외교관을 소수 정예화할 필요가 있어서 외교관을 선발하는 데 각별한 주의를 기울여 우수한 외교 인력을 확보하려고 한다.

외교관은 국가 공무원 중의 하나이나 다른 일반 공무원들과 달리 일반 국민들과 접촉할 기회가 적다. 그러다 보니 국민들은 외교관이 하는 업무를 정확히 이해하고 외교관이 어떠한 절차로 선발되는지에 대해 상대적으로 관심이 적다.

젊은 청년들이 외교관에 관심을 가지고 막연히 외교관이 되고 싶어 하는 꿈을 가지고 있다가 실제로 외교관이 어떻게 선발되는지 알게 되었을 때, 외교관이 되는 시험이 다른 공무원 선발 시험에 비해 외국어 구사능력 등 요구되는 수준에 도달하기까지 너무 많은 시간이 소요됨을 알고 외교관이 되는 꿈을 포기하기도 한다.

이러한 점을 고려한다면 외교관이 되려는 꿈을 가진 젊은 청년들은 고등학교 시절부터 외교관 선발 시험에서 요구하는 수준을 이해하고 이에 대비해 나가야 한다. 고등학교 시절 영어와 제2 외국어의 기초를 닦아놓지 않으면 외교관 시험을 준비하기가 매우 험난하기 때문이다.

이 책은 외교관 시험이 어떠한 특수성을 가지고 있는지를 설명하고, 고등학교에 다니는 학생을 포함해 외교관이 되려는 꿈을 가진 젊은 청년들이 외교관 선발시험을 준비하는 데 만시지탄(晚時之歎)을 하고 포기하는 일이 없도록 하자는 일념에서 쓴 책이다.

2018년 8월 하순

황 용식

V. 외교관 후보자 선발 시험 제2차 시험 연습 문제 … 225

국제법 / 227

국제정치학 / 251

경제학 / 287

색인 … 333

I.

직업 외교관의 지위

외교관은 외교 업무를 담당하는 국가 공무원이다.

외교란 국가를 대표해서 국가의 이익을 추구하기 위해 다른 나라 대표들과 교섭하는 행위가 주된 업무다. 그 때문에 외교 행위를 할 수 있는 자격을 부여하는 데에는 외교권을 통합적으로 가진 국가원수가 특정인을 공관장으로 임명해 바로 외교 업무를 하도록 하는 정치적 임명도 있으나, 일반적으로 각국은 외교를 총괄해 담당하는 외교부를 설치하고 외교 업무를 직업적으로 담당할 공무원을 선발해 이들로 하여금 장기적이며 지속적으로 외교 업무를 담당하게 하고 있다. 이러한 외교관을 직업 외교관이라고 하고 『외교관이 되는 길』에서 말하는 외교관은 바로 이러한 직업 외교관을 말한다.

직업 외교관(이하 '외교관'이라 한다)은 전문적으로 외교 업무를 담당하는 자들이지만 오늘날 대부분의 외교관은 대외적인 교섭 업무에 종사하는 시간보다 대외 교섭을 준비하기 위한 대내적 행정 업무를 하는 데 더 많은 시간을 소비하는 것이 사실이다.

외교관은 일반적으로 일정 기간 동안 해외에 파견되어 근무하다가 다시 국내에 들어와 외교부 본부에서 근무하는 순환 근무 방식으로 근무한다. 외교관이 국내에 들어와서 외무 행정 관료로 근무할 때도 주한 외국 공관원을 상대로 외교 교섭을 하는 경우가 있지만, 국내 근무 시에는 외교 교섭 업무보다 외교 행정 업무에 종사하는 시간이 훨씬 더 길다. 외교관이 국내에서 행정 관료로서 여러 가지 행정 업무를 하는 것은 일반 공무원과 유사한 점이지만, 외교관이 해외에서 근무하면서 주재국의 정부 인사나 다른 나라의 대표와 만나 외교 활동을 한다는 점은 일반 공무원과 다른 점이다.

외교관은 외국 사람과 교섭 업무를 한다는 점에서 일반 공무원과 다르기 때문에 외무 공무원의 신분을 규율하는 기본법은 일반 공무원을 규율하는 「국가공무원법」에 더해 별도로 특별법인 「외무공무원법」의 적용을 받으며, 외무 공무원의 계급도 일반 공무원과는 다르게 외무 공무원의 직무 등급을 별도로 외무부령으로 정하도록 하고 있다,

외무 공무원의 직무 등급은 1등급부터 14등급까지 세분화되어 있으며 일반 공무원의 경우에는 승진할수록 직급의 숫자가 내려가게 되어 있으나 외무 공무원의 직무 등급은 직위가 높을

수록 그 직무를 담당하는 외무 공무원 직무 등급의 숫자가 올라가게 되어 있다. 즉, 외무 공무원의 경우 1등급이 가장 낮은 등급이며 14등급이 가장 높은 등급이다.

II.

외교관 채용 시험의 종류와 내용

우리나라에서 외교관이 되는 길은 시험을 통해 외교부에 들어가는 것이 보편적인 방법이다. 정치적 임명(political appointee)을 통해 바로 공관장이 되어 외교 업무에 종사할 수도 있지만, 세계 각국에 있는 대부분의 직업 외교관(career diplomat)은 먼저 외교부에 들어가서 충분한 수련을 겪은 후 공관장을 역임하게 된다. 이렇게 하면 동일한 과정을 밟은 다른 나라 외교관과 유사한 경험을 공유할 수 있어 나중에 공관장이 되었을 때도 상호 교류하고 협조하는 데 도움이 된다.

우리나라에서 외교부에 들어가는 방법은 인사혁신처에서 정기적으로 시행하는 외교관 후보자 선발 시험(현재 약 40명 정원)을 거쳐 국립외교원에서 시행하는 연수 과정(현재 약 1년)을 거친 후 연수 과정 성적을 기초로 최종적으로 선발된(현재 약 10% 미만이 탈락) 후 5등급 외무 공무원이 되는 방법이 있다. 5등급 외무 공무원으로 임용되는 길은 현재 제도하에서는 시험을 통해 신입 외무 공무원을 선발하는 방법 중 가장 높은 등급을 부여받고 외교부 업무를 시작하도록 하는 가장 전통적인 길이다.

외교관이 될 수 있는 자격은 다음과 같다. 외국어 구사 능력이 뛰어나고 확고한 국가관이 있어야 하며 정치, 경제, 사회, 문화 등 각 분야에 대한 상식이 풍부하고 교양을 갖추어야 한다고 규정하고 있으며 이러한 자격에 합당하는지의 판별 여부는 선발 시험을 통해 결정한다. 외교관이 되는 데 필요한 학력 제한은 없으나 나이는 20세 이상에서 32세 미만까지 제한을 두고 있다.

외교관을 선발하는 시험에는 외교관 후보자 선발 시험과 7급 외무 공무원 채용 시험이 있다.

외교관 후보자 선발 시험 제도는 2013년부터 시행되었으며 이 제도는 그 전 1950년에 있었던 고등고시 행정과 3부로부터 시작해 외무고시, 5급 외무 공무원 채용 시험 등으로 이어져 온 제도를 승계한 것이다. 2013년에는 5급 외무 공무원 채용 시험과 외교관 후보자 선발 시험을 병행해 실시하였으나 2014년부터 5급 외무 공무원 채용 시험을 폐지하고 외교관 후보자 시험으로 단일화하였다.

7급 외무 공무원 채용 시험에 합격한 자는 국립외교원에서 일정한 기간(현재는 6개월) 동안 훈련을 받은 후 시보 기간을 거쳐 3등급 외무 영사직 공무원으로 임용될 수 있다.

외교관 후보자 선발 시험은 대부분 일반외교 분야에서 선발하나 그 밖에 일부 인원을 특정 분야에 경력을 가진 자를 대상으로 해 지역별 전문가를 선발하는 지역 전문가 분야와 경제와 다자외교(多者外交) 분야의 전문가를 선발하는 외교 전문 분야로 나누어 경력의 인정과 시험 과목을 약간 다르게 하고 있다. 그러나 지역 외교, 외교 전문 분야의 인력은 2019년부터는 5등급 외무 공무원 경력경쟁 채용 시험으로 대체하기로 하였다.

외교관 후보자 선발 시험은 제1차, 제2차, 제3차(면접)로 총 3차에 걸쳐 시행하는데, 제1차 시험으로 보는 과목은 헌법, 공직자 능력 평가 시험(Public Service Aptitude Test, PSAT)이 언어논리 영역, 자료해석 영역, 상황판단 영역으로 나누어 객관식으로 출제된다. 그리고 이에 더해 한국사, 영어, 제2 외국어 시험을 본다.

이중 한국사는 한국사 능력 검정 시험의 2급 이상에 합격한 것을 입증하는 자료를 제출해야 하고 영어와 제2 외국어는 제1차 시험 전에 영어 능력 평가 검증기관에서 시행하는 시험에서 일정한 수준 이상의 등급을 받은 것(현재 시험 본 일자로부터 2년 이내의 유효기간이 지나지 않은 것)을 증명하는 서류를 제출해야 한다.

외교관 후보자 선발 시험에서 요구하는 영어 능력 검정 시험기관의 성적은 TOEFL의 경우 인터넷 시험인 IBT 97점, 시험지로 보는 PBT 590점 이상, TOEIC의 경우 870점 이상, G-TELP의 경우 Level 2 88점 이상, 서울대학교에서 운영하는 민간자격 국가공인 영어 능력 검증 시험인 TEPS의 경우와 한국외국어대학교가 개발하고, 대한상공회의소, 한국외국어대학교가 공동 시행하고 있는 전문적인 외국어 능력 시험인 FLEX의 경우에는 모두 800점 이상을 획득할 것을 요구하고 있다.

제2 외국어는 독어, 불어, 러시아어, 중국어, 일어, 스페인어 아랍어 중 하나를 선택해 이들 언어의 구사 능력에 대한 국제적 평가기관이 시행하는 언어 능력 검정 시험에서 일정한 등급을 취득한 것을 제출해야 한다. 이 역시 유효기간(시험 본 일자부터 2년간) 내에 있다는 것을 증명하는 서류를 제1차 시험일 전까지 현재의 시험 시행기관인 인사혁신처에 제출해야 하며 아랍어의 경우에는 별도로 시행하는 어학 검정 시험을 통해 그 언어에 대한 일정 수준 이상의 구사 능력이 있음을 인정받아야 한다.

외교관 후보자 선발 시험에서 요구하는 제2 외국어의 성적은 서울대학교 언어교육원이 출제하고 TEPS 관리위원회가 주관하는 외국어 능력 시험인 SNULT의 성적이 60점 이상, FLEX 성적은 750점 이상일 것을 요구되며 해당 외국어의 모국이 시행하는 시험은 시험 시행 기관별로 획득해야 할 성적을 별도로 규정하고 있다. 독어의 경우 Test DAF 시험에서는 수준 3, Goethe Zertifikat 시험은 GZ B2, 불어의 경우에는 DELF B2, 러시아어의 경우는 TORFL 1단계, 중국어의 경우에는 신 HSK 5급 210점, 일어의 경우에는 JPT 740점, JLPT N2 150점, 스페인어는 DELE B2를 기준으로 각각 그 이상의 점수를 획득할 것을 요구하고 있다.

외교관 후보자 선발 시험 제2차 시험은 국제법, 국제정치학, 경제학 각 분야의 주관식 논술시험과 학제통합논술시험 Ⅰ과 Ⅱ로 나누어 실시된다. 이중 국제법, 국제정치학, 경제학의 경우, 별도로 된 주관식 논술 시험은 각각 3~4개의 문제를 주고 각 문제에서 세부 문제로 나누어 각각 100점 만점을 단위로 출제하고 있다.

학제통합논술시험 Ⅰ과 Ⅱ는 국제법 국제정치학, 경제학을 종합해 응용할 수 있는 능력을 평가하기 위한 것으로, 각각 5개에서 7개의 제시문을 주고 이 제시문들을 기초로 가상적인 문제를 주어 이들 문제에 대한 종합적인 지식을 활용해 문제 해결 능력을 평가한다. 이들 제시문에는 영어로 된 문제도 다수 있어서 영어에 대한 이해력도 함께 평가된다. 학제통합논술시험 Ⅰ과 Ⅱ는 각각 100점 만점의 시험이며 국제법, 국제정치학, 경제학 분야의 별도로 된 주관식 논술 시험으로 분야별 100점과 합해 제2차 시험은 전체 500점 만점으로 한다. 수험자들의 제2차 시험 성적순대로 선발 인원에 해당하는 인원수를 선발해 제3차 시험(면접)을 볼 자격을 부여한다.

7급 외무 공무원 채용 시험은 현재 40명(장애인 3명 포함)을 선발하는데 시험 과목은 선택형 필기시험으로 국어(한문 포함), 영어, 한국사, 헌법, 국제정치학, 국제법과 독어, 불어, 러시아어, 중국어, 일어 스페인어 중에서 1과목을 선택하게 하고 있으며 영어의 경우 영어 능력 평가기관에서 시행하는 영어 능력 검정 시험에서의 획득한 유효기간 내의 성적을 제출하도록 하고 있다. 다만 이들 기관에서 얻어야 할 기준 성적은 외교관 후보자 선발 시험을 보기 위해 얻어야 하는 기준 성적보다 낮은 IBT 86점, PBT 567점, TOEIC 790점, G-TELP Level 2 77점, TEPS와 FLEX 는 모두 700점 이상으로 책정되어 있다.

III.

외교관 채용 시험 대비 방법(제안)

위와 같은 외교관 채용 시험이 다른 공무원 채용 시험과 비교해 크게 다른 점은 제1차 시험을 볼 수 있는 자격으로 다른 공무원 시험에 비해 더 수준이 높은 영어 구사 능력과 다른 공무원 시험에서는 요구하지 않는 제2 외국어에 대한 구사 능력을 증명하는 서류를 제출해야 한다는 점이다.

외교관 후보자 선발 시험 제1차 시험을 볼 수 있는 자격으로 요구하는 영어와 제2 외국어의 구사 능력은 대체로 그 언어를 사용하는 국가의 지식인과 일상 회화가 가능하고, 그 나라에서 발간되고 그 나라의 지식인들이 보는 일간지 또는 주간지를 이해할 수 있는 정도라고 할 수 있다.

영어와 제2 외국어의 구사 능력이 위와 같은 수준에 도달한다는 것은 1, 2년 정도의 단기간의 노력으로는 달성하기 어렵다. 그러나 언어 구사 능력은 일단 어느 정도의 수준에 도달하면 그 수준을 유지하는 것은 비교적 쉬운 일이다. 그러므로 외교관 후보자 선발 시험에 응시하고자 할 경우, 영어나 제2 외국어의 구사 능력을 외교관 후보자 선발 시험 제1차 시험을 볼 수 있는 자격이 될 정도의 수준으로 올려놓는 것이 최우선이다.

그렇게 되려면 영어는 초등학교 또는 늦어도 중학교, 제2 외국어는 늦어도 고등학교에서부터 이들 언어를 습득하는 노력을 집중적으로 해 이들 언어에 대한 기초를 쌓아놓는 것이 매우 유리하다. 만약 그러한 기초가 부족할 경우 외교관 후보자 선발 시험에 응시하려면 우선 이들 언어에 대한 구사 능력을 배양해 이들 언어에 대한 객관적 평가기관에서 실시하는 능력 시험에서 필요한 등급을 얻는 데 집중적인 노력을 하는 것이 외교관 후보자 선발 시험에 대비하는 효율적인 방법이다.

특히 영어는 외교관이 된 후에도 지속해서 활용해야 하는 언어이기 때문에 외교관이 되려면 우선 영어 구사 능력을 일정 수준 이상으로 배양하는 것이 필수적이다. 또한 영어 실력이 수준급에 도달하면 제2차 시험 과목을 준비하는 데도 매우 유리하다. 영어로 된 교재를 읽거나 영어로 하는 외국 유명 교수들의 동영상 강좌(거시경제학 부문에 다수의 저명한 외국학자들의 강의 동영상이 올라와 있다)를 보거나 영어 신문이나 잡지에서 제2차 시험에 도움이 될 자료를 찾아서 공부할 수 있기 때문이다.

외교관 후보자 선발 시험에서 국사와 영어, 제2 외국어의 경우 이들 분야에서 요구되는 수준의 능력을 증명할 수 있는 검증기관에서의 시험을 통해 그 결과를 제1차 시험 시행 전에 현재 시험 관장 기관인 인사혁신처에 제출해야 한다. 그러나 헌법과 공직자 능력 평가 시험(PSAT)은 별도의 객관적 시험으로 평가해 그 성적이 일정한 수준에 도달한 자에게만 제2차 시험을 볼 수 있는 자격을 부여한다.

헌법과 공직자 능력 평가 시험은 일반 공무원 채용 시험에도 동일한 과목의 시험을 치러야 하므로 이 분야에 관한 각종의 문제집이 나와 있어서 이러한 문제집을 통해 그 수준을 판별하고 이에 대비할 수 있다.

그중 공직자 능력 평가 시험은 형태상 현재 시행하고 있는 대학 수학 능력 시험과 유사한 시험이다. 그러나 수능 시험이 고등학교 과정의 교육을 받았는지를 테스트하는 것이라면 공직자 능력 평가 시험은 대학교 교육 수준의 지식을 일상생활에 활용할 수 있는가를 테스트하는 시험이어서 시험 내용은 특정 지식을 가지고 있는가를 판별하려고 하기보다 시사성 있는 일반상식을 기초로 이를 응용해 해결하도록 요구하는 경우가 대부분이다.

따라서 공직자 능력 평가 시험을 준비하려면 특정 서적을 보고 지식을 암기하는 것보다 광범위한 분야의 독서와 일간지 등의 신문을 통해 현실적인 문제가 무엇인지를 파악하고 이를 해결하는 능력을 배양하도록 하는 훈련이 필요하다.

외교관 후보자 선발 시험 제2차 시험인 국제법, 국제정치학, 경제학 각각 분야의 주관식 논술시험과 학제통합논술시험 Ⅰ과 Ⅱ는 출제 범위가 매우 광범위하고 극히 높은 수준의 문제가 출제된다. 따라서 이들 과목의 시험에 대비하려면 큰 노력이 필요한 것은 사실이나 준비하는 방법상의 요령을 터득하면 불필요한 노력의 낭비를 막고 효율적으로 대비할 수 있다.

이들 과목의 시험을 준비하는 방법상의 요령을 아래와 같이 제시한다.

첫째, 이들 시험은 모두 외교관으로서 활동하는 데 도움이 될 수 있는 지식의 응용 능력을 테스트하는 것이어서 대부분의 문제가 추상적인 지식을 가졌는지를 알아보는 테스트가 아니라

현실성과 시사성이 있는 구체적인 상황을 주고 그 상황을 해결하는 능력을 테스트하는 것이다.

따라서 이러한 시험을 준비하기 위해서는 항상 신문과 잡지, 인터넷 등을 통해 현실적으로 제기되고 있는 문제가 어떤 것이며 그러한 문제를 해결하는 방안이 무엇인지에 대한 해결책을 강구해 보는 노력이 필요하다. 이러한 노력을 지속해서 하려면 국제적으로 부각되는 문제를 발굴하여 그 문제를 해결하는 방안을 인터넷 등을 통해 검토하고 그 요지를 노트에 기술하고 수시로 이를 보완·수정해나가는 것이 효율적이다(Sub-note 활용).

최근 출제 경향으로는 국제적으로 이슈가 되고 있는 문제나 노벨상 수상자 또는 국제적으로 유명한 학자의 논문에서 언급된 내용을 문제로 제시하는 경우가 많은 점을 고려해서 신문, 잡지, 인터넷을 통해 국제적으로 이슈가 되고 있는 문제를 발굴하고 이에 대한 해결방안을 검토해 정리하는 습관을 지니는 것이 중요하다.

둘째, 과거 외교관 후보자 선발 시험에서 출제된 문제를 검토해 그 문제에 대한 풀이를 철저하게 이해하고 그 수준과 유사한 수준의 문제를 만들어 해결해 보는 것이 매우 효율적이다.

외교관 후보자 선발 시험의 출제를 담당하는 부서(2013년과 2014년 시험은 안전행정부가, 현재는 인사혁신처가 시험을 관장함)가 출제 위원들에게 출제를 의뢰할 때 과거 출제 문제를 참고로 제시하고 출제의 난이도에 지속성을 유지하도록 당부하기 때문에, 출제 위원들도 과거 출제 문제를 참고로 해 출제한다는 점을 고려하면 과거 출제 문제를 검토해 보는 것이 매우 유용하다는 것을 알 수 있다.

실제로 기업의 최적 생산량을 구하는 문제와 GATT에 관한 문제는 경제학뿐만 아니라 국제법, 학제통합논술시험에서도 반복적으로 출제되었으며, 효용 이론과 게임 이론도 경제학과 학제통합논술시험에서 수차례 출제된 바 있고, 국제법에서는 유엔해양법, 외교관의 면제특권, ICC와 ICJ의 관할권 등의 문제 또한 여러 번 출제된 바 있다. 특히 2013년 국제법 문제와 2014년 국제법 문제에서는 ICC의 관할권 문제와 해양법상 경제수역 경계 확정 문제가 연이어 출제된 바 있다.

셋째, 주관식 답안 작성에서 기초 지식이 부족하다는 것이 나타나면 감점을 당한다는 사실을 중요하게 생각하고 모든 과목에서 기초 지식을 튼튼하게 하는 훈련이 필요하다.

제2차 시험은 모두 주관식으로 출제되므로 그 답안 작성은 기초 지식을 활용해 논리가 맞도록 작성되어야 득점을 하게 되나 채점 위원이 채점하는 과정에서 답안지에 답안 작성자의 기초 지식이 부족하다는 점이 나타날 때에는 크게 감점을 한다는 사실을 염두에 두어야 한다. 득점하기는 어려운 일이나 감점당하기는 쉽다는 점을 인식하고 답안 작성은 확실한 기초 지식을 근거로 논리를 전개해 나가야 한다. 채점 위원들이 수험자의 기초 지식이 부족하다는 인식을 받게 되는 결정적인 사항은 수험자가 기초 개념을 제대로 파악하지 못하고 있다는 인식을 하게 되는 상황이다. 이런 점을 고려해 중요한 개념은 서브 노트(sub-note)에 기재해 평소에 익히도록 하는 방법이 효과적이다.

제2차 시험의 과목별 문제뿐만 아니라 특정 과목에 한정되지 않고 종합적인 지식을 테스트하기 위해 전체 과목에 관련한 응용문제가 출제되는 학제통합논술 Ⅰ과 Ⅱ 내용을 보면 문제에서 언급되는 개념을 정확히 인식하고 이러한 개념을 활용한 기초 지식을 바탕으로 답안을 작성하기만 하더라도 적어도 평균 점수 이상을 얻을 수 있는 문제가 많다.

넷째, 제2차 시험 최종합격자는 시험 과목의 일정한 득점을 기준으로 선발하는 것이 아니라 전체 선발 인원을 시험 성적 순서로 선발하는 것이라는 사실을 염두에 두어야 한다. 이러한 점에 비추어 시험 문제의 난이도는 제2차 시험 합격에 직접 영향을 주는 것이 아니라는 점 또한 염두에 두어야 한다.

이제까지 출제된 외교관 후보자 선발 시험의 내용은 난이도가 매우 높은 편이었는데 난이도는 모든 수험생에게 공평하게 적용되는 것이므로 어려운 문제가 출제되더라도 당황하지 말고 정확한 기초 지식을 활용해 자기 나름의 논리를 전개하고 최종 결과를 기다리는 자세가 중요하다.

IV.

외교관 후보자 선발 시험 제2차 시험
기출 문제풀이, 출제 경향 분석 및
준비 방안(제안)

외교관 후보자 선발 시험이 시작된 2013년 이래로 2018년까지 제2차 시험에서 출제된 문제는 대체로 구체적 사안을 제시하고 이에 대한 설명을 요구하는 서술식 문제였다. 이들 문제를 여기에 게재하고 그 문제들의 풀이, 출제 경향 및 시험 준비 방안을 아래와 같이 제시한다.

(단, 출제 문제 중에서 국제정치학이나 학제통합논술의 일부 문제는 시사성이 있어서 출제 당시의 국제정세와 여기서 문제를 풀이하는 시점에서의 상황이 변동된 부분이 있어서 시점별로 답안 풀이 내용이 다를 수 있다. 여기에서의 풀이 내용은 이 책의 집필 시점인 2018년 8월 하순을 기준시점으로 작성하였음을 밝혀둔다.)

국제법

1. 기출문제와 풀이

2018년 시험

제 1 문. 다음 제시문을 읽고 물음에 답하시오. (총 40점)

> (가) A국과 B국은 2012년 정상회담에서 경제협력에 관한 공동선언문에 합의·서명하였다. 이 선언문은 제2조 내지 제14조에서 구체적 경제 협력 사항, 제15조에서 분쟁 발생 시 중재 회부, 제16조에서 개정 및 폐기를 규정하였다. A국에서는 이 선언문이 입법부의 동의를 얻은 후 조약번호 부여 없이 공동선언문 순서 번호가 부여되어 관보의 '기타' 항목에 게재되었다.
>
> (나) 2015년 B국에서 정변이 발생하였다. 새 정부는 위 선언문이 국제법상 조약이 아니며, 설령 조약이더라도 첫째, 당시 합의·서명한 혁명평의회 의장이 국가원수의 지위에 있지 않기에 조약을 체결할 권한이 없고, 둘째, B국 국내법상 모든 구속력 있는 합의가 평의회에서 의결되어야 하지만 위 선언문이 그 절차를 거치지 않았으므로 B국이 선언문에 구속받지 않는다고 주장한다 (A국과 B국은 「조약법에 관한 비엔나 협약」의 당사국임).

1) 위 선언문이 국제법상 조약인지 여부를 판단하시오. (20점)

풀이

A국과 B국은 「조약법에 관한 비엔나 협약」의 당사국이므로 동 조약을 준수해야 할 의무가 있는데 「조약법에 관한 비엔나 협약」 제2조에서는 조약(treaty)을 '국가 간에 문서에 의해 체결되고 국제법에 의해 규율되는 국제적인 합의'라고 규정하고 있으며 그 명칭 여하를 불문한다는 것이 일반적인 해석이다. 위 문제에서 A국과 B국의 정상회담에서 합의 서명한 내용은 양국 간의 국제법률 행위를 규정한 것이므로 「조약법에 관한 비엔나 협약」에서 언급한 조약이다.

2) 위 비엔나 협약에 입각해 (나)의 B국 주장이 타당한지를 논하시오. (20점)

풀이

조약은 서명할 다시 서명한 자가 종합적인 상황으로 보아 국가를 대표해 서명하였으면 조약의 정당한 서명권자에 의한 서명으로 간주되며 반드시 국가원수에 의해 서명되어야 하는 것은 아니다(「조약법에 관한 비엔나 협약」 제5조). 또한 조약은 서명되면 비준이나 그 밖의 수락에 의해 정식으로 자국에 관해 구속력이 발생하기 전이라도 그 조약의 취지와 목적을 상실하는 행위를 삼가야 할 의무를 지므로(「조약법에 관한 비엔나 협약」 제18조), B국이 선언문이 국내 절차를 거치지 않았다고 해서 선언문에 구속받지 않는다고 주장하는 것은 부당하다.

제 2 문. A국과 B국은 2007년 A국의 X지역 개발에 관한 Y조약을 체결하였다. Y조약에 따르면, A국은 B국에게 X지역의 희귀광물인 희토류를 매년 5만 톤씩 공급하기로 하였고, B국은 A국에게 매년 전력 1백만 kw를 제공할 뿐만 아니라 X지역 선주민인 알바스족의 거주와 생존에 필수적인 식량 50만 톤과 응급의료용품을 인도적 차원에서 매년 제공하기로 하였다. Y조약은 발효 이후 정상적으로 이행되었다. 그러나 2010년 C국이 A국의 우발적인 국경 총격을 구실로 A국의 희토류 매장지를 공중 폭격해 채굴이 불가능할 정도로 파괴하였다. 이후 2011년에 이르러 A국은 B국에게 희토류를 공급하지 않았고, B국은 이에 대응해 A국에게 전력 외에도 식량 및 응급의료용품을 제공하지 않았다. 2001년 「국제위법 행위에 대한 국가 책임 초안」에 의거해 다음 물음에 답하시오.

(총 40점)

1) A국은 희토류 미공급에 대한 국가 책임을 지는지를 검토하시오. (20점)

풀이

A국은 B국에 대한 희토류 미공급은 'C국이 A국의 우발적인 국경 총격을 구실로 A국의 희토류 매장지를 공중 폭격해 채굴이 불가능할 정도로 파괴하였기 때문'이라고 해석할 수 있다. 「국제위법 행위에 대한 국가 책임 초안」 제23조는 불가항력(force majeure)에 의한 국제법 의무 위반의 경우에는 불가항력으로 발생한 사실이 국제법 위반을 한 국가의 책임으로 발생하였거나 그 국가가 그 위험을 감수해야 할 경우가 아닌 한 위법성이 조각(阻却, precluded)된다고 하였다. A국의 B국에 대한 희토류 미공급은 불가항력으로 발생한 사실에 근거한다고 해석할 수 있으므로 A국의 국제법 위반 행위는 그 위법성이 조각되어 국가 책임을 지지 않는다고 해석할 수 있다.

2) A국의 희토류 미공급에 대응해 B국의 전력, 식량, 응급의료용품의 제공 거부가 허용되는지를 검토하시오. (20점)

풀이

B국의 전력, 식량, 응급의료용품의 제공 거부는 A국의 희토류 미공급에 대응해 취한 행위이다. 「국제위법 행위에 대한 국가 책임 초안」 제22조는 "국제의무 위반이 상대국가의 위반 행위에 대한 대응 조치로 취해진 경우에는 그 대응 조치가 제2부 제3장에 규정한 강행 규범(peremptory norm, *jus cogens*)에 해당하지 않는 한, 위법성이 조각된다."고 하였다. A국의 희토류 미공급은 비록 불가항력에 의해 발생하였다 하더라도 위법 행위인 것은 변함이 없으며 B국의 전력, 식량, 응급의료용품의 제공은 A국의 희토류 공급에 대한 반대급부의 성격을 가지고 있으며 동 거부가 강행 규범을 위반하는 것으로 해석할 수 없기 때문에 B국의 전력, 식량, 응급의료용품의 제공 거부가 허용된다.

제 3 문. A국의 상선 X가 B국 영해를 항행하던 중 선내에서 C국 선장 甲이 D국 항해사 乙을 살해하는 사건이 발생하였다. C국과 B국 간에는 범죄인 인도 조약이 체결되지 않았으며, 양국 모두 범죄인 인도와 관련된 다자조약의 당사국이 아니다(A, B, C, D국은 모두 「해양법에 관한 국제연합 협약」의 당사국임).
다음 물음에 답하시오. (총 20점)

1) B국이 甲을 C국에 인도할 수 있는지를 검토하시오. (10점)

풀이

영해는 국토의 연장으로 국가의 주권이 미치는 영역이다. 또한 개별 국가는 각각 주권을 가지고 있으며 이러한 주권의 속성으로 대인고권(personal sovereignty)과 영토고권(territorial supremacy)을 가진다. 그러나 항행 중인 선박은 선박의 국적국이 있어 그 국기를 게양하고 영해를 통과하는 중 선박 내에서 일어난 범죄에 관해서는 선적국의 주권을 존중해야 할 필요성(군함의 경우에는 치외법권을 가진다), 선박의 항행의 편의, 연안국의 영토고권 사이의 조화를 도모하고 있다. 유엔해양법 협약 제27조는 기본적으로 연안국은 선박 내에서 일어난 범죄의 결과가 자국에 미치는 경우를 제외하고는 선박 내에서 일어난 범죄 행위에 대한 관할권을 가지지 않도록 하고 있다. 다만 선박의 선장이나 선박 국적국의 외교관이나 영사가 요청이 있을 경우에는 연안국이 형사재판권을 행사할 수 있는데 문제의 경우 B국이 형사관할권을 행사해 B국이 甲의 신병을 확보한 상황이므로 이 경우 B국은 甲을 형사재판에 회부할 수 있다. 그러나 甲은 C국 국민이므로 C국도 甲에 대한 주권을 행사할 수 있다.

따라서 C국과 B국 간에는 범죄인 인도 조약이 체결되지 않았기 때문에 B국이 甲을 C국에 인도할 의무가 있는 것은 아니나 C국의 甲에 대한 주권을 고려해 C국에 인도할 수 있다.

2) B국이 甲에 대한 형사관할권을 행사할 수 있는지를 검토하시오. (10점)

풀이

위에서 언급한 바와 같이 유엔해양법 협약 제27조에 따라 선박의 선장이나 선박 국적국의 외교관이나 영사가 요청이 있을 경우에는 연안국이 형사관할권을 행사할 수 있으므로 B국은 甲에 대한 형사관할권을 행사할 수 있다.

2017년 시험

제 1 문. A국의 국영기업 '갑'은 자국 기업의 사이버전용으로 납품하기 위해 B국의 '을'로부터 다량의 컴퓨터를 구매하는 계약을 체결하였다. 이때 B국 주재 A국 대사는 '갑'의 계약 이행을 보증하였다. 그러나 '갑'은 '을'로부터 계약 내용에 따른 컴퓨터를 인도받은 후 그 대금을 지급하지 않았다. 이에 '을'은 계약 위반을 이유로 자국의 국내 법원에 '갑'과 'A국 대사'를 상대로 소송을 제기하였다. 다음 물음에 답하시오. (총 40점)

1) '을'이 '갑'을 상대로 제기하나 소송에 대해 B국 법원이 재판관할권을 행사할 수 있는지 여부를 논하시오. (20점)

> **풀이**
>
> '갑'이 A국의 국영기업이라 하더라도 공권력을 행사하는 기관이 아니기 때문에 B국 '을'과의 계약은 사법(私法)의 적용을 받는다. B국가는 주권의 내용인 영토고권(領土高權)으로 자국 내 영토에서 발생한 사건에 대한 재판관할권을 가진다. 따라서 본 문제에서 B국 주재 'A국 대사'를 상대로 자국 법원에 제기한 소송에 대해 B국 법원은 재판관할권을 가진다.

2) '을'이 B국 주재 'A국 대사'를 상대로 제기한 소송에 대해 B국 법원이 재판관할권을 행사할 수 있는지 여부를 논하시오. (20점)

> **풀이**
>
> B국 주재 A국 대사가 '갑'의 계약 이행을 보증한 것이 자신의 개인 자격으로 한 것인지 B국 정부의 지시에 따른 것인지는 분명하지 않으나 설사 자국 정부의 지시에 따랐다고 하더라도 이는 A국의 사법(私法) 행위이지 국가 간의 외교가 아니다. B국 주재 'A국 대사'는 외교 관계에서 A국을 대표하나 사법적 계약에 보증을 하는 것은 외교 행위가 아니다. 이와 같은 점에 비추어 B국 법원은 'A국 대사'를 상대로 제기한 소송에서 재판관할권을 행사할 수 있다.

제 2 문. 대규모의 재난이 발생한 A국에 B국 군인들로 구성된 유엔평화유지군이 파병되었다. 위의 유엔평화유지군이 파병된 기간 동안 A국에 심각한 전염병이 발생해 A국 국민 수천 명이 사망하거나 후유장해를 앓았다. 사실 조사 결과 B국 평화유지군의 업무상 부주의로 인하여 전염병이 발생했음이 밝혀졌다.

다음 물음에 답하시오. (총 30점)

1) A국이 유엔을 상대로 국제법상 책임을 추궁할 수 있는지 여부를 논하시오. (15점)

풀이

유엔의 법적 성격은 국제기구로서 권리 능력을 가지는 법인이며 국제법상 하나의 주체가 된다. 유엔 평화유지군은 유엔에 의해 조직된 유엔의 기구로서 활동하는 것이므로 이 기구가 업무상 과실 행위로 발생한 손해에 대해 유엔이 국제법상 책임을 져야 한다.

2) A국이 B국과 유엔회원국을 상대로 책임을 추궁할 수 있는지 여부를 논하시오. (15점)

풀이

유엔은 하나의 법인이므로 유엔의 이름으로 행한 업무에 관해 유엔 회원국은 유엔을 구성하는 부분에 속하고 별도의 권리 능력을 가지지 않는다.

따라서 본 문제에서 유엔의 기구가 업무상 과실로 손해를 발생하게 한 것이므로 A국은 B국과 유엔회원국을 상대로 책임을 추궁할 수 없다.

제 3 문. X해협은 A국 영해로 구성된 국제항행용 수로이다. A국 인근 공해상에서 훈련 중이던 B국의 해군함대는 C국과의 연합훈련을 위해 X해협을 통과해 C국의 배타적 경제수역으로 진출하고자 하였다. B국의 함대는 군함과 해수면 아래로 항해 중인 잠수함으로 구성되어 있다. 다음 물음에 답하시오. (총 30점)

1) A국은 B국 함대가 사전통고 없이 자국 영해에 진입하는 것은 국제법 위반이라고 주장한다. A국이 B국 함대에 대해 퇴거를 요구할 수 있는 국제법적 근거에 대해 설명하시오. (15점)

풀이

오늘날 국제해양 관계를 규율하는 일반 국제법은 1982년 유엔에서 채택되고 1994년 발효한 유엔해양법 협약이다.

유엔해양법 협약은 국제항행에 사용되는 해협(straits used for international navigation)이 공해를 연결하거나, 공해와 다른 나라의 경제수역 사이를 통과하거나, 다른 나라의 경제수역 사이에 있는 국제해협을 통과하는 경우에 항행하는 선박에게 통과 통항권(transit passage)을 인정해 타국의 영해에 있는 해협을 통과할 경우에 적용되는 무해 통항권(innocent passage)과 달리 연안국이 그 선박의 항행을 정지시키지 못하도록 하였다(유엔해양법 제3부 제2절).

그러나 유엔해양법 제3부 제3절 제45조 제1항 (b)에서 국제항행에 사용되는 해협이 타국의 영해와 공해 사이(경제수역 포함)에 있을 경우 영해 사이에 있는 경우와 마찬가지로 무해 통항권만을 인정하였다. 따라서 이 경우에는 영해 사이의 국제해협을 통과하는 경우의 무해 통항권의 관계 규정인 협약 제19조가 적용되어 이 해협을 통과하는 선박은 연안국의 평화, 질서, 안전을 해치지 않아야 한다.

또한 협약 제19조 제2항은 무해 통항권의 내용과 관련해 해협을 통과하는 선박의 특정 행위를 나열해 그러한 행위는 연안국의 평화, 질서, 안전을 해치는 행위로 간주하고 있는데 동 (b)항은 무기 사용에 의한 연습이나 훈련하는 행위를 이에 포함하고 있다. 이러한 해협을 통과하는 선박은 협약 제20조에 따라 잠수함은 수면 위로 부상해 항행해야 하고 모든 선박은 자국기를 게양하고 항행해야 한다. 연안국은 협약 제30조에 근거해 무해 통항권의 규정을 준수하지 않고 항행하는 외국의 군함이나 외국 정부 소유 선박에 대해 즉각 영해에서 퇴거할 것을 요구할 수 있다.

위에서 나타난 바와 같이 문제의 경우 A국은 해양법 협약 제45조 제1항 (b)항과 제19조를 원용해 B국 함대에 대해 퇴거를 주장할 수 있다.

2) B국이 A국의 퇴거 요구에 대해서 반박할 수 있는 국제법적 근거에 대해 설명하시오. (15점)

풀이

B국은 A국이 협약 제45조 제1항 (b)에서 영해와 공해(경제수역 포함) 사이의 해협을 항해하는 경우 무해 통항권에 관한 규정인 협약 제2부 제3절이 적용된다고 한 규정을 근거로 B국 함대의 퇴거를 요구하나 협약 제45조 제2항에서는 영해와 공해 사이의 해협을 무해 통과하는 선박에 대해 정지시킬 수 없다고 규정하였음을 근거로 A국의 퇴거 요구를 반박할 수 있다. 즉, 협약 제45조 제2항의 해석상 협약은 영해 사이의 해협의 경우와 영해와 공해 사이의 해협을 통과하는 선박에 대한 연안국의 권리가 완전히 일치하도록 규정한 것이 아니라고 주장할 수 있다.

2016년 시험

제 1 문. A국의 X정권은 B국에 대해 비우호적인 정책 기조를 가지고 있었으며 대다수 국민과 국제사회로부터 독재정권이라는 비난을 받고 있었다. A국 내에서 결성된 반란단체 Y는 독재정권의 타도와 민주정권 수립을 명분으로 무장투쟁을 통한 X정권의 전복을 선언하였다. 이 상황에서 B국은 A국을 반인권 독재국가로 비난하면서 반란단체 Y를 우회적으로 지원할 목적으로 A국과 외교 관계를 단절하고 그동안 지속되었던 경제원조를 중단하였다. 또한, B국은 A국의 반란단체 Y에게 대규모의 무기와 군수품을 제공하는 한편 재정적인 지원도 병행하였다. 이에 맞서 A국은 자국 내 반란단체 Y에 대한 B국의 군사적 지원을 이유로 B국의 유전지대를 폭격하고 B국의 항구에 기뢰를 설치하였다(단, A국과 B국은 국제연합회원국이다). (총 50점)

1) B국의 행위가 국내 문제 불간섭 원칙의 위반에 해당하는지 논하시오. (15점)

풀이

A국과 B국은 국제연합회원국이므로 국제연합헌장 규정을 준수할 의무가 있다.

유엔헌장에서는 유엔의 목적과 원칙으로 국가 간의 평등과 국민들의 자결권을 존중하면서 우호 관계를 유지하는 것(제1조 제2항)과 함께 경제적, 사회적, 문화적 및 인권적 성격을 가지는 국제문제에서 상호 협조할 것과 인권을 신장하는 것도 규정하고 있다(제1조 제3항).

그러나 유엔헌장은 또한 유엔헌장 제7장에서 규정한 "강제 조치를 집행하는 경우가 아닌 한 어느 국가도 기본적으로 다른 국가의 국내관할권에 속하는 문제에 간섭할 수 없다."고 규정하고 있다(헌장 제2조 제7항).

이와 같은 유엔헌장상의 규정으로 볼 때 문제의 B국이 A국의 독재정권을 비난하면서 A국과의 외교 관계를 단절하고 경제원조를 중단하는 것은 B국의 A국에의 독재정권에 대한 일종의 보복(retortion) 성격을 가지는 것으로 B국의 자유재량에 속한다고 할 수 있다.

그러나 B국이 A국의 반란단체 Y에게 대규모의 무기와 군수품을 제공하는 한편 재정적 지원도 병행한 것은 A국의 국내관할권에 속하는 문제에 개입한 것으로 B국은 A국에 대한 국내 문제 불간섭 의무에 위반했다고 볼 수 있다.

2) B국의 행위가 무력 사용 금지 원칙의 위반에 해당하는지 논하시오. (15점)

유엔헌장은 제2조 3항에서 모든 회원국이 평화적 수단에 의한 분쟁의 해결을 의무로 규정하고 있으며 제2조 제4항에서는 국제 관계에서 무력행사와 무력에 의한 위협을 원칙적으로 모두 금지하였다.

문제에서 B국이 A국의 반란단체 Y에게 대규모의 무기와 군수품을 제공하는 행위는 B국이 직접 무기를 사용하지 않았다 하더라도 간접적으로 무력에 의해 문제를 해결하고자 하는 시도로 볼 수 있으므로 유엔헌장에서 규정한 무력 사용 금지 원칙을 위배하였다고 볼 수 있다.

3) A국의 행위가 자위권의 적법한 행사라고 할 수 있는지 논하시오. (20점)

유엔헌장 제51조는 개별국가에 자위권(right of self-defence)을 인정하고 있다. 그러나 유엔헌장에서 인정하는 자위권은 다른 국가의 '무력 공격'이 발생한 경우에 이에 대항하는 수단으로써만 허용한다. 문제에서는 B국이 A국을 직접 무력 공격을 한 것이 아니므로 A국에게 자위권을 인정할 수는 없다.

다만 A국은 B국이 자국의 반란단체에게 무기와 군수품을 제공한 데 대해 무력으로 복구(reprisal)를 할 경우, 무력을 사용한 것 자체는 국제법 위반이나 상대방의 행위를 고려해 위법성이 조각(阻却)될 수 있다. 그러나 복구의 경우에 상대방이 취한 행위의 중대성에 대응하는 상당성이 있어야 한다는 비례성의 원칙이 적용된다. 문제의 경우 A국이 자국 내 반란단체 Y에 대한 B국의 군사적 지원을 이유로 B국의 유전지대를 폭격하고 B국의 항구에 기뢰를 설치한 것은 이러한 비례의 원칙에 맞지 않는다고 볼 수 있다.

제 2 문. A국과 B국은 「외교 관계에 관한 비엔나 협약」의 당사국이다. 다음 물음에 답하시오.

(총 30점)

1) A국 소재 B국 공관에 화재가 발생하였다. A국 소방당국이 출동해 진화하려고 하였으나, 외교기밀 누설을 우려한 B국 공관 측은 A국 소방당국의 진입을 허용하지 않고 자체 시설로만 대처하려고 하였다. 화재가 인구 밀집 지역인 공관 인접 주택가로 번져 대규모 인명피해가 발생할 위기 상황에서 A국 소방당국이 선택할 수 있는 방안을 국제법적으로 평가하시오. (20점)

「외교 관계에 관한 비엔나 협약」 제22조는 공관의 불가침권을 인정해 접수국의 관리가 공관장의 동의 없이는 공관에 진입할 수 없게 하였다.

문제의 경우 공관에서 발생한 화재가 공관 인접 지역까지 번지고 대규모 인명피해가 발생할 우려가 있을 만큼 심각하다면 A국 소방당국은 긴급히 이러한 사정을 공관장에게 알리고 공관장의 허락을 받아 공관에 진입해 화재를 진압하는 노력을 해야 한다.

만약 공관장이 주재국 소방당국과 협조하지 않을 경우 소방 당국은 공관에 진입하지 않고 화재가 번지지 않도록 공관 외부에서 화재 진압작업을 할 수 있을 것이며 협약 제41조는 외교특권을 해하지 않는 범위에서 모든 공관 직원은 주재국의 법령을 준수해야 할 의무를 지기 때문에 소방당국의 화재 진압 노력에 협조해야 한다. 소방당국은 공관장이 소방당국의 화재 진압 노력에 협조하지 않음으로써 발생하는 손해에 대해 공관에게 손해배상 책임을 물을 수 있으며 자국 정부에 해당 공관장을 기피인물(*persona non grata*)로 지정해 주재국을 퇴거하도록 요청할 수 있다.

2) 위 화재로 B국 공관 시설이 전소되어 더 이상 공관으로 사용되지 않았다. 상당한 시간이 경과한 후 B국 공관 시설의 잔재에서 원인을 알 수 없는 화재가 다시 발생하였다. 이 경우에 A국 소방 당국이 선택할 수 있는 방안을 국제법적으로 평가하시오. (10점)

외교공관에 불가침권을 인정하는 근거에 관해 치외법권설(공관이 본국 영토의 연장으로 보아 접수국 법질서를 받지 않는다는 설), 대표성설(공관을 파견국의 위신, 독립, 주권을 대표한다는 설)과 기능적 필요설(공관이 파견국의 대표기관으로서 업무를 독립적으로 수행하기 위한 필요성 때문이라는 설) 등이 있다. 위 문제에서 화재로 소실한 공관이 여전히 불가침권을 가지느냐를 판단하는 데는 치외법권설이나 대표성설을 따르면 그러한 특권을 향유할 수 있다고 할 수도 있으나, 기능적 필요설에 따르면 공관으로 사용되지 않는 공관시설에 불가침권을 인정할 수 있는 근거를 상실한다.

「외교 관계에 관한 비엔나 협약」은 전문에서 외교특권이 '국가를 대표하는 외교 활동의 기능을 효과적으로 수행하는 것을 보증하기 위한 것'이라고 해 기능적 대표설을 따랐다고 볼 수 있다.

이와 같은 견해로 문제를 파악한다면 더 이상 공관으로 사용하지 않는 공관 시설에 화재가 발생하였을 경우 A국 소방당국은 외교특권을 고려하지 않고 소방 작업을 할 수 있다고 보아야 한다.

제 3 문. 「기후변화에 관한 국제연합 기본 협약」 전문의 일부를 발췌해 정리한 것이다. 다음 지문에 언급된 국제환경법상 기본원칙과 그 내용을 설명하시오. (20점)

> 이 협약의 당사자는,
>
> 지구의 기후변화와 이로 인한 부정적 효과가 인류의 공동 관심사임을 인정하고,
>
> 인간 활동이 대기 중의 온실가스 농도를 현저히 증가시켜 왔으며, 이로 인해 자연적 온실효과가 증대되고 이것이 평균적으로 지구표면 및 대기를 추가로 온난화시켜 자연생태계와 인류에게 부정적 영향을 미칠 수 있음을 우려하며,
>
> 기후변화의 세계적 성격에 대응하기 위해서는 모든 국가가 그들의 공동적이면서도 그 정도에 차이가 나는 책임, 각각의 능력 및 사회적·경제적 여건에 따라 가능한 모든 협력을 다해 효과적이고 적절한 국제적 대응에 참여하는 것이 필요함을 인정하며,
>
> 국가는 국제연합헌장과 국제법의 원칙에 따라 자기 나라의 관할 혹은 통제 지역 안의 활동 때문에 다른 국가나 관할권 이원지역의 환경에 피해가 발생하지 아니하도록 보장할 책임이 있음을 또한 상기하며,
>
> 다음과 같이 합의하였다.

풀이

위의 전문에서 국제환경법의 기본원칙을 아래와 같이 추출할 수 있다.

(가) 국가의 자원 개발권에 따르는 자국 관할 및 관리하의 구역에서의 활동이 타국과 국가의 관할 외의 구역의 환경에 손해를 끼치지 않도록 확보할 책임 부여

(나) 국가의 자국의 돌발적 환경 유해 효과가 타국의 환경에 영향을 미칠 우려가 있는 자연재해 또는 그 외의 긴급사태를 그 국가에 통보해야 할 의무

(다) 국가의 지구의 생태계의 건전성 및 일체성의 보존·회복을 위해 전 세계와 연대하는 정신(global partnership)으로 협력해야 할 의무

위의 (가)는 국경을 초월한 환경오염에 관한 것으로 전자는 국가 자신의 활동뿐만 아니라 자신의 관할이나 관리하에 있는 활동에 대해서도 '상당의 책임(due diligence)'을 져야 한다는 것을 의미하고, (나)는 국가가 절차적인 통지의무를 가지고 있다는 것을 의미한다. 또한 (다)는 국경을 초월한 환경오염뿐만 아니라 지구환경규제를 포함한 환경 일반에 관한 것으로 그 보전을 도모하기 위한 국가 간의 '협력 의무'를 의미한다.

2015년 시험

제 1 문. A국 주재 B국 영사 '갑'은 2015년 3월 A국 법원이 발부한 구속영장에 따라 체포된 후 조사를 받고 공문서위조죄로 기소되었다. '갑'은 입국사증 발급 신청서류를 허위로 작성해 개인 가사도우미 '을'에게 제공하고, '을'이 이를 A국에 제출해 입국사증을 발급받도록 한 혐의를 받고 있다. 공문서위조는 A국에서는 징역 10년 이하에 해당하는 범죄이고, B국에서는 징역 3년 이하에 해당하는 범죄이다. A국의 '갑'에 대한 구속 및 기소에 대응해, B국은 B국 주재 A국 대사관 앞에 외교공관 보호를 위하여 설치한 경호용 방어벽을 철거하였다. 아직도 A국 관련 테러가 B국에서 계속되고 있다(단, A국과 B국은 1961년 「외교 관계에 관한 비엔나 협약」과 1963년 「영사 관계에 관한 비엔나 협약」의 당사국이다).

(총 50점)

1) '갑'에게 국제법상 특권과 면제가 인정되는가? (25점)

> **풀이**

1963년 「영사 관계에 관한 비엔나 협약」은 영사에게도 「외교 관계에 관한 비엔나 협약」상의 외교관이 향유하는 것과 유사한 특권과 면제를 인정하고 있다.

또한, 「영사 관계에 관한 비엔나 협약」은 전문(前文)에서 영사기관에게 부여하는 특권과 면제가 개인에게 이익을 주기 위한 것이 아니라 영사직 기능의 효과적 수행을 위한 것이라고 함으로써 특권 면제의 부여 근거에 기능설을 채택하고 있다.

「영사 관계에 관한 비엔나 협약」 제41조 제1항은 "영사관원이 중대한 범죄이거나 사법당국의 결정이 있는 경우가 아닌 한 재판 시까지 체포나 구금을 당하지 않는다."고 규정하였다.

이러한 규정을 본 문제에 적용할 때 A국 주재 B국 영사 '갑'이 서류를 위조해 입국사증을 발부받게 한 행위는 입국사증 발급이 주로 각국의 법무부 소관 사항이라는 점에 비추어 영사의 고유 업무를 수행하다가 저지른 범죄라고 볼 수 없다. 또한 '갑'은 주재국 법원이 발부한 구속영장에 의해 체포되고 조사를 받게 되었으므로 이 점에서도 주재국의 행위가 「영사 관계에 관한 비엔나 협약」을 위반한 것으로 볼 수 없다.

2) B국의 조치는 국제법상 허용되는가? (25점)

> 풀이

「외교 관계에 관한 비엔나 협약」 제22조 제2항은 "접수국은 외교공관 영역에 침입이나 손해를 끼치지 않도록 보호하기 위한 모든 적절한 조치를 취하고 공관의 평화를 교란하거나 권위를 해치는 행위를 방지하기 위한 특별한 의무를 진다."라고 규정하였다.

이러한 규정의 취지에서 볼 때 B국에서 A국 관련 테러 행위가 계속되고 있는 상황에서 B국이 B국 주재 A국 대사관 앞에 외교공관 보호를 위해 설치한 경호용 방어벽을 철거한 행위는 「외교 관계에 관한 비엔나 협약」을 위반한 것으로 해석할 수 있다.

제 2 문. 국제 사법 재판소(ICJ)의 잠정 조치(또는 가보전 조치, provisional measures)의 요건과 구속력에 대해 약술하시오. (25점)

> 풀이

국제 사법 재판소의 잠정 조치는 국제 사법 재판소 규칙 제41조에 규정되어 있는데 그 요건과 구속력은 다음과 같다.

1. 요건
(가) 분쟁이 재판소에 계속 중일 것(재판소가 본안심리에 관해 재판관할권을 가진다는 것이 확정되어 있지 않아도 잠정 조치를 할 수 있느냐에 관해서는 학설과 판례가 나누어진다).
(나) 재판소의 판결(본안 판결이든, 선결문제 판결이든지를 불문함) 전에 분쟁 당사자 어느 일방의 권리를 보존할 필요성이 있다고 재판소가 판단할 것.
(다) 재판당사자의 신청이 있거나 재판소가 직권으로 결정할 수 있다.
(라) 재판소는 취하고자 하는 잠정 조치를 즉시 분쟁 당사자와 유엔 안보리(안전보장이사회)에 통고한다.

2. 구속력
잠정 조치는 구속력이 없어서 재판 당사자가 이를 이행하지 않아도 강제할 수 없다고 하는 것이 일반적인 해석이었으며 1979년 11월 이란 대학생들이 테헤란 주재 미국 대사관에 침입해 미국 대사관의 직원들을 인질로 감금한 사건에서 ICJ는 1979년 12월 미국 측의 요청으로 이란 정부가 인질을 석방하고 미국 대사관 보호 조치를 취해야 한다는 잠정 조치 결정을 내렸으나 이란 측이 이를 거부해 강제 조치를 할 수 없었다. 그러나 2001년 6월 27일 ICJ가 'La Grand' 사건(독일 국적의 형제가 미국 애리조나주에서 강도살인죄의 혐의로 미국 법원에서 사형선고를 받고 처형된 사건으로 독일은 동 사건 처리 과정에서 미국 수사 당국이 영사 관계에 관한 비엔나 협약을 위반한 점을 지적하고 동 사건을 ICJ에 제소하였으며 ICJ에 미국이 'La Grand'의 사형집행을 연기하도록 잠정 조치를 취해 줄 것을 요청해 ICJ가 이를 수락하는 잠정 조치를 하였으나 미국이 이를 무시하고 사형을 집행하였음)에서 잠정 조치가 구속력을 가진다고 판시하였다.

제 3 문. 현행 WTO 「보조금 및 상계 조치에 관한 협정(Agreement on Subsidies and Countervailing Measures)」상 '허용되는 보조금'에 대해 약술하시오. (25점)

풀이

「보조금 및 상계 조치에 관한 협정」상 '허용되는 보조금'이라 함은 동 협정 제4부 제8조에 언급된 바와 같이 금지 보조금(prohibited subsidies, 일명 적색 보조금이라고도 함. 협정 제2부)이나 상계나 WTO에 제소가 가능한 보조금(actionable subsidies, 일명 황색 보조금이라고도 함), 제소가 가능하지 않은 보조금(non-actionable, 일명 녹색 보조금이라고도 함)을 말한다.

협정 제8조는 이러한 허용 보조금에 속하는 것으로 우선 협약 제2조에서 정부나 공공단체가 특정 기업에 대해 지원하는 보조금으로 간주되는 것은 유용성(eligibility)이나 금액 등에 대한 객관적인 기준이나 조건을 정한 특성화한 것(specificity)이어야 한다고 하였으므로 제8조 제1항은 이러한 특성화가 되어 있지 않은 것은 허용 보조금으로 하였다. 협정 제8조 제2항은 이러한 특성화가 된 보조금 중에서 아래의 범주에 속하는 것을 '허용되는 보조금'으로 규정하였다.

가) 연구개발 지원 보조금: 기업이나 고등 교육 또는 연구기관과의 계약에 따라 기관의 산업연구구비의 75%를 초과하지 않고 경쟁 전의 개발 활동 경비의 50%를 초과하지 않을 경우에 인적, 물적 자문비 등을 지원하는 금액.

나) 낙후된 지역의 보조금: 낙후된 지역이 지리적으로 인식될 수 있어야 하며 객관적인 기준으로 볼 때 경제적, 행정적으로 그 지역의 어려움이 일시적이 아니라는 것이 명백할 때.

다) 환경 관련 보조금: 법이나 규칙으로 이행하도록 한 환경요구를 이행하기 위한 기존 시설의 적응이 기업에게 재정적 부담을 주게 될 때 1회에 한해 적응하는 데 필요한 경비의 20% 한도 내.

이 협정 제31조는 협정 제8조가 협정의 발효 시부터 5년간 유효하도록 하고 만료 시점으로부터 적어도 180일 전에 이 조항의 존속 여부를 결정하도록 하고 있는데 이에 따라 1999년 7월 5일 보조금 위원회에서 이 조항을 당초 존속기한인 1999년 말로 결정해 이 조항의 효력은 그 시점에서 만료되었으며 현재 허용 보조금은 인정되고 있지 않다.

2014년 시험

제 1 문. A국은 C국의 오랜 식민 지배로부터 1995년에 독립하였다. C국은 1985년에 인접한 B국과 조약(1985년 조약)을 체결하면서, C국과 B국 사이의 국경분쟁이 있었던 X지역에 대한 B국의 주권을 인정하였다. A국은 독립 후 1985년 조약이 당사국이 아니라는 이유로 X지역에 대한 영유권을 주장하였다. 군사력이 우세한 A국은 무력행사를 통해서라도 X지역을 되찾기로 결정하였다. A국은 2010년 1월 국경에 대규모 병력을 집결시키는 한편, B국의 주요 항구를 모두 봉쇄해 해상 교통로를 차단하였다. 이에 X지역이 A국령임을 인정하는 조문을 포함해 A국과 B국 사이의 다양한 관계를 규율하는 새로운 조약의 체결을 강요하였다. A국의 군사적 시위에 굴복한 B국은 2010년 3월 A국이 요구하는 내용 그대로 조약(2010년 조약)을 체결하였다. A국은 1995년에 '1969년 조약법에 관한 비엔나 협약(1969년 조약법 협약)'에 가입하였고, B국은 1969년 조약법 협약의 원당사국이다. (총 40점)

1) B국과 C국이 체결한 1985년 조약에 구속받지 않는다는 A국의 주장을 평가하시오. (20점)

풀이

조약법에 관한 비엔나 협약 제34조는 "조약은 제3국의 동의가 없는 한 제3국의 의무나 권리가 발생하지 않는다."라고 규정되어 있다. 또한 동 협약 제35조는 "조약이 제3국에게 의무를 발생하게 하는 것은 제3국이 조약에 부여된 의무를 서면에 의해 명시적으로 동의를 할 경우이다."라고 하였으며 제37조 제1항에서는 "조약에서 제3국에 부여된 의무는 제3국의 동의가 있을 경우에만 철회나 수정을 할 수 있다."라고 규정하였다.

또한 조약법 제29조는 "조약은 조약에서 별도의 의도가 표명되거나 달리 확립된 것이 아니라면 영역 전체에 적용된다."라고 하였다.

이러한 조약법의 규정을 문제에 적용할 때, A국이 C국의 식민지이었을 때 C국이 B국과 체결한 조약이 독립 후의 A국에게 적용되느냐의 문제와 B국과 C국이 1985년 체결한 국경 조약에 A국이 비엔나 협약의 당사국이 아니었는데 이 협약의 적용을 받느냐의 문제가 있다. 협약 제29조의 해석으로 체약국이 국제 관계에서 책임을 지는 지역도 체약국의 영역에 속한다고 보는 것이 일반적인 해석이므로(단, 민족자결원칙에 반하는 조약은 무효라는 설도 있다), A국은 C국의 식민지였던 상황에서 C국과 B국이 체결한 조약에 구속된다고 보아야 한다. 따라서 A국은 협약 제34조나 제35조가 적용될 여지가 없다.

다만 C국이 B국과 1985년 조약을 체결할 당시 C국이 조약에 관한 비엔나 협약의 당사국이었느냐는 명백하지 않으나 상대국인 B국이 당사국이었고 조약에 관한 비엔나 협약은 국제관습법을 성문화한 것으로 해석해야 하므로 1985년 국경 조약의 해석에 이 협약을 적용할 수 있다. 이러한 점에서 볼 때 A국의 주장은 국제법상 타당하지 않다고 볼 수 있다.

2) B국은 2010년 조약 중 X지역에 관한 규정을 무효로 주장하고 나머지 조항을 유지하기를 원한다. 이러한 B국의 입장을 국제법적으로 평가하시오. (20점)

> **풀이**

조약법에 관한 비엔나 협약 제44조 제3항은 조약 규정의 일부 조항이 나머지 다른 조항과 분리될 수 있거나, 조약 체결의 상대방이 동의한 기본 사항에 관한 것이 아니거나, 나머지 조항만을 이행하는 것이 정당하지 않을 경우가 아닌 한, 조약을 폐기하거나 탈퇴하거나 이행을 유보하는 데 그 일부 규정만을 별도로 취급할 수 있게 하였다.

그러나 동 협약 제44조 제5항은 조약이 (가) 국가대표 개인에게 강박을 통해 체결되었거나(협약 제51조), (나) 유엔헌장에 규정된 국제법의 원칙을 위반해 무력행사나 무력에 의한 위협수단을 통해 체결되었거나(협약 제52조), (다) 일반국제법상의 강행 규범(*Jus cogens*)에 위반하였을 경우의 조약을 절대 무효라고 보기 때문에 이러한 조약에서는 일부 조항을 다른 조항과 분리할 수 없다고 규정하였다.

이러한 협약의 구정을 문제에 적용할 때, 2010년 A국과 B국 간에 체결된 조약은 A국의 군사적 시위에 굴복해 B국이 체결한 조약이므로 협약 제52조와 제44조 제5항이 적용되어 B국의 입장이 협약 규정에 저촉된다고 할 수 있다.

제 2 문. 인접하고 있는 A국과 B국은 역사적으로 적대적인 관계이다. A국의 대통령은 최근 자국민 보호를 이유로 1개 연대 병력을 B국에 파병하라는 명령을 내렸고, 이 부대는 작전 수행 과정에서 약 3,000명의 민간인을 살해하였다. A국이 민간인의 살해에 대해 그 책임자를 형사 처벌하는 절차를 개시하지 아니하자, 유엔 안전보장이사회는 유엔헌장 제7장에 따라 A국의 대통령을 살해의 책임자로 보고 국제 형사 재판소(International Criminal Court, ICC)에 회부하는 결의를 채택하였다. 한편 B국은 A국의 무력 사용 및 민간인 살해 행위에 대해 A국의 국가 책임을 추궁하고자 하였으나, A국은 이에 대한 일체의 협의를 거부하고 있다. 이에 유엔 안전보장이사회는 A국과 B국 사이의 분쟁을 국제 사법 재판소(International Court of Justice, ICJ)에 회부해 해결할 것을 권고하는 결의를 채택하였다. 위 사안에서 ICC 및 ICJ가 관할권을 행사할 수 있는지 여부에 관해 논하시오(단, 유엔 회원국인 A국과 B국은 ICC 규정의 비당사국이다). (30점)

풀이

국제 형사 재판소는 1998년 7월 로마에서 채택되고 2002년 7월에 발효한 국제 형사 재판소 로마 규정(Rome Statute of ICC)가 근거법이다. ICC는 유엔의 목적과 원칙을 이행하기 위한 유엔 안보리의 결정(유엔헌장 제25조)이 설립근거이므로 그 법적 성격은 유엔 안보리의 보조 기관 중 사법적 절차를 담당하는 기관으로 해석할 수 있다.

유엔은 국가와 같은 법 집행 기관을 별도로 가지고 있는 것이 아니므로 ICC가 사법적 절차를 수행하려면 국가의 법 집행 제도의 지원을 받지 않을 수 없으므로 ICC는 국가 형사관할권과 보완적인 관계에 있다(동 규정 전문(前文)과 제2조). 로마 규정은 ICC가 국제법인격을 가진다고 규정하면서(규정 제4조 제1항), 규정의 당사국의 영역이나 당사국이 아닐 경우에는 특별한 협약이 있을 경우 그 영역 내에서 기능과 권한을 가진다고 규정하였다(규정 제4조 제2항).

ICC의 재판관할권에 관해서는 인적 관할권으로는 자연인에게 미치게 하고(규정 제1조), 물적 관할권으로는 집단 살해죄, 인권에 반하는 죄, 전쟁 범죄, 침략죄에 한정시키며(규정 제5조 내지 제8조), 시간적 관할권으로 동 규정의 발효 이후에 행해진 범죄로 규정(규정 제11조 제1항)하고 있다.
이러한 규정들은 모두 ICC가 유엔의 목적과 원칙을 실현하기 위한 조직이지만 국가 주권 존중의 원칙과 양립하는 범위 내에 기능과 권한을 가지도록 하고 있다고 볼 수 있다.

한편 ICJ의 관할권은 ICJ 규정에 나타나 있다. 동 규정에 의하면 유엔회원국이 동 규정의 당사국이 되나 회원국이 사전에 ICJ의 강제관할권을 수락한다는 것을 명시적으로 선언하거나(재판소 규정 제36조), 특별협정으로 ICJ에 제소하기로 한 경우에 비로소 ICJ의 관할권이 생긴다.
따라서 ICJ의 재판관할권도 국가 주권 존중원칙과 양립하는 범위 내에서 강제관할권이 인정되고 있다고 할 수 있다.

문제를 이와 같은 점에 비추어 살펴보면,
첫째, 로마 규정의 해석상 유엔 안전보장이사회가 A국의 대통령의 군대 파병 결정으로 작전을 수행하는 과정에서 민간인 3,000명을 살해한 것을 집단살해죄에 해당한다고 보아 A국의 대통령을 ICC에 회부하는 결의를 한 것으로 ICC가 동인에 대한 관할권이 생기느냐 하는 문제는 A국과 B국이 모두 ICC 규정의 비당사국이라는 사실 때문에 ICC가 A국 대통령에 대한 재판관할권을 가지지 못한다고 해석해야 한다.

둘째, 유엔 안보리가 ICJ에 회부해 해결할 것을 권고하는 결의를 채택한 것으로 ICJ가 관할권을 가지는 것인가에 대해서는 국제 사법 재판소가 유엔의 주요사법기관이므로(헌장 제1조), 유엔회원국은 당연히 ICJ 규정의 당사국이 된다고 해석할 수 있다. 그러나 헌장 제36조의 규정에 비추어 ICJ가 유엔 회원국에게 당연히 재판관할권을 가지는 것은 아니다.

따라서 유엔 안전보장이사회가 A국과 B국 사이의 분쟁을 ICJ에 회부해 해결할 것을 권고하는 결의를 채택하였다고 하더라도 ICJ가 A, B 양국에 대해 강제관할권을 행사할 수는 없다. 이들 양국의 어느 일방 당사국이 반대해 유엔 결의를 이행하지 못하였을 경우 안보리 결의 위반에 대한 국제 정치적 책임 문제가 발생할 수는 있으나 ICJ에 회부해야 할 법적 의무를 가지는 것은 아니다.

제 3 문. 반도국가 A와 대륙국가 B는 300해리 정도의 거리를 두고 마주 보고 있고, 도서국가 C는 A국으로부터 300해리 정도 떨어져 있다. A국과 B국 사이의 바다 깊이는 평균 100미터이며, A국 연안 쪽이 B국 연안 쪽보다 약간 더 깊다. A국과 C국 사이의 바다 깊이는 평균 500미터이며, C국 연안 쪽에 수심 3,000미터에 달하는 해구가 위치해 있다. A국은 B국 및 C국과 각각 배타적 경제수역(EEZ) 및 대륙붕 경계선을 확정하는 외교 협상을 준비 중이다. A국이 양국 협상에서 고려해야 할 국제법상 경계 확정 원칙과 방법들을 검토한 후, 해양 영역 활동과 관련해 A국이 B국과 C국에 대해 견지할 입장과 논거를 논하시오. (30점)

> 풀이

1. 양국 협상에서 고려해야 할 국제법상 경계 확정 원칙과 방법
양국 협상에서 우리의 해양 영역을 확보할 수 있는 최선의 방법은 1982년 유엔에서 채택되고 1994년 발효한 유엔해양법 협약상의 경계 확정 원칙과 방법을 준수하는 것이다.

1982년 유엔해양법 협약은 1958년 해양법 협약과 달리 '배타적 경제수역(EEZ)'의 개념을 도입해 그 폭을 영해기선으로부터 측정해 최대 200해리까지로 하였다(협약 제57조). EEZ의 경계 확정은 ICJ 제38조 규정에 따라 '형평과 선(aequo et bono)'을 고려해 양국이 합의해 정하도록 해야 한다고 규정하였다(협약 제74조 제1항).

1982년 협약은 또한 1958년 협약과 달리 대륙붕의 개념에 새로운 정의를 내리고 대륙붕을 연안국의 영해를 넘는 해면 아래 구역의 해저와 그 지하로 연안국 영토의 자연연장을 따라 대륙변계(continental margin)의 외변까지로 하되, 그 외연이 영해기선으로부터 200해리에 이르지 않는 경우에는 해안으로부터 200해리까지를 말한다고 규정하였다(협약 제76조 제1항). 다만 특수한 해저 지형으로 퇴적암의 두께가 대륙 경사면의 하단부까지 최단거리의 최소 1%가 되는 가장 바깥쪽 고정점을 연결해 그은 선으로 할 수 있으나 이 경우에도 350해리 또는 2,500미터 등심선으로부터 100해리를 넘어서는 안 된다고 하고 있다(협약 제76조 제4항, 제5항).

협약은 또한 대륙붕의 연안국과의 경계 확정에 관하 EEZ와 동일하게 ICJ 제38조 규정에 따라 '형평과 선(aequo et bono)'을 고려해 양국이 합의해 정하도록 해야 한다고 규정하였다(협약 제83조).

2. A국이 B국과 C국에 대해 견지할 입장과 논거

A국은 대륙국가 B국과 300해리 떨어져 있고 도서국가 C와도 300해리 떨어져 있다. A국은 B국과 C국과의 EEZ와 대륙붕의 경계 확정과 관련해 협약 제57조, 제76조를 근거로 200해리까지 주장하되 B국과 C국이 모두 200해리의 EEZ와 대륙붕을 주장하면 양측이 각각 주장하는 해역에 100해리의 겹치는 부분이 생기게 되는데 이 경우의 해결을 위한 '형평과 선'은 이 겹치는 해역의 중간선으로 하는 것으로 제안하고 상대방 국가가 이를 수락해 양측이 각각 150해리의 EEZ와 대륙붕을 가지는 것으로 합의하도록 한다.

단, B국과의 대륙붕 경계 확정문제에 있어서 A국과 B국 사이의 바다 깊이가 평균 100미터이며, A국 연안 쪽이 B국 연안 쪽보다 약간 더 깊은 점에 비추어, B국이 자국 대륙붕의 범위에 관해 자연연장론을 주장하면서 자국 대륙붕이 200해리 이상이라고 주장할 가능성에 대비해 아래의 논거로 이를 배격한다.
(1) 유엔해양법 협약상의 EEZ는 상부 수역뿐만 아니라 해저, 지하에 있는 천연자원에 대한 탐사, 개발, 보존, 관리에 대한 권리도 인정하였기 때문에 사실상 대륙붕에 대한 권리와 중복되는 내용을 포함하고 있으므로 대륙붕의 경계를 EEZ의 경계를 기본적으로 일치하는 것이 협약의 올바른 해석이다.
(2) 다만 협약 제83조에서 대륙붕의 범위가 확장되는 해저면의 지리적 특수성을 언급하고 있으나 A국과 B국 사이의 해저에 그러한 지질학적 특성은 나타나지 않는다.

A국은 C국과의 EEZ, 대륙붕 경계 확정 교섭에서 만약 어느 일방이 A국과 C국 사이의 C국 연안 쪽에 수심 3,000미터에 달하는 해구에 대한 고려를 주장해 등거리 원칙을 조정하려고 한다면 이는 협약의 경계 확정에서 기본적으로 해저 지형은 무시하였음을 근거로 이러한 주장이 타당치 않음을 언급한다.

2013년 시험

제 1 문. A국이 문화부 장관을 단장으로 하는 문화재 반환 협상단을 B국에 파견해 협상을 진행하는 중에 B국 경찰이 협상단장 X뿐 아니라 협상 취재차 B국에 체류 중인 A국 민영 방송국 국장 Y에 체포영장을 발부받아 집행하였다. B국 형법은 국제 형사 재판소(ICC)에 관한 로마 규정상 관할 범죄를 소추대상으로 하고 그 국적과 범죄자에 관계없이 처벌하도록 규정하고 있다. 2005년 A국 내란 당시 X와 Y는 A국 다수민족으로 구성된 민병대의 일원이었다. X는 A국 수천 명의 소수민족 여성들을 강제로 납치해 불임시술을 받게 했고 그 여성들의 어린 자녀들을 다수민족 거주지로 집단 이주시키는 조치를 주도하였다. Y는 당시 유명한 대중가수로서 노래를 통해 위의 활동을 격려하고 대중의 협력을 선동하였다. 이와 관련해 다음 질문에 답하시오(단, A국과 B국은 국제 형사 재판소(ICC)에 관한 로마 규정 당사국이다). (총 40점)

1) A국 내 내란 당시 X와 Y의 행위가 국제 형사 재판소 규정상 관할 범죄에 해당하는지 논하시오. (10점)

> **풀이**

국제 형사 재판소 규정 제7조는 동 재판소의 물적 관할에 속하는 범죄의 하나로 반인도적 범죄(crime against humanity)를 규정함에 있어서 동 범죄를 구성하는 행위를 구체적으로 나열하였는데 그 중 (d)항에서 '인구의 추방이나 강제적 이주'를 적시하였으며 (g)항에서는 '강간, 성적 노예, 강요된 매춘, 강요된 불임, 기타 상당한 중대성을 가지는 성적 폭행'을 적시하고 있다.

이러한 규정으로 보아 A국 내 내란 당시 X와 Y의 행위는 국제 형사 재판소 규정상 관할 범죄에 해당한다고 볼 수 있다. 다만 Y의 행위는 직접 범죄를 행하였다고는 보기 어렵고 반인도적 범죄의 교사나 방조의 행위를 하였다고 볼 수 있다.

2) B국의 X와 Y에 대한 체포영장 발부 및 집행이 국제법 위반인지 논하시오. (15점)

> **풀이**

본 문제에서 B국 경찰이 X를 체포한 시기는 X가 A국의 문화재 반환 협상단장의 자격으로 B국과 협상을 하는 도중이었고 Y도 이 협상단 단원의 자격으로 B국에 체류하는 시기였다. 따라서 X와 Y는 특별사절단의 자격을 가지는 것이기 때문에 1969년 12월 유엔에서 채택되었고 1985년 7월 발효한 특별사절단에 관한 협약(Convention on Special Missions)의 적용 대상이다.

A국과 B국이 동 협약의 당사국인지는 명백하지 않으나 동 협약은 국제관습법을 성문화한 것이므로 협약의 당사자 여부와 관계없이 동 협약의 적용을 받는다고 해석된다.

동 협약에서 '특별사절단'은 특정 임무를 수행하기 위해 타국의 동의를 얻어 임시로 그 국가에서 임무를 수행하는 자(동 협약 제1조 (a)항)라고 하였으므로 X는 특별사절단의 단장 자격으로 활동한 것이다. 또한, 특별사절단의 단원에는 기술적, 서비스 요원도 포함(제1조 (f)항)하고 있으므로 Y는 특별사절단 단원의 자격을 가진다.

동 협약 제29조는 "특별사절단의 임무를 수행하는 대표단원들은 신체의 불가침권을 가지며 체포·구금되지 않으며 접수국은 이들에 대한 공격이나 자유와 존엄을 방지하기 위한 적절한 조치를 취해야 한다."라고 규정하고 있다.

이러한 점에서 볼 때 X와 Y는 비록 ICC에 관한 로마 규정상 반인도적 범죄를 범하였다고 하더라도 이들이 B국에서 외교 교섭을 하는 중에 B국이 이들에 대해 체포영장을 받아 집행한 것은 특별사절단에 관한 협약을 위반한 것이라고 할 수 있다.

3) B국은 체포영장이 발부되던 날 국제 형사 재판소로부터 X와 Y에 대한 신병 인도 청구를 받았다. B국이 X와 Y를 국제 형사 재판소에 인도해야 하는지 논하시오. (15점)

풀이

ICC는 ICC에 관한 로마 규정 제5조에서 제8조에 언급한 범죄를 범한 것으로 추정되는 자에 대한 독점적인 형사재판관할권을 가지는 것이 아니고 동 규정의 당사국들이 국내법상 로마 규정의 이행에 관한 규정이 있을 경우 이러한 당사국의 형사재판관할권과 경합적인 재판관할권을 가진다. 다만 이러한 경우 어느 곳이 관할권이 우선하느냐는 구체적 상황에 따라 다르다.

만약 ICC의 소추관이 범죄 혐의자에 대한 수사와 소추를 할 경우는 ICC의 형사재판관할권이 우선할 수 있으나 문제의 경우 범죄 혐의자가 행위자와 피해자가 모두 B이며 B국에서 범죄 혐의자를 체포하였기 때문에 B국은 범죄 혐의자의 신병을 ICC에 인도하지 않고 B국 국내 재판소가 재판관할권을 행사할 수 있다. 로마 규정 제12조 내지 제14조, 제17조, 제19조, 제20조, 제86조 내지 제90조 등은 모두 ICC의 재판관할권과 규정 당사국의 재판관할권이 경합될 수 있음을 전제로 한 규정들이다.

또한 문제의 경우 B국이 국제법을 위반해 X와 Y를 체포하였으므로 국제법 위반 사실을 인지하고 그들을 석방할 수도 있을 것이므로 이 경우에도 ICC에 X와 Y의 신병을 인도할 의무가 없다.

제 2 문. 1990년 유엔해양법 협약을 비준한 A국과 B국 사이에 2013년 배타적경제수역 경계 확정 관련 분쟁이 발생하였다. 이와 관련해 다음 질문에 답하시오(단, 해당 경계 확정은 배타적 경제수역 외의 도서 영토에 대한 주권 등 기타 권리에 영향을 미치지 않는다). (총 30점)

1) A국이 동 분쟁 해결을 위해 유엔해양법 협약의 구속력 있는 강제적 분쟁 해결 절차에 부탁하기 전에 고려할 사항을 유엔해양법 협약에 근거해 약술하시오. (20점)

풀이

도서 영토에 대한 주권 등 기타 권리에 영향을 미치지 않는 경제수역 경계 확정에 관한 분쟁은 결국 유엔해양법 협약의 해석과 적용에 관한 분쟁이다. 유엔해양법 협약은 이러한 분쟁에 대해 분쟁 당사국이 구속력 있는 강제적 분쟁 해결 절차에 부탁하기 전에 아래와 같은 절차를 취할 것을 규정하고 있다.

1. 분쟁 당사자 간 분쟁 해결을 위한 외교 교섭 의무(협약 제283조)

2. 조정(conciliation) 절차 개시 의무(협약 제284조)
분쟁 당사국 일방 또는 쌍방이 분쟁의 해결을 위해 조정을 신청해 상대방이 이를 수락하면 분쟁 당사국이 합의한 조정 절차나 협약 부속서 V의 조정 절차가 진행되며 이에 따른 조정이 이루어질 수 있다.

2) A국이 동 분쟁의 해결을 위해 유엔해양법 협약의 구속력 있는 강제적 분쟁 해결 절차에 일방적으로 부탁하는 경우, B국이 이를 거부할 수 있는 유엔해양법 협약 내 절차와 거부 시 적용되는 절차에 대해 약술하시오. (10점)

풀이

A국과 B국은 유엔해양법 협약의 당사국이므로 어느 일방이 유엔해양법 협약의 구속력 있는 강제적 분쟁 해결 절차에 부탁할 경우 이를 거부하려면 협약 제298조에 따라 협약의 서명, 비준, 가입 시나 그 후 어느 때라도 협약 제298조 제1항에 따라 협약 제15장 제2부에 규정된 분쟁의 강제적 해결 절차를 수락하지 않는다는 문서로 된 선언을 한다면 동 (a)(i)에서 EEZ나 대륙붕 경계 확정에 관한 분쟁을 포함하고 있으므로 이에 관한 분쟁의 강제적 해결 절차에 따라야 할 의무가 면제된다.

그러나 분쟁 어느 일방이 분쟁의 강제적 해결 절차에 따르지 않을 경우 다른 일방이 협약 부속서 Ⅶ에서 규정한 중재 절차에 부탁할 경우 이에 응해야 하며 이에 따라 분쟁은 중재 재판에 회부된다(협약 제298조 제3항). 이 중재 재판의 결과에 따른 중재 판정(awards)은 당사자에 대한 법적 구속력은 없다.

제 3 문. A국은 판매되는 담뱃갑에 흡연에 따른 폐암 위험성을 알리는 문구('폐암 경고문구')를 의무적으로 표시하도록 하는 법을 시행하고 있다. 한편, A국 내에서 담배 판매 점유율 70%를 차지하는 대형마트 Y는 '폐암 경고문구'를 표시한 담배만을 매장에서 판매하도록 해(판매 행위), A국에 동종의 담배를 수출하는 B국 수출업자가 심각한 타격을 입게 되었다. 이와 관련해 다음 질문에 답하시오(단, A, B국 모두 WTO 회원국이다). (총 30점)

1) 대형마트 Y의 '판매 행위'에 대해 B국이 A국을 TBT 협정비위반으로 제소할 수 있는지 논하시오. (10점)

풀이

A국과 B국 모두 WTO 회원국이므로 WTO 협약의 일부인 「GATT 1994」, 「무역에 관한 기술장벽에 관한 협약(TBT)」, 「WTO 협약 부속서 2: 분쟁 해결 절차」 등 규정의 적용을 받는다.

TBT 제2조는 동 협약의 당사국으로부터 수입하는 상품에 대해 자국의 생산품보다 불리한 기술적 규제를 하지 못하도록 규정하고 있으며(동 협약 제2. 1), 동 협약의 당사국은 국제무역에서 불필요한 장벽을 가져오는 기술적 장벽을 준비하거나, 채택하거나, 적용할 수 없다(동 제2. 2조)고 규정하고 있다.

WTO 협약상 협정 비위반 제소라 함은 위의 분쟁 해결 절차 제26조에서 언급한 「GATT 1994」 제23조 제1항 (b)와 관련된 협정에 위반하지 않는 불만(non-violation complaints)을 해소하기 위해 구제 절차를 강구하는 것을 말한다.

협약 제26조는 「GATT 1994」 제23조 제1항 (b)는 WTO 협약에 저촉되는 여부와 관계없이 협약의 일방 당사자가 협약을 이행하는 과정에서 타방 당사자에게 손해를 끼쳤을 때는 손해를 입은 타방 당사자가 패널이나 상소 기구에 제소할 수 있게 하고 있다.

또한 TBT 제14조는 이 경우 분쟁 일방당사자의 요구가 있으면 분쟁 해결기구의 주선으로 당사자 간의 협의(consultation)를 하고 분쟁 당사자의 어느 일방의 요청이 있을 경우나 패널 스스로 기술전문가단(technical expert group)을 설치해 기술적인 문제를 검토하게 할 수 있다.

위와 같은 WTO 협약 규정을 원용하면 대형마트 Y의 '판매 행위'에 대해 B국이 A국을 TBT 협정비위반으로 제소할 수 있다.

2) 대형마트 Y의 '판매 행위'에 대해 B국이 A국을 TBT 협정위반으로 제소할 수 있는지 논하시오. (10점)

대형마트 Y의 '폐암 경고문구'를 표시한 담배만을 매장에서 판매하도록 한 '판매 행위'가 TBT 협정위반인가를 살펴보자면 TBT 협정이 WTO 협약의 일부라는 점에 비추어 WTO 협약 전체의 규정과 관련해 검토해야 한다.

WTO 협약의 일부인 「GATT 1994」 제20조 (B)항은 사람이나 동식물의 생명이나 건강에 필요해 취한 조치는 '자의적이거나 부당한 차별'로 간주한다는 범주에서 제외하였으므로 A국의 '폐암 경고문구'를 표시한 담배만을 매장에서 판매하도록 한 것(판매 행위)은 TBT 협정위반이라고 할 수 없다.

이 규정으로 인해 대형마트 Y의 '판매 행위'에 대해 B국이 A국을 TBT 협정위반으로 제소할 수는 없다고 해석해야 한다.

2. 출제 경향 분석과 준비 방안

국제법 출제는 2013년과 2014년의 출제의 경우 중요한 국제 협약(ICC 규정, 유엔해양법 협약 규정, 외교 관계에 관한 비엔나 협약, 영사 관계에 관한 비엔나 협약, 조약법에 관한 비엔나 협정, WTO 규정 등)의 내용을 알고 있는지를 테스트하는 문제의 비중이 높았으나 2015년과 2016년의 시험 출제는 중요한 국제 협약의 특정 부분에 대한 이해를 하고 있는지를 테스트하는 문제의 비중이 높았으며 2017년의 출제는 국제법이나 법의 일반원칙에 관해 제대로 이해하고 있는지를 테스트하는 경향으로 바뀌었으며 2018년의 문제 또한 조약, 국가책임, 범죄인 인도에 관한 기본원칙 등 국제법 기초에 관한 문제를 테스트하는 것이었다.

2017년의 국제법 문제 중 1번 문제는 국영기업이 공권력을 행사하는 국가기관이 아니므로 사법의 적용을 받게 된다는 점과 따라서 개인이 국영기업을 상대로 하는 소송은 행정소송이 아니라 당사자 소송이 되고 공법이 아닌 사법의 적용을 받는다는 것, 재판관할권은 국가 주권에 속하며 주권은 대인고권과 영토고권을 내용으로 한다는 법의 기본원리를 이해하고 있느냐를 테스트한 것이다. 이는 국제법 이전의 법의 기본원리에 관한 것으로 볼 수 있다.

또한 이 문제는 2015년 국제법 문제 제1문과 마찬가지로 외교관과 외교공관에 대한 특권면제를 부여하는 근거가 외교 활동을 보호하기 위한 것에 있다는 기능설(functional theory)을 이해하고 있는지를 테스트하는 문제이다. 기능설은 외교관의 특권면제에 관한 비엔나 협약 전문(preamble)에서 명시적으로 채택한 이론이다.

2번 문제 또한 국제법의 가장 기초적인 원리를 이해를 하고 있느냐를 테스트하는 것으로 유엔이 법인격을 가진다는 것과 법인격을 가지는 단체의 경우, 그 구성원은 법적으로 법인격을 가진 단체에 의해 대표되므로 법인격을 가지는 단체와 별도의 독자적인 권리·능력을 갖추지 않는다는 기본 원리를 이해하고 있는지를 테스트하는 것이다.

국제법의 기출 문제나 출제 경향에 비추어 국제법 시험을 준비하려면 우선 법의 기본원리와 국제법의 기초원리를 이해하는 것이 가장 중요하고 그다음으로 유엔해양법 협약, 외교 관계에 관한 비엔나 협약, 조약법에 관한 비엔나 협약, WTO 협정, 국제 사법 재판소 규정, 국제 형사 재판소 규정 등 중요한 국제 협약을 잘 이해하는 것이 매우 중요하다.

국제정치학

1. 기출문제 풀이

2018년 시험

제 1 문. 국제사회의 무정부 상태에서 국가 간 협력이 가능한지 여부는 국제정치학의 핵심 논쟁 중 하나이다. 예컨대, 신현실주의자들이 보기에 '죄수의 딜레마'와 '사슴 사냥' 게임은 국가 간 협력의 어려움을 상징한다. 이와 관련해 다음 물음에 답하시오. (총 40점)

1) 국제사회의 무정부 상태에 대한 케네스 왈츠(Kenneth Waltz)의 견해를 공격적 현실주의의 입장에서 논하시오. (20점)

> **풀이**

케네스 왈츠(Kenneth Waltz)는 국제사회가 무정부 상태이므로 각 국가는 생존과 안전을 위해 국가 간의 동맹을 맺어 국제 정치에서 세력 간의 균형을 이루어야 한다고 하였다.

오늘날 공격적 현실주의를 대변하는 학자는 시카고 대학의 미어샤이머(John Joseph Mearsheimer)다. 그는 자신의 저서 '강대국 정치의 비극(The Tragedy of Great Power Politics)'에서 국제 정치에서 국가의 행위를 국제제도 중심으로 파악해 같은 신현실주의자인 케네스 왈츠의 주장을 방어적 현실주의로 구별하게 되었다.

공격적 현실주의는 케네스 왈츠의 현실주의가 국제 관계에서 국가의 행위가 오직 '세력의 균형(balance of power)'을 추구하는 데 대해 이를 '현상 유지의 편견(Status quo bias)'에 빠져 있다고 비판하면서 국가는 국제 관계에서 세력 균형을 추구하는 데 그치지 않고 국가의 안전과 생존을 도모하기 위해 세력을 최대화(maximizing power)하는 공격적 입장을 취해야 한다고 주장한다. 이러한 결과로 나타나는 것이 강대국들이 국제 정치에서 패권(hegemony)을 추구하는 것이라고 한다.

2) '죄수의 딜레마'와 '사슴 사냥' 게임에 대한 신현실주의의 견해를 설명하고, 이에 대해 케네스 오이(Kenneth Oye) 등이 'Cooperation Under Anarchy'에서 제시한 비판적 관점을 논하시오. (20점)

　　신현실주의는 무정부 상태인 국제사회에서 국가가 안전과 생존을 유지하기 위한 전략을 국제 관계에서 파악하는 견해인데 국가가 국제 관계에서 택하는 전략을 '죄수의 딜레마'나 '사슴 사냥'과 같은 게임의 행위자로 생각하고 국제 정치를 설명한다.

　　'죄수의 딜레마'는 공범인 두 죄수가 다 같이 묵비권을 행사하면(cooperation, 협조) 두 명 모두 가벼운 처벌을 받지만, 한 명이 자백하면(defection, 배반) 자백한 자는 무죄이고 묵비권을 행사한 자는 중형을 받으며, 두 명 모두 자백하면 중간 정도의 형벌을 받는다고 가정한다.

　　'사슴 사냥'은 두 명의 사냥꾼이 서로 협조해 사슴을 사냥하면 두 명 모두 사슴고기를 배불리 먹을 수 있으나 한 명이 협조하지 않고 토끼 사냥을 하면 손쉽게 토끼를 잡아 적은 이익을 얻는 데 만족하나 다른 한 명은 한 명으로는 사슴 사냥이 불가능해 아무런 수확이 없게 된다. 두 명이 모두 협조를 하지 않고 별도로 토끼 사냥을 하면 두 명 모두 다 조그만 이익에 만족해야 한다는 이론이다.

　　두 게임 이론에서 각자가 경우에 따라서 받게 되는 대우를 보상(payoff)이라고 할 때, 국가도 국제 관계에서 협조할 것인가 배반할 것인가에 따른 국가 이익을 게임을 하는 행위자의 보상처럼 생각하고 행동한다는 것이다.

　　이와 같은 게임 이론에 대해 케네스 오이(Kenneth Oye) 등이 '무정부 상태하에서의 협력(Cooperation Under Anarchy)'에서 주장하는 것은 국제 정치상 국가가 다른 국가와의 관계에서 하는 행동은 상호 협조를 함으로써 얻는 이익이 게임 이론에서 얻는 결과(pay off)와 달리 더 크게 되므로 협조의 가능성이 크다는 것이다. 그는 이를 다음과 같이 설명한다.

　　1) 게임 이론에서는 두 명의 행위자가 상호 협조(mutual cooperation), 상호 배반(mutual defection), 일방적 배반(unilateral defection), 호응 없는 협조(unrequited cooperation)로 나누어 각각의 경우에 행위자가 얻게 되는 이익과 불이익을 정하나 실제 국제 관계에서는 상호 협조를 할 경우 얻게 되는 이익이 배반함으로써 얻게 되는 이익보다 훨씬 더 크다.

　　2) 게임 이론에서는 행위자가 한 번의 게임을 하는 것으로 결과를 예측하나 실제 국제 관계에서는 국가가 유사한 상황에 처할 상황이 자주 발생하게 되므로 국가의 행동 유형이 파악되어 협조하는 국가와 배반하는 국가의 유형이 파악되어 다수의 국가가 협조하는 것이 유리하다는 것을 깨닫게 되어 배반하는 것이 어렵게 된다.

　　3) 게임 이론에서는 행위자가 두 명이나 국제사회에서는 행위자가 다수이므로 협조에 대한 보상을 주거나 배반에 대한 불이익을 주는 것이 명확하지 않게 된다. 그러나 이 경우에도 국제 관계에서 협조 체제를 형성해 특정 국가 사이에 협조를 통한 상호 이익을 보장하거나 협조의 대상이 되는 국가 수를 제한함으로써 이 대상에서 제외되지 않으려고 하는 국가들로부터 자발적인 협조를 얻을 수 있다.

제 2 문. 각국 정부의 탈규제 정책과 정보통신기술의 발전으로 막대한 돈이 국경을 넘어 국제
금융시장에서 거래되고 있다. 국제적으로 투자와 투기의 경계가 모호해지고 단기 투기
자본의 규모가 확대되고 있다. 이와 같은 금융의 세계화로 인해 현 단계 국제통화 체
제는 근본적으로 불안정한 상황에 놓여 있으며, 각국 정부의 금융통화 안정화 정책 또
한 점차 효과를 내기 어려운 상황에 이르렀다. 다음 물음에 답하시오.   (총 30점)

1) 현 단계 국제통화 체제가 불안정한 이유를 먼델(Mundell)과 플레밍(Flemming)의 '삼위
불일체(unholy trinity)' 모델을 통해 설명하시오. (20점)

풀이

먼델(Mundell)과 플레밍(Flemming)의 '삼위불일체(unholy trinity)' 모델은 어느 국가나 첫째, 자본의 자유
이동, 둘째, 환율의 안정, 셋째, 중앙은행의 자유스러운 통화 정책이라는 세 가지 목적을 함께 달성할 수
없다는 것이다.

이러한 삼위 불일치 모델로 문제와 같이 현 단계 국제통화 제도의 불안정을 아래와 같이 설명할 수 있다.

1) 자본의 자유 이동을 인정할 때 국경을 넘어오는 투기나 투자 자본의 유입을 막을 수 없으며 이러한
자본이 국경을 넘어와서 주식이나 부동산에 투기나 투자를 해 단기간에 주식이나 부동산 가격을 급등
시키고 이익 실현 후 국내통화로 외화 자본을 회수하려고 할 때, 그 투자대상이 된 국가는 주식이나 부
동산 가격이 인상한 만큼 이자율이 올라가게 된다.

2) 이 경우 중앙은행은 보유 외환으로 외국 자본의 자본 회수에 응해야 하므로 보유 외환의 부족 현
상을 초래할 수 있다. 중앙은행이 이자율을 안정시키기 위해 시장에 새로운 국내통화를 공급하고 보유
외환이 줄어들면 국내통화 가치가 하락하고 환율이 올라가 안정을 유지하지 못하게 된다.

3) 이러한 결과는 환율의 안정이라는 원래의 목적을 달성할 수 없게 되어 결국 세 가지 목적을 달성하
는 데 실패하고 국제통화 체제의 불안정을 유발한다. 1997년 아시아 금융위기는 이와 같은 과정을 보여
준 예이다.

2) 국제금융 체제의 안정적 관리를 위한 국제사회의 노력을 IMF 개혁, 기축통화 체제의
개혁, 국제금융거래에 대한 세금부과, 국가 간 협력 체제 강화 영역으로 구분해 설명하
시오. (10점)

1) IMF 개혁

2008년 미국발 세계 금융위기 이후, IMF의 탄생 이후 가장 큰 구조개혁(Governance Reform)이 일어났는데 이 변경은 2010년 채택된 결의안으로 이 안은 2016년부터 발효하게 되었다. 이때 이 안은 IMF의 투자액과 투표권 등을 결정하는 기준이 되는 할당량(quota)의 변경을 통해 이루어졌다.

이 변경안의 주요 내용은 IMF 전체 할당량을 두 배로 늘리면서 할당량을 재배정하고 종전에 미국과 서구 등 할당량이 많은 국가에게 2개의 이사국을 할당해 임명하던 것을 이사국 전원을 선거로 선출하는 것 등이다.

이 안에 따라 IMF의 자본금이 3,290억 불 상당에서 6,590억 불 상당으로 증액되었으며 그동안 미국과 서구국가에 편중되었던 할당량이 중국을 비롯한 인도, 러시아, 브라질 등 개도국과 신흥시장에게 전체의 6% 이상을 할당하도록 했다. 특히 중국은 IMF에서 투표권이 종전 3.8%에서 6%로 증가하였다.

이밖에도 IMF의 기능을 강화하는 일련의 개혁이 이루어졌는데 2009년부터는 국제 재정 상태와 흐름을 감시하고 분석하는 기능을 시작했다. 재정담당과에서 국제경제전망(WEO)과 세계재정안정보고서(GFSR)와 자료를 공동으로 사용해 일 년에 두 번씩 세계재정의 발전상황과 국가별 재정 상황을 점검한다.

또한, 2012년 통합감시 결정(integrated suveillence decision)을 통해 양자 간 또는 다자 간 국제자금흐름에 대한 감시기능을 강화하고 범세계적 재정안전망(global financial safety net)을 확충하기 위해 국제결제은행(BIS)이나 재정안정위원회(FSB)와의 협력을 강화하도록 하였다.

2) 기축통화의 개혁

기축통화(Key currency)는 일반적으로 국제무역이나 금융거래에서 거래의 기준가치로서 작용할 수 화폐를 말하는데 현재 기축통화로 인정받는 화폐는 미국 달러화, 유럽연합의 유로화(euro), 영국의 파운드화, 일본의 엔화(yen)를 지칭하는 것이 일반적이다.

이러한 통화 중에서도 미국 달러화가 가장 중요한 기축통화가 되어 있다. 미국 달러화 중심의 기축통화를 변경하려는 노력이 2008년 미국발 세계 금융위기 이후 일부 국가를 중심으로 활발하게 거론되었는데 2009년 6월 BRICs 정상회의에서 미국 달러화가 중심이 되어있는 세계 기축통화 제도를 IMF의 SDR로 변경해야 한다고 주장한 것이 그 대표적 예이다.

중국은 2009년부터 투자와 무역 결재를 위안화로 가능토록 해 외국인들의 중국 내 투자를 위안화(yuan)로 할 수 있도록 하였으며 2010년 10월부터는 IMF의 통화 바스켓에 위안화를 포함하도록 하는 데 성공해 자국의 위안화가 기축통화가 되기를 희망하는 모습을 보인다.

그러나 기축통화가 되려면 국제통화로서 무역 적자를 통해 막대한 양의 화폐를 세계무역시장에 공급할 수 있는 유동성, 무역거래에서 그 화폐의 가치를 믿을 수 있는 신뢰성, 무역거래에서 그 화폐로 결제되는 양이 많아야 할 보편성, 외환거래의 자유를 인정하는 안정성, 다른 화폐로 무제한 교환해 줄 수 있는 태환성 등을 갖추어야 한다.

중국의 위안화는 아직 이러한 조건을 만족시키지 못하고 있으며 위안화 무역결제의 90% 이상이 중국의 인근 회교국가인 홍콩, 싱가포르 간의 무역에서 이루어지고 있다는 점에 비추어 위안화 국제화는 아직 이루어지지 않고 있다는 점에서 위안화를 기축통화로 인정하기는 어렵다.

3) 국제금융거래에 대한 세금부과

국제금융거래에 대한 세금(financial transaction tax)을 부과하는 제도는 투기목적의 외국 자본의 유입을 억제하는 효과와 세수증대의 목적을 달성하는 수단도 되어 여러 나라에서 도입을 검토하였다. 그중에서도 특히 외국자본이 들어와서 단기로 투자한 외화로 인출하는 거래에 대한 세금, 즉 토빈세(Tobin tax)를 부과하는 나라도 있다.

2008년 금융위기를 계기로 국제적으로 금융거래세에 대한 논의가 더욱 활성화되었다. 2009년 9월 개최된 제3차 G20 정상회의에서 토빈세 도입 방안을 검토할 것이 요청되었다. 브라질은 2009년 10월부터 자국 주식과 채권에 투자하는 달러 자금에 2%의 토빈세를 부과했다.

EU 회원국들은 금융거래세를 동시에 도입하려던 시도가 영국과 미국의 반대에 부딪혀 주춤하였으나, 2012년 10월에 독일과 프랑스를 중심으로 한 11개국이 우선 실행하기로 합의하였다.

그러나 다수의 나라는 금융거래에 대한 세금을 부과하지 않고 있는데, 그 이유는 첫째, 금융거래세를 부과할 경우 외국자본이 그러한 세금이 없는 국가에 투자하려고 할 것이므로 외자 유치를 어렵게 하고, 둘째, 투기자본과 투자자본을 엄격하게 구별하기 어려우며, 셋째, 자본투자와 병행해 환율 변경에 따른 위험을 감소하기 위해 선물환을 매입해 일정한 기한 내에 매도하는 헤지펀드를 투기자본으로 보고 과세하는 것은 경제 원리와 부합하지 않는다는 점 등이 그 이유다.

4) 국가 간 협력 체제 강화

금융 체제의 안정적 관리를 위해 국가 간에 협력하는 대표적인 예가 국가 간에 통화스와프(currency swap) 계약을 체결하는 것이다.

이는 국가 간에 서로 자국 화폐를 담보로 상대방 국가에 맡기고 맡긴 국가가 필요시 맡긴 통화에 상당하는 금액을 유치한 국가가 유보하고 있는 통화 중에서 빌려오는 제도이다. 이 경우 스와프를 요청하는 국가는 빌려오는 국가에 대해 일정한 수수료를 부담하고 통화 교환을 하는 형식을 취하나 외환보유액이 급감한 나라가 대외부채를 상환하기 위해 일시적으로 도움을 받을 수 있다는 점에서 유리한 제도이다.

2008년 글로벌 금융 위기는 세계 주요국들이 통화스와프 계약을 통해 외화 안전망을 구축하도록 한 계기가 됐다. 미국 연방준비제도(Federal Reserve Board)는 2008년 금융 위기 이후 유럽연합(EU)·스위스·한국 등 14개국 중앙은행과 양자 간 통화스와프 계약을 맺었다. 총 체결액은 5,800억 달러로, 세계 금융시장의 신용 경색을 막기 위해 거대한 외환 안전망을 만들었다.

금융 위기 후 각국 중앙은행은 통화스와프 계약을 확대하고 있다. 한국은 중국, 스위스, 캐나다, 말레이시아 등과 통화스와프 계약을 체결하였으며 이 중 가장 규모가 큰 것이 2008년 한국과 중국이 560

억 불의 통화스와프 계약을 한 것이다. 이 계약은 2014년에 3년 연장되었고 2017년에 다시 3년 연장되었다.

제 3 문. 미국의 닉슨(Nixon) 대통령은 1969년 '닉슨 독트린'으로 지칭되는 새로운 아시아 정책을 발표했다. 독트린의 추진은 아시아 지역의 냉전 구조를 재편성한 것으로 평가받고 있다. 이와 관련해 다음 물음에 답하시오. (총 30점)

1) '닉슨 독트린'의 배경과 내용에 관해 설명하시오. (16점)

풀이

닉슨 독트린의 배경은 미국이 베트남 전쟁에서 막대한 인적 물적 손실을 본 데 대해 미국 내 여론이 미국이 베트남 전쟁 이후 아시아와 유럽을 동시에 방어하는 데 모든 책임을 져야 하는가 하는 비판 여론에서 출발했다. 미국은 베트남 전쟁과 관련한 중국의 영향력을 고려해 중국과 관계를 개선해 베트남 전쟁을 종결하고 그 후 아시아에서의 미국 개입을 최소화하겠다는 전략으로 닉슨 독트린을 구상하였다.

닉슨 독트린의 내용은 1969년 임기가 시작된 닉슨 행정부가 1969년 7월 25일 닉슨 대통령의 괌 방문 중 기자들과의 회견하는 자리에서 발표한 것인데 그 내용은 다음과 같다.

1. 미국은 우방 및 동맹국들에 대한 조약상의 의무는 지킨다.
2. 동맹국이나 기타 미국 및 기타 전체의 안보에 절대 필요한 국가의 안정에 대한 핵보유국의 위협에 대해서는 미국이 핵우산을 제공한다.
3. 핵 공격 이외의 공격에 대해서는 당사국이 그 일차적 방위책임을 져야 하고 미국은 군사 및 경제원조만 제공한다.
4. 미국의 아시아에서의 군사적 개입도를 줄인다.

2) 닉슨 행정부 시기의 한미 관계를 '방기(abandonment)'와 '연루(entrapment)'의 관점에서 설명하시오. (14점)

풀이

닉슨 행정부 시절 한미 관계에서 방기 정책을 표현한 대표적인 사례는 1970년 7월, 윌리엄 로저스 미국 국무장관이 베트남 사이공에서 최규하 외무장관에게 '주한미군 2만 명 철수'를 통고한 후 1971년 4월 2일 당시 6만 1천 명이었던 주한미군 중 동두천 캠프 케이시에 주둔했던 주한미군 7사단 2만여 명을 일방적으로 미국으로 철수해 해산되었다는 것이다.

닉슨 행정부가 한미 관계에서 다시 연루하게 된 것은 1971년 12월 박정희 대통령이 청와대에서 핵탄두 탑재용 탄도 미사일 개발을 지시하고 한국이 핵무기를 개발하려는 의지를 보였기 때문이다. 미국은 한국 정부의 이러한 태도가 한반도에서 다시 전쟁을 일으킬 가능성이 있다고 보고 한국 정부를 설득해 미사일 개발에 제한을 가하고 핵무기 개발을 엄격히 통제하는 연루 정책을 쓰지 않을 수 없었다.

2017년 시험

제 1 문. 1950년 북한의 남침제안에 대해 소련은 중국의 개입을 조건으로 동의하였고 중국은 소련의 중국에 대한 군사원조와 함께 미군이 38도선을 넘는 경우와 소련이 공중전 지원을 할 경우에 참전할 것을 약속하였다. 그러나 6·25 전쟁에서 미군이 38선을 넘었을 때, 소련은 공중전 지원을 철회하였다. 다음 물음에 답하시오. (총 50점)

1) '책임 전가(buck passing)'는 공통으로 안보 위협을 받는 국가가 공동대책을 모색하기보다는 타국에게 대책을 모색하도록 하는 정책이다. '피 흘리게 하기(bloodletting)'는 상대국이 다른 분쟁에 관여하도록 함으로써 상대국의 국력을 약화시키려는 정책이다. 두 개념에 기초해 북한의 남침계획에 동의한 소련의 결정을 설명하시오. (15점)

> **풀이**

제2차 세계대전이 끝난 이후 당시 소련의 스탈린은 과거 소련이 아시아에서 일본과 군사적으로 대결하였고 유럽에서는 독일과 대결하였던 점을 고려해 앞으로 양 지역에서 소련의 안보가 직접적으로 위협을 받지 않는 완충 지역(buffer zone)을 만들 필요성을 강하게 느꼈다.

그는 아시아에서 한반도를 그 완충 지역이 되도록 하는 것이 소련의 이익에 부합한다고 생각하고 태평양 전쟁 막바지에 미국이 일본에 원자폭탄을 투하해 일본의 항복이 예견되는 시점에서 소련군을 한반도에 진입시켜 미국과 38선을 경계로 소련군과 미군이 진주해 각각 일본군의 무장해제를 하는 역할을 하도록 미국과 합의하였다.

북한의 남침제안에 대해 소련이 동의한 것은 이러한 소련의 기본 입장과 부합하는 것이었다. 그러나 스탈린은 북한의 남침으로 미국이 참전하게 되자 미국의 군사력에 비추어 소련이 직접 미국과 군사적으로 대결하는 것은 소련에 위험부담이 크다고 보고 중국으로 하여금 북한을 돕고 소련은 최소한의 군사적 지원을 함으로써 미국이 한반도에서 영향을 가지게 되는 것을 막도록 하는 전략을 택하였다. 미군이 38도선을 넘어 소련이 미국과 직접 군사적 대립을 하는 것을 피하고자 중국에 약속했던 공중전 지원을 철회하게 된 것이다.

이러한 소련의 전략은 한국전쟁에 중국이 주력 군대를 보내 싸우게 해서 소련 대신에 피를 흘리게 해 전쟁에서 승리하였을 경우 소련의 목표를 달성하고 전쟁에 패하였을 경우의 책임을 중국에게 전가하고자 하는 전략이었다.

2) 6·25 전쟁에 참전한 중국 지도부의 결정을 신고전현실주의(neoclassical realism)로 설명
   하시오. (20점)

　신고전현실주의는 고전적 현실주의와 신현실주의(구조적 현실주의라고도 함)의 이론을 합친 것인데
1990년대에 랜달 스웰러(Randall Sweller) 등에 의해 주창된 이론이다.

　신고전현실주의자들은 모겐소(H. Morgenthau)와 같은 고전적 현실주의자들이 주장한 '사람은 이기적
이어서 분쟁이 발생하고 개인 간의 권력투쟁이나 국가 간의 분쟁은 불가피하다는 것'과 '국가가 국제사
회의 가장 중요한 역할을 한다.'는 이론을 수용하고 왈츠(K. Waltz)와 같은 신현실주의자가 주장하는 '국
제 체제는 무정부 상태이므로 국가의 목표는 안보(security)이며 국가 스스로 안보와 생존(survival)을 책
임져야 한다.'는 이론에도 동감한다.

　그러나 신고전적 현실주의자들의 이론이 고전적 현실주의자나 신현실주의자와 다른 가장 중요한 점
은 국가가 추구하는 목표가 안보에 한정되는 것은 아니고 안보 이외에도 다른 국가 이익이 될 수 있으며
이러한 국가의 목표나 이익이 국가마다 다를 수 있고 목표나 이익은 고정된 것이 아니라 변할 수 있다는
것이다. 또한 고전적 신현실주의자들은 국가의 대외 정책 수행은 대내 정치의 종속변수로 이루어진다는
것을 중요하게 생각한다.

　중국이 6·25 전쟁에 참전하게 된 가장 큰 원인은 당시 중국 국가주석이었던 마오쩌둥이 미국의 한반
도를 통한 세력 확장을 저지하는 것이 중국의 안보를 유지하고 중국이 대국으로서의 위신을 지킬 수 있
게 되어 중국의 국익에 부합하며 중국의 내부결속을 강화하고 자신의 입장을 공고히 하는 데 필수적이
라고 보았기 때문이다.

　마오쩌둥은 미국 트루먼 대통령이 1950년 6월 27일 제7함대를 보내 타이완해협을 봉쇄하고 6·25
전쟁에 유엔군을 조직해 한국전에 참전하자 미국이 중국 본토, 특히 만주를 공격할 의도가 있다는 명분
을 내세워 중국이 한국전에 적극적으로 참전하는 것이 불가피하다고 주장하였다.

　6·25 전쟁에 참전한 중국 지도부의 결정을 신고전현실주의의 입장에서 해석하면 중국이 중국 자신
의 안보와 생존을 방어한다는 목적에서 나아가 미국의 한반도 지배가 중국의 장래 국가 이익에 위해요
소가 된다는 이유와 함께 6·25 전쟁에 참여함으로써 중국 내부의 결속을 강화하고 자신의 입장을 공고
히 하는 방안이 될 수 있다고 판단하였기 때문이다.

3) 6·25 전쟁이 미국의 봉쇄 정책(containment policy) 전개에 미친 영향을 설명하시오. (15점)

풀이

봉쇄 정책은 제2차 세계대전 이후 미국이 공산주의 세력의 확장을 막기 위해 공산주의 세력의 영향에 노출되어 공산주의화 될 우려가 있다고 판단되는 국가에 미국이 개입해 대규모 경제원조를 하거나 군적 개입을 해 공산주의 세력을 차단하는 정책을 말한다.

봉쇄 정책은 주소련 미국대사관에 근무하였던 조지 케난(George Kennan)이 본국에 건의해 채택된 정책이다. 미국의 트루먼 대통령은 이 정책에 의해 1947년 그리스와 터키에 대규모 경제지원을 해 공산주의 세력을 막도록 하였으며 1950년 한국전에 참전한 중요 이유도 아시아에서 공산주의 세력의 확대를 저지한다는 명분이 강하였다.

미국은 한국전 참전으로 인해 막대한 인적, 경제적 손실을 보게 되자, 공산주의 세력이 침투할 우려가 있는 지역에 미국이 봉쇄 정책을 적용하는 경우에는 그 지역이 미국의 개입으로 공산화를 막고 자유주의 국가가 될 수 있을 것인가를 검토해 미국의 국가 이익에 부합되는 경우에만 적용하도록 함으로써 이 정책이 남용되지 않도록 한다는 방향으로 수정되었다.

제 2 문. 2008년 발생한 세계 금융위기는 국제통화 질서의 안정성에 관한 논란을 일으켰다. 현재의 국제통화 질서는 '브레턴우즈 II(Bretton Woods II)' 질서로 불린다. 이 질서하에서, 미국은 막대한 무역 수지와 경상수지 적자를 감수하고, 기축통화와 정부 채권의 발행을 통해 문제를 해결하고자 한다. 다음 물음에 답하시오. (총 30점)

1) '브레턴우즈 II' 질서의 특징을 설명하시오. (10점)

풀이

'브레턴우즈 II' 질서라고 하는 것은 2004년 도이치뱅크의 경제학자들이 만들어 낸 말이다. 이 말은 미국과 동아시아 간에 1990년대 중반부터 형성되고 2000년대에 본격화되어 형성된 금융 질서가 브레턴우즈 체제가 붕괴하기 전의 미국과 유럽, 일본이 금융 질서에서 공생 관계에 있던 때와 유사하다고 해 '복구된 브레턴우즈 체제'라는 의미로 사용된 말이다.

이러한 체제는 미국의 닉슨 대통령이 1971년 달러화의 금 태환을 중지시킴으로써 브레턴우즈 체제가 붕괴하기 전 미국이 중심부(center) 역할을 하고 유럽과 일본이 주변부(periphery) 역할을 해 상호 공생적 역할을 하였던 구조가 동아시아 국가가 새로이 주변부 역할을 해 미국과 공생 관계에 있는 구조로 변하게 하였다. 이 질서를 유지하는 특징은 다음과 같다.

가) 미국이 기축통화국으로서 주조권(seignorage)을 가지는 특권을 다른 나라가 인정한다.

나) 동아시아 국가들이 미국과의 무역 수지에서 얻은 수입으로 미국 정부의 채권을 매입하고 달러화로 지불 준비금을 비축해 금융 질서를 유지한다.

다) 미국은 국제수지 적자와 재정 적자로 인한 대외부채를 달러화의 발권을 통해 장부상의 부채로만 남도록 해 금융 질서의 교란을 방지한다.

2) 1970년 초까지 유지되었던 '브레턴우즈 I'과 비교해 '브레턴우즈 II' 질서의 지속가능성에 대해 논하시오. (20점)

풀이

'브레턴우즈 II'가 '브레턴우즈 I'과 비교해 근본적으로 달라진 점은 '브레턴우즈 I'의 시기에는 미국 통화가 금과 연계되어 있고 다른 주요 금융대국인 유럽국가와 일본의 통화는 미국 통화와 연계되어 자유 변동 환율제를 채택하고 미국과 우호적 공생 관계를 유지하고 있어서 미국이 무역 적자가 발생하였을 경우에도 금융 질서 혼란의 위험이 적다는 점이다.

그러나 '브레턴우즈 II'시기에 와서는 중국이 무역 대국으로 성장해 미국의 무역 적자의 큰 부분이 중국과의 교역에서 발생하게 되었다. 여기서 중요한 점은 미국의 무역 적자 폭과 재정 적자 폭이 빠른 속도로 늘어나고 있으며 중국이 경제 대국으로서 자국의 통화를 기축통화로 하려고 노력하고 있어서 미국과 중국이 대립적 공생 관계에 있다는 점이다.

이와 같은 점에 비추어 '브레턴우즈 II' 질서의 지속가능성은 미국의 대규모 무역 적자와 재정 적자로 인한 세계 금융 질서가 혼란 상태에 빠지게 되는 시기가 올 것인가와 중국의 통화가 세계의 기축통화가 될 시기가 도래할 것인가와 결부된다.

미국과 중국이 정치적으로 관계가 악화되어 만일 중국이 보유하고 있는 막대한 미국 정부 채권을 국제시장에 투매한다면 미국의 달러화의 가치는 폭락할 것이며 또 중국의 위안화가 국제무역에서 차지하는 비중이 점점 높아져 기축통화의 역할을 한다면 미국의 달러화의 지위는 상대적으로 약화되어 미국이 가지고 있는 대외부채를 청산하는 데 막대한 부담을 가지게 될 것이므로 '브레턴우즈 II' 질서는 더 이상 지속될 수 없을 것이다.

그러나 중국의 현 국력으로 보았을 때, 중국이 국제사회에서 미국의 지위에 필적하기까지는 아직 상당한 시간이 지나야 가능할 것으로 예측된다. 또한 중국의 위안화가 국제무역에 결제되는 범위도 중국과 그 이웃 나라에 편중되어 있고 중국이 미국의 경제적 패권을 부정할 경우 먼저 중국이 막대한 경제적 손실을 보게 될 것(달러화 가치의 하락은 중국이 대량 보유하고 있는 미국 채권 가치의 하락을 의미한다)임에 비추어 본다면 '브레턴우즈 II' 질서는 앞으로 적어도 중국이 미국에 필적하는 국제적 지위를 획득할 때까지는 유지될 것으로 예측할 수 있다.

제 3 문. 1990년대 이후 글로벌 거버넌스(global governance)에 대한 논의가 확산되고 있다. 글로
벌 거버넌스는 세계의 다양한 수준에 존재하는 거버넌스와 관련된 공식적이고 비공식
적인 행동, 규칙, 메커니즘의 집합으로 표현되고 있다. 글로벌 거버넌스의 등장과 변화
를 힘(power), 이익(interest), 정체성(identity) 개념에 기초해 설명하시오.　　　　(20점)

풀이

　　글로벌 거버넌스는 1990년대 초, 동서냉전이 종식되어 국제사회에 보편적으로 통용되는 질서를 수립
함으로써 국제사회의 전체이익을 신장할 수 있다는 사상에서 출발하였다. 이러한 사상은 특히 1990년
대 말 경제 분야에 있어서 세계화 운동(globalisation)이 활발하게 일어나 국제사회에서 자유로운 교류를
저해하는 장벽을 제거하고 세계를 단일시장으로 하자는 운동으로까지 발전하였다.

　　글로벌 거버넌스는 경제 분야뿐만 아니라 개별국가의 노력만으로 달성하기 어려운 이룩할 수 없는 세
계 전체의 안보, 환경, 복지 등 분야에서 국제적으로 존중되는 질서를 수립하는 데 필요한 규범이며 그
규범의 창시자는 국가뿐만 아니라 다양한 행위자가 상호작용하는 형태로 변화하고 있다. 이러한 변화의
주요한 동인(動因)은 국가와 병행해 비국가 행위자(non-state actors)의 수적 증가 및 역할 증대이다. 특히
환경, 인권 분야에서 비정부 기구(NGO)의 활동이 크게 증대되었다.

　　1990년대 이후의 글로벌 거버넌스의 예로써 1944년에 만들어진 '관세와 무역에 관한 일반 협정
(GATT)'을 보완해 1995년 세계무역기구(WTO)가 발족하게 되었으며 지구온난화 규제 및 방지를 위한 국
제 협약인 기후변화 협약의 구체적 이행 방안으로, 1997년 12월 선진국의 온실가스 감축 목표치를 규정
한 교토 의정서가 채택되었고 국제범죄에 대한 형사처벌을 하기 위해 설립된 국제 형사 재판소의 관할
권을 인정하려는 목적으로 1998년 로마에서 채택되고 2002년에 발효한 국제 형사 재판소(ICC)에 관한
로마 규정은 글로벌 거버넌스의 대표적 예이다.

　　이러한 글로벌 거버넌스가 출현하게 된 것은 냉전 종식 후 미국을 비롯한 서방 국가들이 새로운 국제
질서를 창출하는 데 필요한 힘을 결집했기 때문이라고 할 수 있다. 그러나 글로벌 거버넌스를 유지하는
데 있어 국제사회가 일치 단합된 결속력을 보인 것은 아니다. 통합된 국제경제 질서를 창출하기 위해 선
진공업국 중심으로 세계화 운동을 전개한 것에 대해 개도국들은 세계화가 결국 선진국에만 이익을 주
게 되고 후진국들은 더욱 빈곤하게 된다는 이유를 들어 반세계화 운동을 전개하기도 하였다.

　　그뿐만 아니라 온실가스 감축을 위한 국제적 노력에 있어서도 감축량을 할당하는 문제에 관해 선진
국과 후진국들이 온실가스 배출에 대한 책임 문제에 관해 상이한 입장을 보였다. 미국은 과도한 온실가
스 감축 의무가 자국의 산업발전에 이해요소가 된다는 이유로 교토 의정서의 비준을 거부하였으며 ICC
재판소 규정도 해외 주둔 미군 병사들이 형사처벌을 받을 가능성을 예견해 이 규정에 가입하기를 거부
함으로써 이들 분야의 글로벌 거버넌스의 유지에 차질을 가져오게 하였다.

　　또한 글로벌 거버넌스의 창설과 유지가 주로 미국 중심의 서방 기독교 국가가 주도하는 새로운 국제

질서 형성의 움직임이라고 보는 중동 아랍 국가들은 기독교 문화에 기초한 글로벌 거버넌스 유지가 결국 자신들의 정체성을 부정하는 것으로 보고 이러한 질서를 부정하려고 하는 움직임을 보였는데 그 대표적인 사례로 나타난 것이 2001년 미국에서 발생한 9·11 사태이다.

2016년 시험

제 1 문. 19세기 후반부터 제1차 세계대전 전까지 유지되었던 금본위제도는 고정환율제, 국가 간 자유로운 자본 이동, 고도로 통합된 국제통화금융 체제를 특징으로 한다. 제1차 세계대전 이후 미국과 영국 등 주요국가들은 금본위제도를 복구하려 하였으나 실패하였다. 이와 관련하여 다음 질문에 답하시오. (총 50점)

1) 금본위제도가 유지되었던 기간 동안 영국제 금융통화 체제를 주도하였던 영국의 역할을 패권안정론의 관점에서 설명하시오. (20점)

풀이

　패권안정론(覇權安定論, hegemonic stability theory, HST)은 특정 국가가 세계 질서를 주도할 수 있는 패권국일 때 세계 질서의 안정을 유지할 수 있다는 이론이다. 이는 국제정치학 이론에서 현실주의자들의 주장이다.

　현실주의자들은 국제 질서 유지하는 본질을 '국가의 힘'에서 찾기 때문에 특정 국가가 국제 질서를 훼손하려는 행위가 있을 경우, 패권국이 외교력, 군사력이나 경제력으로 이러한 국제 질서 교란 행위를 억제할 수 있는 능력이 주어질 때 국제 질서가 안정된다는 이론이다.

　패권 국가가 외교력이나 군사력으로 국제 정치 질서를 안정화할 수 있게 될 경우에는 기존의 국제 질서를 타파하려는 전쟁의 발발을 억제하게 되었고 경제적인 패권국이 있을 경우에는 패권국이 국제사회에서 자유로운 무역이 유지될 수 있는 안정적인 통화를 공급할 수 있었다.

　19세기 영국은 선진공업국으로서 전 세계에 산재해 있는 식민지를 발판으로 자유무역을 주장해 수출과 수입을 합해 국제교역에서 지도적인 지위에 있었다. 1816년에는 금본위제를 시행해 다른 유럽 열강들도 금본위제를 시행하였는데 영국이 경제적 패권 국가가 되어 각국의 국제적 상품거래와 자본 이동이 영국의 파운드화가 주축이 되어 결제됨으로써 유럽에서의 경제안정을 유지하는 데 기여하였다.

　그러나 제1차 세계대전으로 막대한 통화량이 필요해지자 서구열강들은 금 태환을 일시 정지하고 각국이 경쟁적으로 통화를 팽창함으로써 실물과 통화량을 연동시키던 금본위제의 기초가 무너지게 되었다.
　영국은 전후 복구 후 1925년 금본위제로 복귀해 경제적 패권 국가의 지위를 회복하려 하였다. 그러나 1929년 대공황 발발로 각국이 보호무역 정책을 택하게 되자 국제교역량이 줄어들어 파운드화가 가지는 위상이 추락하고 파운드화가 금으로 태환할 수 있는 능력을 상실하자 영국은 1931년 금본위제를 포기하게 되었고 경제 패권국으로서의 지위도 상실하게 되었다.

2) 제1차 세계대전 이후 미국과 유럽 국가에서 참정권이 확대되고 국가 정책에 대한 시민들의 영향력이 증대되었다. 이러한 국내 정치의 변화는 금본위제도 붕괴의 주요 원인이었다. 그 이유를 설명하시오. (20점)

풀이

금본위제도는 통화를 금과 연계시켜서 통화가치를 안정시킬 수 있다는 점에서 유익하다. 그러나 단점으로는 통화가치의 안정은 금의 가치가 안정될 경우에만 가능하다는 한계가 있으며, 국가가 고용증대의 필요성 등으로 통화량을 팽창하는 통화 정책을 자유스럽게 실천하기 어려우며, 국제결제에 사용되는 통화의 통화량이 금의 보유량에 따라 제한되기 때문에 국제무역이 활발해 국제결제에 사용되는 통화가 부족할 수 있고, 세계적으로 금의 산출량이 많은 국제 경제에 영향을 주어 국제경제를 불안정하게 할 수 있다는 등의 폐단이 있다.

또한 금본위제도는 국가가 금의 생산, 유통, 저장 등을 관리해야 하고 이와 관련된 각종 규제가 필요하다. 그러나 일반 시민들은 대체로 금본위제도 유지에 따르는 이러한 통화 관련 규제에서 벗어나 기업을 운영하는 데 자유로운 통화 사용과 국가 간의 자금이동을 자유롭게 하기를 희망하였다.

시민들의 참정권 확대와 선거제도의 발전으로 인해 시민들의 의사를 존중해야 정권을 획득할 수 있으므로 다수의 시민이 금에 대한 국가의 관리가 엄격하고 각종 규제가 필요한 금본위제도를 유지하는 데 반대함으로써 금본위제도가 붕괴하는 결과를 초래하게 된 것이 금본위제도가 붕괴한 원인이 되었다.

제 2 문. 러일전쟁은 제1차 세계대전 이전 국제 관계에 커다란 영향을 주었다. 이와 관련해 다음 질문에 답하시오. (총 30점)

1) 러일전쟁의 원인을 세력 균형론의 관점에서 설명하시오. (10점)

풀이

세력 균형론은 주로 현실주의 국제정치학자들이 주장하는 이론으로, 국제 질서가 형성되는 것을 개별국가들이 가지는 힘을 변수(variable)로 하는 함수(function)로 보고, 국가 간의 힘이 균형 상태에 있을 때는 현상 유지(status quo)가 지속되나 어느 국가의 힘이 균형을 파괴할 정도로 강해지면 그 국가가 현상을 변경해 그 국가의 힘이 반영된 새로운 국제 질서를 수립하려고 하는데, 현상이 유지되던 상황에서 새로운 질서를 수립하는 과정에서 전쟁과 같은 질서 교란 행위가 존재하게 된다는 이론이다.

러일전쟁의 원인을 세력 균형론의 관점에서 본다면 19세기 말 영국, 프랑스, 러시아, 일본 간의 세력 균형의 유지와 이러한 세력 균형이 깨어지고 새로운 세력 균형을 이룩하려는 과정이라고 해석할 수 있다.

즉, 19세기 말 영국은 동북아 해역에서 러시아와 프랑스에 대항하기 위해 이 지역에서의 동맹을 필요로 하였고 1900년 중국에서의 의화단 사건을 진압하기 위해 연합국의 일원으로 출동한 러시아 군대가 의화단의 난이 진압된 이후에도 만주를 점령하고 철수하지 않자 일본이 러시아 세력의 확장을 저지할 필요성이 생겨 1902년 일본과 동맹을 맺어 동북아 지역에서 세력 균형을 유지하였다.

그 후 러시아와 일본이 만주와 한반도에 대한 상호 세력권 조정을 협상하였으나 이러한 협상이 실패함에 따라 새로운 세력 균형을 찾기 위한 것이 1904년 발발한 러시아와 일본의 전쟁이다.

2) 포츠머스 강화조약(Treaty of Portsmouth) 체결 후, 러시아와 일본이 화해를 모색하게 된 이유를 삼국협상과 삼국동맹 간 경쟁의 맥락에서 설명하시오. (10점)

풀이

프러시아의 비스마르크의 주도로 오스트리아와 프랑스와의 전쟁을 거쳐 독일을 통일한 후, 독일은 프랑스가 독일에 보복하지 못하도록 프랑스를 국제적으로 고립시키려고 하는 한편 1882년 오스트리아·헝가리 제국과 이탈리아와의 삼국동맹을 체결하였다. 한편 1890년 독일의 빌헬름 2세에 의해 비스마르크가 독일 재상의 지위에서 해임당하고 난 후 프랑스는 독일에 대항하기 위해 1892년 러시아와 군사협정을 체결하였다.

한편 영국은 독일과의 군비경쟁에 돌입하면서 1904년 프랑스와 협상하고 1907년 러시아와 협상해 프랑스 러시아 간, 영국과 프랑스 간 및 영국과 러시아 간의 3개의 양자조약을 체결해 국제사회에서 상호 지원하기로 하는 조약을 체결하였다. 프랑스, 영국, 러시아 간의 이러한 상호 지원 약속이 삼국협상이다.

러시아와 일본 간의 전쟁 결과 러시아가 패해 포츠머스 조약을 체결한 후 러시아는 아시아에서 일본과 다시 전쟁할 능력이 없고 유럽에서 독일에 대항해 발칸반도로 진출하는 것이 더 시급하다는 여론에 따라 일본과의 화해를 모색하고자 당시 삼국협상의 당사국이며 영일동맹을 체결해 일본과 가까운 영국을 통해 일본에 접근하려고 하였으며 영국은 러·일 간의 화해에 중개할 의사를 표명하였다.

그러나 1907년 프랑스와 일본이 협상해 일본은 프랑스의 인도차이나반도에서의 프랑스 영토권을 인정하고 중국에서의 광동, 광서, 운남 지역에서의 특수 이익을 인정하는 대신에 프랑스는 일본이 만주, 몽고, 복건성에서의 특수 이익을 인정한다는 협상이 성립하자 러시아는 일본과 직접 교섭해 화해를 추구하게 되어 1907년, 1910년, 1912년의 3차례에 걸쳐 러시아와 일본의 협약이 성립되었다.

러일 협약의 주요 내용은 만주를 러시아와 일본 간의 특수 이익 지역으로 나누어 상호 이를 존중하도록 한다는 것으로 1912년 제3차 협약에서 이러한 특수 이익으로 분할하는 경계선을 북경을 지나는 경도선으로 하였다.

이러한 점에서 볼 때 러일전쟁 이후 러시아와 일본이 화해하는 중요한 원인은 삼국협상의 당사국인 러시아, 프랑스, 영국이 상호 협조해 일본을 그들의 편에 끌어들임으로써 동북아 지역에서 삼국동맹에 대항하는 데 유리한 지위를 차지하려고 하는 공동이익이 있었기 때문이라고 할 수 있다.

3) 러시아와 일본 간 화해가 동아시아 국제 관계에 끼친 영향을 설명하시오. (10점)

`풀이`

러시아와 일본 간의 화해는 동아시아 국제 관계에 아래와 같은 영향을 주었다.

첫째, 동아시아에서의 일본을 견제할 수 있는 세력이 사라지게 됨으로써 일본의 조선반도 침입과 만주로의 진출을 용이하게 하는 결과를 가져오게 되었다. 일본이 러시아와 전쟁을 하게 된 중요한 이유가 일본의 조선반도 침입과 만주로의 진출에 있었던 만큼 러일전쟁을 시작하면서부터 조선과 한일의정서를 체결해 조선으로 하여금 일본의 보호를 받도록 하는 데 동의하도록 한 후 1905년에는 조선과 을사늑약을 체결해 조선의 보호국을 자처하게 되었다. 그 후 일본이 러시아와의 화해를 성립시킨 후 동북아에서의 일본을 견제할 수 있는 세력이 사라지자 1910년 조선을 일본에 병합하였다.

둘째, 미국의 중국 진출을 저지하는 결과를 야기하였다.
미국은 1898년 스페인과의 전쟁을 통해 필리핀을 식민지로 획득한 후 동북아시아로의 진출을 꾀하고 중국에 대해 문호개방 정책을 선언해 중국에서의 강대국 이권의 평등화를 주장하였다. 미국은 또한 1900년 중국 내에서의 의화단 사건을 진압하기 위해 열강의 북경공관이 포위된 것을 구출하기 위해 미군을 파병해 이들 공관의 구출작업에 크게 기여해 중국에서의 발언권을 강화하였다.

1909년 미국의 태프트 대통령이 취임하면서 더욱더 적극적인 동북아로의 진출을 기도하고 녹스 국무장관이 러시아 일본 간에 완충국을 건설해야 한다는 명분을 내세우며 만주 철도의 중립화 방안을 발표하였다.
러시아와 일본의 화해는 미국의 이러한 중국 진출 기도에 대해 공동으로 대항하는 발판으로 작용하게 되었다.

제 3 문. 집단사고(groupthink) 개념은 1961년 미국의 '피그만(The Bay of Pigs) 사건'처럼 외교 정책의 실패나 비합리적 정책 결정 과정 사례를 설명하는 데 사용된다. 집단사고로 인해 정책 결정 과정에서 발생할 수 있는 문제점과 이를 예방할 수 있는 방법에 대해 설명하시오.

(20점)

`풀이`

집단사고는 미국의 케네디 정부가 1961년 4월 쿠바의 카스트로 정권을 붕괴시키기 위해 쿠바를 침공하였다가 실패한 사례를 두고 심리학자인 어빙 제니스(Irving Janis)가 권력 핵심들의 집단 구성원들이 자기 집단의 우월성을 과신해 반대의견을 무시하고 내린 전원일치의 의견을 말하는 뜻으로 사용하였다.

집단사고로 인해 발생할 수 있는 문제점은 출신성분이 동일한 특정 집단이 동일한 사고방식을 가지고 권력을 행사하면서 그 집단의 우수성에 대한 자신감에 충만해 다른 집단의 의사를 고려하지 않고 독선적으로 비현실적인 정책 결정을 해 이러한 정책을 집행할 경우 실패하게 될 확률이 크다는 점에 있다.

집단사고로 인해 발생할 수 있는 문제를 예방하려면 정책 결정에 참여하는 집단 구성원을 동일한 집단에서 선출(inbreed)하지 않고 다양한 집단의 의견이 반영될 수 있도록 구성원의 출신성분을 다양화(hybrid)하고 하나의 정책 결정 기구에만 의존해 정책을 결정하지 않고 최고 정책 결정기구를 견제할 수 있는 다른 기구를 두어 정책 결정에 대한 재검토를 할 수 있는 제도적 장치를 마련하는 것이다.

2015년 시험

제 1 문. 크림전쟁(1853~1856년)의 국제 정치사에서 갖는 의미를 논하시오. (20점)

> **풀이**

　크림전쟁의 직접적인 원인은 프랑스가 오토만 제국과 조약을 체결해 오토만 제국 내의 로마 가톨릭 시설과 팔레스타인의 성지들에 대한 감독권을 인정받는 것을 근거로 1851년 이미 그리스 정교도에 양도된 성지관할권을 이 지역을 지배하고 있던 터키에 대해 주장하자 그리스 정교에 관한 특권을 가지고 있었던 러시아가 이에 반발해 국제 전쟁이 된 것이 그 원인이다.

　그러나 이 전쟁은 실질적으로 프랑스와 영국이 터키와 연합해 발칸반도에서 러시아 세력을 몰아내려는 의도에서 전쟁이 발발한 것이라고 볼 수 있다.
　터키 정부는 발칸지역에서 러시아의 위협에서 벗어나고자 1852년 12월 프랑스의 요구를 수락한 후 바로 러시아 남부 지방과 흑해에서 전쟁 준비를 하였다. 1853년 10월 터키가 러시아에 선전 포고를 하고 1854년 3월 프랑스와 영국이 러시아에 전쟁을 선포하였으며 1855년 1월에는 사르데냐가 영국과 프랑스 편에 가담해 전쟁에 참여해 크림반도를 주전장으로 하는 전쟁이 발발하였다.

　이 전쟁은 1855년 크림반도 남단의 세바스토폴이 프랑스·영국 연합군에게 함락되고 러시아가 더 이상 전쟁을 계속할 수 있는 재정적, 군사적 여력이 없어짐으로써 종전되었으며 1856년 2월부터 3월까지 계속된 파리강화회의에서 전쟁의 결과가 마무리되었다.

　크림전쟁이 국제 정치사에서 가지는 의미는 아래와 같이 요약할 수 있다.

　첫째, 크림전쟁은 러시아의 남하 정책에 대한 영국, 프랑스의 봉쇄 정책으로 평가할 수 있다. 러시아는 이 전쟁으로 막대한 피해를 보게 되었으며 파리강화회의에서 흑해의 중립을 인정해 흑해 연안에서 러시아의 군사 활동이 금지되었다. 러시아는 1870년경까지 이 전쟁으로 인한 피해를 복구하는 데 국력을 소모해야 했고 1871년에 이르러서야 흑해 중립 조항을 무효화할 수 있었으며 1877년 러시아·터키 전쟁을 통해 이 전쟁에서 잃었던 지역을 다시 찾을 수 있었다.

　둘째, 오스트리아는 러시아 측과 영국, 프랑스 측으로부터 참전 요청을 받았으나 끝까지 전쟁에서 중립을 지킴으로써 러시아와 적대 관계가 되었으며 영국·프랑스와도 관계가 악화되어 전후에 국제적 고립을 면할 수 없게 되었다.

　셋째, 이 전쟁에 참여하지 않았던 프러시아는 전후 러시아와의 우호 관계를 유지할 수 있었으며 이 전쟁으로 러시아의 국력이 약화되어 이후 프러시아가 독일을 통일하는 데 도움이 되었다.

제 2 문. 지구 온난화 문제에 대한 국제사회의 대응이 중요해지고 있다. 이와 관련해 다음 질문에 답하시오.

(총 30점)

1) 지구 온난화는 집단행동문제(collective action problem)라고 할 수 있다. 그럼에도 불구하고 거의 모든 국가가 유엔 기후변화 협약(UNFCCC)에 서명하였다. 그 이유에 대해 교토 의정서의 성격을 중심으로 설명하시오. (15점)

풀이

지구 온난화 문제는 인류가 지구에서 생존이 가능한 시기를 앞당길 수 있는 중대한 문제이므로 이를 방지하고 지연시키는 것이 전 인류의 공동 과제이다. 그러나 현재의 국제 질서는 이러한 인류 차원에서 해결을 시도해야 할 문제임에도 결국 국가가 중심이 되어 해결하지 않으면 안 된다.

기후 환경을 보호해야 한다는 구호 아래 1992년 192개국이 브라질 리오에서 유엔 기후변화 협약을 채택하였다. 그러나 현실적으로 각 국가가 온실가스 배출을 억제하는 조치를 취하는 것은 온실가스 발생의 중요원인이 되는 생산시설의 개조와 생산품 가격의 앙등을 초래하기 때문에 자국 산업 보호를 위해 각국이 온실가스 감축에 일치된 반응을 보이기 어렵다는 문제점이 있었다.

이러한 난제를 해결하기 위해 1997년 12월 일본 교토에서 유엔 기후변화 협약상의 구체적 실천방안에 관한 국제 협약으로 교토 의정서가 채택되었으며 이 의정서는 2005년 2월에 발효되었다. 다수 국가가 유엔 기후변화 협약에 서명할 수 있었던 것은 그 이행 수단에서 다수 국가의 상호 이해관계가 조절되어 각 국가의 환경 문제와 경제문제가 양립하고 선진국과 개발도상국 간의 이익이 상호 타협에 이르도록 한다는 것을 예상하였기 때문이라고 볼 수 있다. 교토 의정서는 이러한 타협적인 성격을 반영한 것으로 아래와 같은 점을 특징으로 들 수 있다.

1) 차별적 책임론 적용

차별적 책임론이란 선진국과 개도국이 기후변화에 대해 공동의 책임을 지는 동시에 차별적인 책임을 진다는 것으로, 각국이 개별적인 능력에 따라 기후보존의무를 부담하지만, 선진국이 보다 선도적인 역할을 하도록 한다.

2) 국가별 특수성 고려

국가별 특수성 고려의 원칙은 특히 개도국의 특수한 여건과 필요를 고려해야 한다는 것이다.

3) 예방 조치 원칙

예방 조치의 원칙이란 기후변화로 인한 피해가 발생하기 전이라도 예방적 차원에서 이를 방지할 필요가 있다는 원칙으로, 과학적 불확실성이 기후변화방지에 필요한 조치를 지연시킬 수 없다는 이유에 근거한다.

4) 국가의 개발권 인정

개발권은 각국의 기후변화 방지 정책이 국내의 구체적 여건에 따라 이루어져야 하며, 국가개발 정책과 통합되어 추진되는 한편, 경제성장도 중요한 요소로 고려한다는 것이다. 이는 환경과 경제를 양립시키는 각 국가 사이의 타협에 의한 결과이나, 이로 인해 기후 협약의 규제적 성격이 현저히 약화되었다고 볼 수 있다.

5) 자유무역 원칙 인정

마지막으로 이 협약은 자유무역의 원칙을 들고 있으며, 이는 기후변화방지를 구실로 자의적인 차별조치 또는 위장된 무역규제 조치를 하지 못하도록 금지함으로써 환경보전을 이유로 무역장벽을 구축하려는 선진국들의 입장을 개도국들이 저지한 결과이다.

2) 교토 의정서와 체결 이후에도 지구온난화가 완화되지 않았다는 것이 일반적인 평가이다. 기존 다자간 협약의 한계를 지적하고, 지구온난화를 해결할 수 있는 방안에 대해 논하시오. (30점)

풀이

교토 의정서 체제는 근본적 한계를 안고 있었다. 당시 세계 최대의 이산화탄소 배출국가인 미국이 교토 의정서에 비준하지 않았고 2010년 이후 온실가스 배출량 세계 1위(이산화탄소 기준)인 중국과 3위인 인도는 교토 의정서 개발도상국으로 분류돼 이산화탄소 감축 의무가 부과되지 않았던 것이다.

교토 의정서상 제1차 공약(2008~2012년)이 끝나는 2012년 기후변화 협약 당사국 총회(UNFCCC COP18)에서 교토 의정서를 2013년부터 2020년까지 8년간 연장하는 데 합의하였으나 온실가스 주 배출국가인 미국, 중국, 일본, 러시아 등이 교토 의정서 2라운드에 불참하기로 해 이 체제의 실효성에 의문을 남겼다.

이 회의에서 195개 국가는 2차 공약 기간인 2020년까지 온실가스를 1990년 대비 25~40% 감축하자는 것에 합의했다. 유럽연합과 호주, 스위스, 우크라이나 등 34개국은 온실가스 의무감축국으로 정해져 2020년까지 1990년 대비 0.5~20%의 온실가스를 의무감축하기로 했다. 그러나 이들 국가의 온실가스 배출량을 다 합쳐도 전 세계 온실가스 배출량의 15%밖에 되지 않는다.

나머지 국가들은 2차 공약 기간 동안 의무감축국으로 참여하지 않아 1차 때보다 교토 의정서의 동력이 떨어졌다. 특히 1차 때 의무감축을 이행했던 온실가스 배출량 4·5위의 러시아와 일본은 2차 공약 기간에는 의무감축을 하지 않겠다고 선언했다. 캐나다와 뉴질랜드도 2차 공약 의무에서 빠졌다. 중국과 인도는 2차 공약 기간에도 이산화탄소 감축 의무를 지지 않겠다고 발표했다.

77그룹(개도국 그룹)은 선진국들이 기후변화 적응 및 대비에 지출되는 비용 지원을 확실히 해 달라며 요구했고 우리나라는 2020년까지 전혀 감축하지 않을 경우 대비 온실가스를 30% 감축하겠다고 선언했다.

2015년 파리에서 열린 당사국 총회(UNFCCC COP21)에서 국제사회의 기후변화 대응이 선진국 위주에서 개도국도 동참하는 패러다임으로 전환되었다. 195개 선진국·개도국 모두가 지구 온난화 등 전 지구적인 기후변화 대응에 참여하기로 하고 5년마다 상향된 감축 목표를 제출하고 탄소 감축 약속 이행을 점검하기로 하였다. 이 합의가 2020년 만료되는 기존의 교토 의정서 체제를 대체하는 파리 기후변화 협약이다.

이 협약은 유럽 등 선진국에 대해서만 감축 의무를 부과한 교토 의정서 체제의 한계를 극복하기 위해 선진국의 선도적 역할을 강조하면서도 개발도상국도 그 감축 의무를 지기로 한 것이다. 또한 주요 온실가스 배출국인 미국과 중국 등이 포함돼 실질적으로 좀 더 충실한 내용이 되었다.

온실가스 감축 방식도 국가별 의무감축분을 일방적으로 할당했던 과거의 방식이 아니라 각 나라가 스스로 감축 목표를 결정할 수 있게 하는 유연한 접근방식을 선택했다. 당사국이 정한 이 감축 목표 자체는 구속력이 없다.

2017년 11월 독일 본에서 열린 당사국 총회(UNFCCC COP23)에서 195개 참가국 대표단은 2015년 체결된 파리 기후변화 협약을 실천하기 위해 2018년 이행하기로 한 조치들을 실천하는 데 합의했다. 2001년 교토 의정서 체결로 만들어진 '적응기금'이 기후변화 대응에 취약한 개발도상국 등에 파리 협약을 지원하게 되었다.

그러나 이러한 모든 노력에도 불구하고 기후변화에 대한 규제를 각국에 위임하는 한, 세계 환경보다 국가 이익을 더 우선시하는 경향을 해소할 수 없다는 점은 미국 대통령 트럼프는 2017년 6월 '미국의 불이익'을 이유로 협약에서 탈퇴하겠다고 선언한 데서도 나타난다.

이와 같은 점에 비추어 볼 때 지구 온난화를 해결하는 방안을 각국에 위임하는 방안으로는 지구온난화를 방지하는 데 한계가 있다는 것이 나타난다. 따라서 이러한 한계를 극복할 수 있는 방안으로 다음과 같은 방안들이 있다.

1) 지구온난화에 대한 과학적 탐구를 범세계적으로 촉진시켜 지구 온난화에 대한 확실한 과학적 근거를 제시하도록 하고
2) 각국이 세계적인 환경 보호단체로서 비정부 기구(NGO)의 활동을 장려하고 재정적 지원을 한다.
3) 지구온난화를 방지할 수 있는 통일된 국제규범을 만들어 각국으로 하여금 이 규범을 위반하는 것을 처벌할 수 있는 제도를 수립할 필요가 있다.

제 3 문. 중국은 초강대국으로 부상하고 있으며, 미국은 이에 대응하기 위한 전략을 모색하고 있다. 이와 관련해 다음 질문에 답하시오. (총 50점)

1) 미국과 중국의 동아시아 정책을 비교하고, 양국의 정책이 향후 동아시아 공동체 형성에 미칠 수 있는 영향에 대해 논하시오. (25점)

풀이

미국의 동아시아 정책은 2001년 9·11 사태 이후 테러와의 전쟁에 몰두해 아프가니스탄 중동지역에서의 전쟁으로 미국 외교가 아시아에 대한 관심을 충분히 기울이지 못하였던 점을 인지하고 오바마 대통령 때 아시아로의 회귀(pivot to Asia) 또는 아시아 재균형 정책(rebalancing Asia)을 표방하면서 아시아에 대한 외교를 강화할 뜻을 밝히는 것에서 드러난다.

미국의 이러한 아시아 중시 정책은 중국이 아시아의 강국으로 부상해 중국의 아시아 정책과 충돌하게 되었다. 중국은 시진핑(習近平)이 2013년 국가주석으로 취임하고 그 해 9~10월 중앙아시아 및 동남아시아 순방에서 중앙아시아와 유럽을 잇는 일대일로(一帶一路) 계획, 즉 육상 실크로드(일대)와 동남아시아와 유럽, 아프리카를 연결하는 해상 실크로드(일로)를 건설해 이 지역 전체에 중국의 영향력 강화를 추구하려고 하였다.

또한 중국 주도로 아시아·태평양 지역의 대규모 인프라 투자를 위해 '아시아 인프라 투자은행(Asian Infrastructure Investment Bank, AIIB)'을 설립해 미국과 일본이 주도하는 세계은행과 아시아개발은행(ADB) 등에 대항하려는 의도를 나타내었다(AIIB는 2016년 1월 중국, 러시아, 인도, 독일, 영국, 한국 등 57개의 회원국으로 공식 출범하였고, 현재 회원국이 77개국으로 늘어났다).

시진핑 주석은 이러한 조치와 함께 중국이 미국과 대등한 국제적 지위를 요구하면서 태평양에서 미국과 중국의 세력이 미치는 범위를 양분하기를 희망하면서 남중국해의 대부분이 중국의 관할하에 있음을 나타내는 구단선(九段線)을 주장해 현 국제법질서를 근본적으로 변경하려는 태도를 보이기도 하였다.

중국 시진핑 주석의 외교 공세가 활발한 시기인 2017년에 취임한 미국의 트럼프 대통령은 중국의 세력 확장을 제한하기 위해 인도·태평양전략을 수립하고 미국, 호주, 일본, 인도와 공동으로 대중국 연합전선을 펴 중국의 영향력 확산을 방지하려고 하고 있다.

현재 아시아 지역의 공동체 역할을 하는 것으로 미국과 중국에 비교적 중립적인 아세안이 연계되어 있는 공동체로서 '아세안 지역포럼(ASEAN Regional Forum, ARF)'과 '동아시아 정상회의(East Asia Summit, EAS)'가 있다. ARF는 아태지역 유일의 정부 간 다자 안보협의체인데 아세안 10개국과 아세안 대화 상대국 10개국, 북한, 파키스탄 등 기타 회원국 7개국 등 모두 27개국으로 구성되어 1994년부터 개최되고 있고, EAS는 아세안 10개국과 한국, 미국, 중국, 일본 등 8개국이 참가해 2005년부터 환경, 에너지, 교육, 금융 자연재해 등 정치적으로 민감하지 않은 분야의 협력 사업을 논의한 후 의장성명을 발표하고 있다.

이외에 아시아 지역뿐만 아니라 태평양 지역 전체를 포함하는 '아시아태평양경제협력체(Asia-Pacific Economic Cooperation, APEC)'가 1989년 창설되었다. APEC은 현재 21개국으로 구성되어 있는데 이들 구성국은 환태평양 국가라는 공통점을 제외하고는 역사·문화·경제 발전 단계 등이 모두 상이해 공동체로서의 동질성이 희박하다.

아세안이 관여되지 않고 중국과 러시아가 주도하는 지역 협의체로는 '상하이협력기구(Shanghai Cooperation Organization, SCO)'가 있다. SCO는 2001년 7월 14일 러시아, 중국, 우즈베키스탄, 카자흐스탄, 키르기스스탄, 타지키스탄 등 6개국이 설립한 국제 조직이다. 상호 신뢰와 선린우호 강화, 정치·경제·과학·기술·문화·교육·자원·교통·환경보호 등의 영역에서 협력 촉진, 지역 평화와 안정 그리고 안전 보장을 목적으로 하고 있다.

위와 같은 현황으로 볼 때 아시아에서 미국과 중국의 이해관계 충돌이 지속되는 한, 아시아에서의 공동체 형성은 미국과 중국 중 어느 일방의 영향력을 배제하는 가운데 다른 한 쪽의 영향력 내에서 형성되거나, 미국과 중국이 함께 참여하는 공동체라면 공동체의 결속력이 매우 희박한 대화의 장(場)의 역할을 하는 공동체가 될 수밖에 없을 것이다.

2) 한국이 고려할 수 있는 다양한 동맹 전략을 제시하고, 각각의 장단점에 대해 사례를 들어 논하시오. (25점)

> 풀이

한반도는 지정학적으로 주변 강대국 세력에 둘러싸여 역사적으로 이들 주변국으로부터 안보를 위협받아 왔으며 오늘날 한반도가 남북으로 분할되어 서로 다른 정치 체제를 가지고 대립하고 있다.

이와 같은 현실에 비추어 한국이 고려할 수 있는 동맹 전략은 한국의 안보와 번영을 실현해 나가는 데 도움을 받을 수 있는지를 판별해 결정해야 한다. 한국은 1953년 이래 미국과 상호방위조약을 맺고 동맹 관계에 있다.

미국은 아시아 태평양 지역에서 호주, 일본, 한국과 각각 개별적 안전 보장 동맹을 가지고 미국을 중심으로 축과 바큇살(hub and spoke) 구조로 동맹 체제를 운용하고 있다.

앞으로 아시아 지역에서 중국의 위상이 더욱 강화되어 미국과 중국의 대립이 더욱 격화될 경우, 미국이 중국을 압박하는 동맹 체제를 형성하고 한국이 이 동맹 체제에 들어올 것을 강요할 경우와 중국이 한국을 중국의 영향권 내에 들어오도록 강요당할 경우 한국은 어떠한 입장을 취해야 하는가를 검토해 볼 필요가 있다.

만약 미국이 아시아에서 집단방위 동맹권을 형성해 한국에게 이 동맹권 내에 들어오기를 요청할 경우 한국은 미국과 개별 동맹을 넘어서 미국의 동맹 체제 내에 들어간다면 2017년 11월 한국에 미국의 고고도미사일 방어(THAAD) 체제를 설치할 때 중국이 한국에 대해 강도 높은 보복 조치를 취한 것에 비추어 한국은 중국과의 적대 관계에 있게 될 것이다. 이는 한국의 안보와 번영에 불리할 가능성이 높으므로 그 체제에 들어가는 것을 가능한 한 유보하는 것이 유리하다.

또한 중국이 한국이 중국과의 동맹을 형성한다면 미국의 보호로부터 이탈하게 되어 안보에 극히 불리할 뿐만 아니라 중국이 과거 주변국들과 조공 관계를 유지하면서 종주국 행세를 한 역사적 사실에 비추어 볼 때 한국의 주권이 위태로워질 우려가 있다.

이러한 점을 종합적으로 고려하면 한국이 택할 수 있는 동맹 관계는 현재의 미국과의 동맹 관계를 유지하면서 다른 주변국과의 관계를 상호이익의 관점에서 발전시키는 것이 가장 적절하다고 볼 수 있다.

2014년 시험

제 1 문. 국제 체제의 성격은 강대국 간의 힘의 분포로 설명할 수 있다. 탈냉전 이후 현재까지 국제 체제는 미국의 군사력 우위를 바탕으로 한 일극 체제(unipolarity)라고 보는 견해가 있다. 다음 질문에 답하시오. (총 30점)

1) 일극 체제, 양극 체제, 다극 체제의 안정성에 대해 논하시오. (10점)

풀이

1. 일극 체제

일극 체제는 한 국가나 특정 국가 집단이 절대적으로 우월한 함을 바탕으로 세계 질서를 유지해 나가는 체제이다. 이러한 우월한 힘이 다른 세력의 도전을 받거나 일극 체제를 유지하는 힘의 내부적으로 약화되거나 외부의 도전을 받아 절대적으로 우월한 힘이 약화되면 일극 체제가 유지하는 세계 질서의 안정성이 약화된다.

탈냉전 이후 미국 중심의 일극 체제가 유지되었으나 2001년 발생한 9·11 사태는 일부 아랍 세력의 미국 중심 일극 체제에 대한 도전이라고 해석할 수 있다. 이 사태로 미국 중심의 일극 체제의 안정성이 약화되었고, 중국이 국제적 위상을 제고하면서 미국 중심의 일극 체제에 대항하려고 하는 현 국제정세 또한 미국 중심의 일극 체제를 약화시키고 있다.

2. 양극 체제

양극 체제는 상호 상대방에 대해 절대적으로 우월한 힘을 발휘할 수 없는 두 세력이 국제 질서를 유지하는 체제를 말하는 것으로 냉전 시대에 미국과 소련이 상호간 핵무기에 의한 공포의 균형을 유지하면서 공산주의 자유민주주의 세력과 공산주의 세력 간의 안정성을 유지하였던 체제이다. 이 체제는 양 세력 간의 힘의 균형이 상실되면 무너진다. 미국과 소련 간의 양극 체제는 1980년대 중반 이후 미국의 경제적, 군사적 힘의 우월이 판명됨으로써 양극 체제의 종식을 가져왔다.

3. 다극 체제

다극 체제는 국제 질서를 유지하는 중심 세력이 여러 집단으로 나누어진 체제를 말한다. 이 체제는 다수의 중심 세력 간에 상호 견제와 균형이 유지되지 않으면 안정성이 위협받는다. 오늘날 국제 질서를 미국 중심의 일극 체제라고 보는 견해도 있으나 미국, 중국, 유럽연합, 러시아 등을 중심 세력으로 하는 다극 체제로 변하였다고 주장하는 견해도 있다. 오늘날 국제 질서가 다극 체제라고 한다면 중국이 남중국해에서의 해양법 질서를 위반하고 있다는 이유로 미국, 일본의 연합 세력이 중국과 해상에서 무역 충돌을 한다면 다극 체제의 안정성이 훼손될 것으로 볼 수 있다.

2) 일극 체제가 오래 유지되지 않는다는 주장에 대한 근거를 제시하시오. (10점)

일극 체제는 특정 국가의 힘이 다른 나라에 비해 절대적 우위를 가지고 있다는 것을 전제로 성립하는 체제다. 그런데 이러한 힘의 절대적 우위를 기초로 성립하는 체제는 일극 체제를 주도하는 국가가 절대적 우위의 힘을 독선적으로 사용할 가능성이 높게 되어 그 경우 힘에 의한 부당한 피해를 입게 되었다고 생각하는 국가들이 연합해 일극 체제를 유지하는 국가에 도전해 일극 체제를 종식시키려고 하는 경향이 나타난다.

3) 미국 중심의 일극 체제가 상대적으로 오랫동안 지속될 것이라는 전망에 대한 근거를 제시하시오. (10점)

미국 중심의 일극 체제가 오랫동안 지속될 것이라는 전망은 현 국제 질서에서 미국이 가지는 힘이 막강해 당분간 다른 어느 나라도 미국의 힘을 능가하는 힘을 가지기 어렵다는 데 기인한다. 이러한 미국의 힘을 나타내는 지표로 다음과 같은 사항들이 있다.

첫째, 미국이 지출하는 국방비는 스웨덴의 세계평화연구소 발표에 따르면 2017년도의 경우 세계 전체 국방비 지출의 약 반을 차지하는 6,010억 달러에 달하였는데 이는 국방비 지출 세계 2위인 중국보다 약 3배에 달하는 액수이며 중국을 포함한 국방비 지출 순위 세계 10위까지의 국가가 지출한 국방비 총액보다도 더 많은 금액이다.

둘째, 미국의 달러화는 국제통상 거래에서 주요 결제통화가 되고 세계 통화의 기축통화로 인정되고 있어서 미국이 달러화 주조권을 가지고 있는 만큼, 세계 경제 전체가 공황사태를 맞이하는 상황이 오지 않는 한 오직 미국 경제만이 공황사태에 봉착하는 상황이 발생하지 않는다.

셋째, 현 국제 질서는 제2차 세계대전 이후 미국이 주도해 형성한 것인 만큼, UN, WTO, IMF 등 국제기구에서 미국이 우월한 입장을 유지할 수 있는 제도적 장치가 마련되어 있다.

넷째, 미국의 국내 정치는 대통령을 중심으로 해 의회의 양당제가 발전되어 있고 선거 제도 등 위기를 관리할 수 있는 제도가 마련되어 있다는 점 등을 들 수 있다.

제 2 문. 최근 지정학(geopolitics)의 중요성이 강조되고 있다. 바다를 지배하는 국가가 세계 질서를 재편할 가능성이 높다고 주장되기도 한다. 해양을 둘러싼 주권 및 주권적 권리의 행사에 관한 갈등이 지속되는 상황에서, 삼면이 바다로 둘러싸인 한반도의 경우 해양 지정학의 중요성을 간과할 수 없다. 다음 질문에 답하시오.　　　　　　(총 40점)

1) 대표적인 지정학자들의 주장을 서술하시오. (10점)

풀이

지정학자는 해양 세력(sea power)을 중시하는 해양지정학자와 대륙 세력(land power)을 중시하는 대륙지정학자로 구분할 수 있다.

미국의 알프레드 마한(Alfred Thayer Mahan, 1840~1914)은 해양지정학자로서 해양 세력(sea power)의 중요성을 강조했다. 그가 저술한 「1660년부터 1783년까지 해양 세력이 역사에 미친 영향(The Influence of Sea Power Upon History: 1660~1783)」은 독일, 영국, 프랑스, 미국, 일본의 해군력 증강에 영향을 미쳤다. 그는 해양 세력이 되기 위한 조건으로 지리적으로 유리한 위치, 활용할 수 있는 해안, 자원, 유리한 기후, 영토의 확장, 영토 방어가 가능한 인구, 친 해양적인 사회와 상업적 기업, 해양을 지배하고자 하는 영향력 있는 정부 등의 사항을 열거하였다.

영국의 헬포드 맥킨더(Sir Halford John Mackinder, 1861~1947)은 대륙 세력(land power)을 강조한 지정학자이다. 그는 「역사의 지리적 변환(The geographical pivot of history)」이라는 논문에서 지구 전체를 섬으로 비유하면서 유럽, 아시아, 아프리카로 연결되는 대륙을 '세계의 섬(world island)', 러시아가 지배하는 지역을 '중심 섬(heart island)', 영국과 일본을 '주변 섬(offshore islands)', 아메리카 대륙과 호주를 '외곽 섬(outlying islands)'으로 구분하였다. 그는 이 논문에서 동부 유럽이 지정학적으로 가장 중요한 위치에 있다고 하고 '중심 섬'에 세계 자원의 50%가 존재한다고 하면서 "동부 유럽을 통치하는 것이 '중심 섬'을 지배하게 되고, '중심 섬'을 통치하면 '세계 섬'을 지배하게 되고, '세계 섬'을 통치하면 세계를 지배하게 된다."라고 하였다.

2) 해양 세력이 가질 수 있는 군사적, 경제적 우위에 대해서 역사적 사례를 들어 설명하시오. (10점)

풀이

유럽에서 해양 세력으로 가장 먼저 부상한 국가는 포르투갈이었으며 그 뒤를 이어 스페인, 네덜란드, 영국, 프랑스 등이 해양 세력을 발전시켜 세계를 지배하게 되었다. 15세기 포르투갈과 스페인은 동방항로를 개척하고 아메리카 대륙을 발견해 이 지역을 그들의 식민지로 만들어 막대한 물자를 공급받았으며 17세기 초에는 영국, 네덜란드, 프랑스가 동방진출을 목적으로 동인도회사(The East India Company)를 세워 동양을 상대로 무역과 식민지 점거를 위한 전초 기지로 활용하였다.

영국은 19세기 중엽 중국과 아편전쟁을 했다. 영국 군함은 중국 근해에서 함포 사격을 해 중국에게 승리하였다. 아편전쟁은 영국이 해양 세력을 활용해 본토의 공격을 받지 않는 유리한 위치에서 중국을 상대로 무력 공격을 해 승리한 전쟁이므로 해양 세력의 군사적 우위를 나타낸 것이다.

3) 중국이 해양 세력으로 확장하려는 과정에서 일어날 수 있는 갈등 관계를 설명하시오.
(20점)

중국이 해양 세력으로 확장하는 데 갈등요인으로 작용할 가능성이 가장 큰 것은 중국이 아편전쟁 전에 향유하였던 해양 지배 범위를 주장하려고 할 경우 이러한 주장이 제2차 세계대전 이후 미국을 중심으로 서방국가들이 주도해 이룩한 현재의 해양법 질서와 충돌한다는 점에 있다.

중국은 남중국해 대부분의 수역이 중국의 역사적 지배권 내에 있었다고 주장하고 이 해역 내의 무인도를 개발해 군사시설을 설치하는 작업을 하고 있다. 그러나 중국의 이와 같은 일련의 조치는 1982년 유엔에서 채택되고 1994년 발효한 유엔해양법 협약에 위배되는 것이며 남중국해는 국제 해상항로로서 이 지역에서의 자유로운 항행이 방해를 받게 되면 이 해역에 중대한 이해관계가 있는 국가들, 특히 미국과 일본이 이를 수용할 수 없을 것으로 보여 중국과의 갈등이 심화될 가능성이 크다.

필리핀은 중국의 남중국해에서의 조치가 국제법 위반이라고 주장하고 이를 상설 중재 재판소(PCA)에 회부했다. 2016년 중재 재판소는 "해양에 관한 국제법상의 원칙이 역사적 권리에 우선한다."고 판정해 중국의 주장이 근거 없음을 밝혔으나 동 판정이 법적 구속력이 없다는 이유로 중국은 남중국해에서의 그들의 주장을 철회하지 않고 있다. 이러한 중국의 태도를 볼 때 이 해역에서 앞으로 무력 충돌의 가능성도 배제하기 어렵다.

제 3 문. 전쟁을 통해 얻을 수 있는 이익보다 전쟁에서 입게 될 피해가 더 크다는 것을 상대방에게 확신시켜 전쟁을 포기하게 만드는 것을 '억지(deterrence)'라고 한다. 다음 질문에 답하시오. (총 30점)

1) 억지 전략이 성공하기 위해서는 능력(capability), 의지(will), 의사전달(communication) 등 3가지 요소가 필요하다고 보고 각각의 요소에 관해 설명하시오. (20점)

능력은 상대방이 먼저 무력을 행사할 경우 상대방에게 더 큰 피해를 입힐 수 있는 군사력을 가지는 것을 의미한다. 억지 전략은 상대방이 무력행사를 할 경우 이에 대한 보복행위를 할 것이라는 위협을 상대방에게 주는 것이므로 상대방이 그러한 위협이 실제로 일어날 경우 더 강한 무력행사로 보복을 당할 것을 예상할 수 있어야 하므로 그러한 보복을 할 수 있는 능력이 있어야 한다.

의지는 상대방이 무력행사를 할 경우 이에 대한 보복 행위를 실천할 가능성이 높다는 것을 의미한다. 이러한 의지는 억지 전략을 택하는 국가 지도자의 태도나 그 국가 국민의 응집력 등에서 나타날 수 있다.

의사전달은 상대방의 무력행사가 있을 경우 이에 대한 강도 높은 보복행위를 할 것이라는 의사를 상대방에게 분명히 알리는 방법이다. 이러한 의사전달의 가장 확실한 방법은 양 당사국의 수뇌들 간의 직통전화(hot-line)가 설치되어 지도자 간에 의사를 전달하는 것이 확실하나 최후통첩과 같은 외교문서로 상대방에게 전달할 수도 있다.

2) 의사전달의 문제는 신뢰도(credibility)의 문제와 밀접한 관련이 있다. A, B, C삼국의 관계는 다음과 같다. 첫째, A국과 B국은 안보와 관련한 갈등 관계에 놓여 있다. 둘째, C국은 B국을 보호하기 위해 억지 전략을 사용한다. 셋째, C국과 A국 사이에 상대방의 의지에 대한 불완전정보(incomplete information)가 존재한다. 이러한 경우 억지 전략의 성공 여부는 B국에 대한 A국의 공격이 C국과의 전쟁으로 이어진다는 점을 C국이 A국에게 확신시킬 수 있는가에 달려있다. 제임스 피어론(James Fearon)의 청중 비용(audience costs)*이 C국 약속의 신뢰도에 어떻게 영향을 줄 수 있는지를 설명하고, 청중 비용*과 정권 유형(regime type) 간의 상관관계를 논하시오. (10점)

*청중 비용: 공개된 약속을 실행하지 않았을 때 치러야 할 비용.

풀이

청중 비용은 지도자의 정책 실현에 대해 국민들로부터 얻게 될 위험부담이다. 지도자가 약속한 정책을 실현하지 못하거나 실패할 경우 국민들은 그 지도자의 능력에 대해 좋지 않은 평가를 할 것이므로 지도자가 그 부담을 갖게 되는 것이다. 이러한 청중 비용은 그 국가의 정권 유형에 따라 달라진다.

그 국가가 언론의 자유가 보장되고 선거에 의해 지도자를 선출하는 민주제도를 갖춘 국가라면 지도자가 공약한 정책을 실현하지 못하였거나 실패한 경우 그 지도자는 국민들로부터 정치적 심판을 받게 될 것이므로 청중 비용이 크다고 할 수 있다.

그러나 그 국가가 지도자의 절대 권력으로 움직이는 독재국가라면 지도자가 공약한 정책을 실행하지 않거나 실패하더라도 공권력을 동원해 국민들에게 사실을 은폐하거나 다른 구실을 내세워 지도자의 행위를 정당화하려고 할 수 있으므로 청중 비용이 적을 수 있다.

이와 같은 점에 비추어 C국 약속의 신뢰도는 C국이 민주제도를 갖춘 국가라면 클 것이나 독재국가라면 그 신뢰도는 낮아질 수밖에 없을 것이다.

2013년 시험

제 1 문. 냉전 체제 붕괴 이후 소련의 위협이 사라짐에 따라 기존 동맹 체제는 약화되고 유명무실한 제도로 남을 것이라는 현실주의자의 예측이 제시되었다. 이러한 예측과 달리 냉전 시대의 동맹 이론은 와해되지 않고 유지되고 있다. 이와 관련해 다음 질문에 답하시오. (총 40점)

1) 신현실주의자로 분류되는 왈츠(Kenneth Waltz)와 월트(Stephen Walt)의 동맹 이론을 비교해 설명하시오. (15점)

> **풀이**
>
> 왈츠는 신현실주의 이론의 창시자라고 일컬어진다. 그는 국제사회가 무정부 상태에 있고 질서 유지는 세력 균형(balance of power)을 통해 이루어진다고 봤다. 그 때문에 국가가 생존을 위해 내부적으로 경제 능력의 향상이나 군사력을 증강하는 것이 필요하며 외부적으로는 안보를 강화하기 위해 세력 균형을 위한 동맹을 맺는다고 하였다.
>
> 그에 의하면 국가의 주권이나 국가 이익의 실현은 특정 상황에서의 그 국가나 경쟁 관계에 있는 국가에만 달린 것이 아니라 국제 질서 전체가 세력의 균형을 이루고 있어야 한다고 보았으며 이러한 측면에서 국제 질서가 가장 안정적일 수 있는 조건은 국제 질서에서 두 세력이 균형을 이루면서 현상 유지상태(*status quo*)를 이룰 때라고 하였다.
>
> 이에 비해 월트는 국가가 동맹을 맺게 되는 것은 정확하게 말하면 세력의 균형(balance of power)이 아니라 위협의 균형(balance of threat)이라고 보아야 한다고 주장한다. 이에 따라 강대국들은 본토에 대한 위협뿐만 아니라 해외에서도 위협에 대한 균형(off-shore balance)을 찾기 위해 동맹을 추구하게 되며 약소국들은 위협의 균형을 찾기 위해 강대국에 편승(bandwagon)하는 것이 동맹이라고 설명한다.
>
> 따라서 그에 의하면 두 강대국 사이에 전쟁이 일어났을 경우, 어느 한 국가가 전쟁에 패할 것으로 예상된다면 패할 것이 예상되는 국가의 동맹국인 약소국은 동맹을 변경해 전쟁에 승리할 것으로 예상되는 국가에 편승해 자국이 입게 될 손실을 최소화하려고 한다는 것이다.

2) 냉전 체제의 동맹 체제가 지속되고 있는 원인에 관한 신자유주의적 제도주의와 구성주의의 분석을 나토(NATO)의 사례를 들어 설명하시오. (25점)

풀이

신자유주의적 제도주의에 의하면 NATO는 자유민주주의를 신봉하는 국가들이 공동 가치를 실현시키기 위해 구성된 것이므로 이들 국가가 만든 집합체가 냉전이 종식되었다고 해서 그 가치를 상실하는 것이 아니라고 본다. 또한 NATO는 냉전 시대의 공산주의로부터의 현실적인 위협에 대응하기 위한 것이었으나 냉전이 종식된 후에도 자유민주주의를 위협할 수 있는 잠재적 위협에 대해 대처할 필요가 있기 때문에 냉전 종식 후에도 존속 가치가 있는 것으로 본다.

구성주의자들은 국제 정치의 행위자들이 현실주의자들의 견해처럼 살아남기 위해 자구적 조치를 해야 한다고 하는 강압적 요구에 따라 행동하는 것이 아니라 그들의 행동 과정에서 정체성과 이해관계를 구성해 나간다고 설명한다.

따라서 구성주의에 의하면 NATO의 정체성(identity)은 처음부터 정해진 것이 아니라 그 구성원이 형성해 나가는 것이고 구성원들의 이해관계(interests)도 구성원들의 공동 인식이 결정해 나간다는 것으로 보기 때문에 NATO는 냉전 종식 이후에도 그 구성국들의 공동 인식에 따라 정체성이 유지되고 구성원들의 이해관계가 일치해 존속된다고 설명할 수 있다.

제 2 문. 1997년 한국을 비롯한 동아시아 국가들이 금융위기를 겪었으며, 2008년 이후에는 미국과 유럽 국가들이 금융위기를 경험한 바 있다. 금융위기는 다양한 원인에 의해 발생하며, 해결 방식도 국가의 국제 정치·경제적 위상에 따라 차이가 난다. 1997년 한국, 2008년 미국, 2010년 그리스에서 발생한 금융위기의 원인과 해결 방식을 비교해 설명하시오. (30점)

풀이

한국의 1997년 금융위기가 발생한 직접적인 원인은 외환 관리의 실패라고 할 수 있다. 2008년 미국발 금융위기의 직접적인 원인은 부동산 가격의 급격한 하락이었고 2010년 그리스발 금융위기의 직접적 원인은 국가의 심각한 재정 적자 때문이었다.

한국은 1990년대 금융 자유화를 단행해 '공개시장 조작'을 주요 통화 정책으로 활용하면서 지급준비제도의 역할을 축소하였다. 또한, 한국의 은행들이 동남아 지역에 장기채를 빌려주고 이자 차익을 추구하였으며 철강과 자동차의 일부 대형 기업이 파산해 은행에 부실채권이 발생하였다. 그리고 투자금융회사가 종합금융회사로 전환해 무분별한 외채를 도입하였고 일부 기업의 부실 경영이 부각되는 등 국내 경제 여건이 나빠지게 되었다.

이러한 상황이 되자 외국의 투자기관이 한국에 투자한 단기외채를 상환 요구하는 상황이 발생하게 되어 원화 가치가 급격하게 떨어지게 되었다. 정부는 원화 가치를 유지하기 위해 환율방어를 위해 보유

외화를 방출하게 되었고, 이로 인해 정부의 외환보유고가 급속도로 감소되어 국가 부도의 상황까지 가게 된 것이 한국이 금융위기 상황이었다.

미국은 2001년 이후 기준 금리를 대폭 인하(2001년 한 해 동안 6.50%에서 1.75%가 되었음)해 소비심리를 자극했다. 아시아의 금융위기 이후 아시아 국가들의 미국에 대한 수출 증대로 인한 달러 자금이 미국에 투자되었으며 중국산 저가 수입 물품 등으로 미국 소비자들이 부동산에 투자하는 경향이 나타나 미국의 부동산 가격이 2000년부터 2005년 사이에 2배로 폭등하게 되었다.

이후 미국의 부동산 가격의 거품이 빠지면서 부동산을 담보로 융자를 해 주었던 은행들 중 부실 채권으로 인해 파산하는 사태가 발생하게 된 것이 미국의 금융위기 발단이었으며 이러한 미국발 금융위기는 세계적으로 전파되었다.

그리스는 유럽연합의 일원이 되어 2002년부터 유로를 단일통화로 하는 유로존(eurozone)에 포함되었다. 그런데 그리스의 유로화 도입은 유로존 내의 국가 사이의 무역 비용을 감소시켰고, 무역 규모를 증가시켰다. 반면, 노동 비용은 독일과 같은 주요 국가에 비해 그리스와 같은 주변 국가에서 증가하였으며, 그리스의 수출 경쟁력을 약화시켰다. 이 결과로 그리스는 매우 큰 무역 적자를 보았으며 단일통화를 사용하였으므로 국내 통화가치의 하락으로 인해 수출경쟁력을 향상시키는 작동도 기대할 수 없게 되었다. 무역 적자는 당시 그리스의 재정 적자와 더불어 그리스 경제를 극도로 악화시켰다.

그리스의 무역 적자와 재정 적자는 1999년 GDP의 5% 이하에서 2008년과 2009년 사이에 최고 GDP의 15% 정도에 다다랐다. 2009년 재정적 실책과 은폐가 보도되자 자금 조달 비용은 증가하였고 이것들의 결합은 그리스가 더 이상 무역과 재정 적자를 메우기 위해 자금을 조달할 수 없음을 의미했다.

한국은 금융위기의 해결을 위해 IMF로부터 195억 달러, 세계은행(IBRD)과 아시아개발은행(ADB)으로부터 각각 70억 달러와 37억 달러를 지원받기로 하였다. 이후 한국은 외환시장과 물가안정을 위한 고금리 정책과 재정 긴축은 물론, 수요 억제를 통한 경상수지 흑자 정책을 추진해 2001년 8월 IMF 차관 상환기한을 3년 8개월 앞당겨 모두 상환하였다.

그러나 IMF가 구제금융을 지원 조건으로 제시했던 재정·금융 긴축과 대외개방, 금융 및 기업의 구조조정, 기업의 투명성 제고 등 한국 경제가 나아가야 할 방향 외에도 미국식 감사위원회의 도입, 높은 콜금리 수준 등 국내 상황에 맞지 않는 요구를 받아들이지 않으면 안 되었다. 이런 과정 속에서 대기업 해외매각, 은행의 자본비율 확대 영향에 따른 중소기업 도산, 대량실업 발생, 명예퇴직 등 노동풍토 변화 등이 일어나는 한편, 정부 투자에 힘입은 IT산업 부흥, 벤처 기업 성장 등의 변화가 나타났고 그 후 위기 재발을 막기 위해 경상수지 흑자를 통한 외환보유고 축적에 노력하여 세계 10위권 안에 드는 외환 보유국이 되었다.

미국은 금융위기로 인해 실업률이 증대하고 각종 경제지표가 악화되자 그 해결방안으로 소위 양적완화라는 조치를 단행하였는데, 이는 2009년부터 3차례에 걸쳐 약 3조 달러를 발행해 국채와 회사채를 매입하는 한편, 은행으로 하여금 가계와 기업에 대출할 수 있도록 자금을 제공하는 것이었다.

은행은 이러한 자금의 공급을 받아 낮은 금리로 주택담보 대출을 하게 되어 주택 가격의 추가 하락을 막을 수 있게 되었다. 그런데 미국이 이러한 대규모 양적 완화 조치를 했음에도 불구하고 달러화의 가치가 폭락하지 않고 저금리 기조를 유지할 수 있었던 것(한국은 금융위기 중에 이자율이 연 20% 가까이 폭등한 것과 비교가 된다)은 달러화가 국제무역거래의 기축통화로서 다른 나라도 금융위기를 겪으면서 달러화가 더 필요하게 되었기 때문이다. 그러나 미국발 금융위기로 인해 미국 내에서는 빈부의 차이가 더 심하게 되었으며 대외적으로는 미국의 위상이 저하되는 결과를 초래하였다.

유럽연합의 일원인 그리스의 금융위기는 유럽연합 차원에서 그 해결방안을 모색하게 되었다. 유럽연합은 약 4,500억 유로 규모의 유로재정안정기금(EFSF)을 가지고 재정위기에 처한 국가가 채권을 발행하였을 때 이를 매입할 수 있도록 하고 있으나, 채권 발행 시 최고 신용등급 수준을 유지해야 한다는 규정 때문에 그리스가 실제로 이 재원을 사용할 여지는 크지 않았다.

2012년 유로존 17개국은 상설구제금융기관으로 유로 안정기금(European Stability Mechanism, ESM)을 발족시키고 유로존 국가 17개국이 출연해 약 5천억 유로의 기금을 마련하였다. 그러나 EU 집행부 내에서 그리스가 자체적으로 고강도의 긴축 정책을 시행해야만 이 기금을 활용할 수 있다는 주장이 강하게 대두되어 그리스가 이 기금으로 금융위기를 해소하기에는 어려움이 있었다.

그리스는 그리스에 제공되는 유럽연합과 국제통화기금, 유럽중앙은행의 구제금융에 따르는 긴축 정책을 따를 것인가를 묻는 국민투표를 2015년에 실시하였으나 부결되었다. 그리스는 2010년부터 세 차례에 걸쳐 EU와 IMF로부터 3,260억 유로를 차입해 연명하면서 공무원 감축, 봉급 인하 등 공공부문 효율성 제고, 연금개혁, 세금 인하, 국유재산 매각 등 국가재정의 건전화를 위해 노력해 2018년 8월경 유럽중앙은행(ECB)과 국제통화기금(IMF)의 구제금융 프로그램을 졸업할 예정이다. 그러나 그리스는 아직 남아 있는 2,800억 달러 상당의 채무를 처리해야 한다는 과제를 가지고 있다.

제 3 문. 냉전 이후 탈사회주의 국가들과 아랍 지역에서 민주화가 시도되고 있다. 민주주의의 확산은 경제협력의 증진과 대규모 분쟁의 감소로 이어질 것이라는 전망도 나타나고 있다. 이와 관련해 다음 질문에 답하시오. (총 30점)

1) '민주평화론(Democratic Peace Theory)'의 주요 내용을 설명하시오. (15점)

> 풀이

민주평화론은 민주화가 된 국가 간에는 전쟁을 하지 않고 평화 질서를 유지할 수 있다는 이론이다. 이 이론의 사상적 뿌리는 18세기 철학자였던 칸트(Immanuel Kant)의 '영구 평화론'에서 기원한다. 이런 논리의 구성은 민주주의 국가 간의 문화적·규범적 양태에서 찾는 방법과 구조적·제도적 측면에서 찾는 방법이 있다.

문화적·규범적 특성을 강조하는 이론은 민주국가들의 국내 정치에서의 분쟁에 대한 평화적 해결 방식이 국제 문제에도 확대 적용되어, 민주국가 간의 분쟁 발생 시 타협과 국제법 규범을 통해 분쟁이 평화적으로 해결된다고 본다.

또한, 구조적·제도적 측면을 강조하는 이론은 민주국가 상호간의 견제와 균형 및 권력의 분산, 공공정책에 대한 시민 참여와 같은 민주주의 국가의 국내 제도적 통제로 인해 분쟁이 평화적으로 해결될 가능성이 커지며 정책 결정자들 또한 폭력 사용에 대한 정치적 위험부담을 회피하는 경향으로 평화적 방법으로 분쟁이 해결된다고 설명한다.

2) 민주평화론의 한계를 사례를 들어 논하시오. (15점)

풀이

'민주평화론'은 민주주의 국가 간에는 언론의 자유를 통해 분쟁의 평화적 해결방법이 공론화될 수 있고 통치자는 선거를 의식해 분쟁을 무력을 통해 해결하려고 할 때 국내에서의 정치적 위험을 부담하게 되므로 비교적 평화적 수단으로 해결하려는 경향이 강하다고 한다. 이 점에서 민주적 평화론은 타당성을 가진다.

그러나 '민주평화론'을 완벽한 이론이라고 보기에는 한계가 있다. 왜냐하면 우선 '민주', '평화'와 같은 개념 자체가 해석상의 이론을 야기할 수 있는 상대적 개념이기 때문이다. 민주주의라고 할 때는 자유민주주의도 있고 사회민주주의도 있다. 또한, 인민민주주의를 내세우면서 국가가 개인의 자유를 극도로 제한하는 국가를 민주국가에 포함할 수 있는지도 의문이다. 그리고 '평화'라는 개념도 전쟁만 없으면 평화라고 할 수 있는가에 대해서도 의문을 가질 수 있다.
또한 역사적으로 볼 때 국가의 이해관계는 국가의 정치제도에 우선해 국가 간의 무력 충돌이 야기될 수 있음을 보여준다는 점에서도 민주평화론의 한계가 있다.

선거제도가 있고 언론의 자유와 법치주의 등 자유민주주의 체제를 가지고 있는 국가인 영국에서 아일랜드를 지배하고 있던 영국 정부에 대항해 1918년에 만들어진 아일랜드 공화국군이 일으킨 게릴라전이나, 스페인에서 독립운동이 일어나 독립을 추구하는 자와 이를 저지하려고 하는 세력 간에 일어났던 격렬한 무력 충돌을 평화라고 해석하기에는 어려운 측면이 있다.
또한, 역사적으로 민주주의 국가 간에 일어난 전쟁으로 1975년부터 1983년 사이에 영국과 미국 사이의 미국 독립전쟁이 있었으며 1982년에는 영국과 아르헨티나 간에 포클랜드(말비나스) 전쟁도 있었다.

2. 출제 경향 분석과 준비 방안

국제정치학의 출제 내용을 분석해 보면 특정 교과서에 기술된 제한적인 문제가 아니라 광범위한 주제에서 문제를 제시하는 편이다. 이를 통해 포괄적이며 상식적인 지식으로 논리를 전개할 수 있느냐를 테스트하는 경향이 강하다는 것을 알 수 있다.

이러한 점을 고려해 정치학을 공부하는 방법은 시사 문제에 늘 관심을 가지고 정치 이슈를 다룬 다양한 책의 독서를 통해 현대사회에 중대한 이슈가 무엇인지를 늘 파악하고 이러한 이슈를 해결하는 방안을 논리적으로 설명하는 연습을 하는 것이 필요하다.

경제학

1. 기출문제 풀이

2018년 시험

제 1 문. 우리나라 기업인 H사와 외국 기업인 F사는 우리나라 스마트폰 시장에서 이윤 극대화를 목표로 경쟁을 하고 있다. 우리나라 스마트폰 시장은 $p = a - b(q_H + q_F)$의 시장수요함수를 갖는다.

q_H는 H사 생산량, q_F는 F사 생산량을 나타낸다. 두 기업의 한계비용은 c로 동일하며, 우리나라 시장에 수출하는 F사는 우리나라의 보호무역 정책으로 인해 스마트폰 한 대당 t의 수출비용을 지불해야 한다. 다음 물음에 답하시오

(단, $a > c$, $t > 0$). (총 35점)

1) H사는 F사 생산량을 예측해 F사보다 먼저 생산량을 결정하였고, 이에 따라 F사는 생산량 결정 시 H사 생산량 정보를 파악하고 있었다. 이때 임의의 t에 대해 각 기업의 생산량을 구하시오. (15점)

풀이

주어진 조건에 따라 그래프를 그려 본다면 X축을 수량, Y축을 가격이라고 할 때, 시장수요함수 $p = a - b(q_H + q_F)$에서 X축의 절편은 Y값이 0일 때이므로 $q_H + q_F = \dfrac{a}{b}$가 되어 H사와 F사 총수량의 합이 $\dfrac{a}{b}$가 되고 그때의 X축 절편은 a가 된다. F사는 H사에 비해 한 대당 t의 수출 비용을 지불해야 하기 때문에 F사의 시장수요함수가 Y축과 절편이 이루어지는 점은 $a - t$가 된다. H사는 F사의 생산량을 예측해 먼저 생산량을 결정하고 이에 따라 F사가 H사 생산량에 대한 정보를 가지고 생산량을 결정하는 과정을 택하기 때문에 양사가 시장수요함수에 맞춰 한계비용에 이르기까지 생산량을 결정하는 과정은 그래프의 화살표 과정이 다음의 모양을 나타낸다. 이러한 관계를 그래프로 나타내면 다음과 같다.

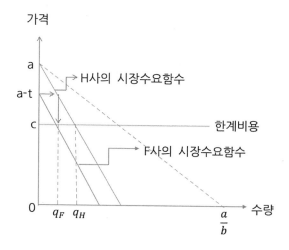

이 그래프에서 F사는 한계비용에 이를 때까지 H사의 생산량에 맞추어 자기의 생산량을 조절할 것이므로 임의의 t에 대해 각 기업의 생산량을 구하려면 F사의 가격으로 F사의 총소득을 구하고 F사의 시장수요함수와 H사의 시장수요 함수 사이의 한계대체율을 구해 각사의 생산량을 파악할 수 있다.

F사의 가격이 $a-t$일 때 H사의 시장수요함수를 만족시키면서 얻을 수 있는 총소득은 $q_F(a-t)-b(q_H+q_F)=c$가 된다. 이 식을 풀면 $aq_F-tq_F-bq_Hq_F-bq_F^2=c$가 된다. 이 식을 q_F에 대해 미분하면, $\frac{\sigma TR}{\sigma q_F} = \frac{\sigma(aq_F-tq_F-bq_Hq_F-bq_F^2)}{\sigma(q_F)} = a-t-bq_H-2bq_F$가 된다.

이 식은 미분 최적화 일계조건(first order condition, FOC)에 따라 미분계수(접선의 기울기)가 0일 때 X축과 만나는 최적값을 가지는데 여기서는 X축이 한계비용 c가 된다. 따라서 이를 풀면 $q_F = \frac{a-c-t}{2b} - \frac{q_H}{2}$가 된다.

q_H를 구하려면 위 식의 q_F 대신에 q_H를 두고 위와 같이 계산하면 총소득은 $q_H\{a-b(q_H+q_F)\}$가 되어 $q_H = \frac{a-c}{2b} - \frac{q_F}{2}$가 된다.

2) H사와 F사가 동시에 생산량을 결정한다고 하자. 이때 각 기업의 생산량을 구하시오.
   (10점)

풀이

H사와 F사가 동시에 생산량을 결정할 경우에는 F사의 가격이 H사보다 t만큼 낮은 점에서 H사의 시장수요함수와 평행해 결정될 것이므로 그 그래프는 다음과 같다.

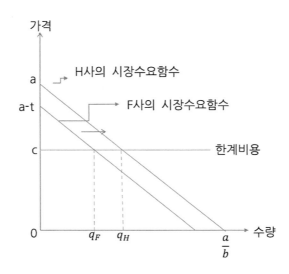

이 그래프에서 q_H, q_F는 각각 시장수요함수가 한계비용에 도달할 때까지 생산할 것이므로 q_H는 $a-b(q_H+q_F)=c$에서 $q_H = \dfrac{a-c}{b} - q_F$이고 $q_F = (a-t) - b(q_H+q_F) = c$에서 $q_F = \dfrac{a-t-c}{b} - q_H$가 된다.

3) 1)과 2)의 결과를 비교해 양국 간 어떤 경우에 더 많은 교역이 발생하는지 설명하시오.
(10점)

풀이

1)과 2)를 비교하면 각각의 경우 q_H와 q_F를 합하였을 경우 1)은 2)의 $\dfrac{1}{2}$이 되기 때문에 2)의 경우가 1)보다 2배의 교역이 발생한다.

제 2 문. 사람들은 물가가 현재와 동일하게 계속 상승할 것이라는 적응적 기대를 한다고 가정한다(즉, $E_t(\pi_{t+1})=\pi_t$). 우리나라 경제의 재화 및 용역의 수요방정식과 총공급 곡선은 다음과 같다.

재화 및 용역의 수요방정식: $\widehat{Y}_t = -2(r_t - \overline{r}) + \epsilon_t$

총공급 곡선: $\pi_t = E_{t-1}(\pi_t) + \widehat{Y}_t$

$\widehat{Y}_t$은 t 시점의 GDP 갭(%), r_t는 t 시점의 실질금리(%), $\bar{r}$는 장기실질 이자율(%), ϵ_t는 t 시점의 총수요 충격을 가리킨다. 그리고 π_t는 t 시점의 인플레이션율(%)을 나타낼 때, 다음 물음에 답하시오. (총 35점)

1) 중앙은행 인플레이션 목표치가 π^*이고, 중앙은행 이자율 준칙은 $r_t - \bar{r} = \pi_t - \pi^*$와 같은 테일러 준칙(Taylor Rule)을 따른다고 가정하자. 이때 총수요 곡선을 구하시오. (10점)

풀이

총수요 곡선은 물가와 고용의 요소를 고려하지 않는 단기균형 모델(short-run model)에서 중앙은행의 통화 정책이 반영된 인플레이션율에 따라 나타나는 재화 및 용역의 총생산량을 말한다.

이와 같은 정의에 따를 때, 주어진 문제에서 중앙은행의 이자율 준칙은 $r_t - \bar{r} = \pi_t - \pi^*$이고 재화 및 용역의 수요방정식이 $\widehat{Y}_t = -2(r_t - \bar{r}) + \epsilon_t$이므로 $r_t - \bar{r}$을 $\pi_t - \pi^*$로 대체해 수요방정식에 대입하면 총수요 곡선(AD curve)은 $\widehat{Y}_t = -2(\pi_t - \pi^*) + \epsilon_t$가 된다.

2) 중앙은행 이자율 준칙이 $r_t - \bar{r} = \pi_t - \pi^*$와 같고 중앙은행 인플레이션 목표치($\pi^*$)가 3%이며, 총수요 충격이 없는 경우($\epsilon_t = 0$)에 t 시점에 형성되는 인플레이션율(π_t)과 GDP 갭($\widehat{Y}_t$)을 구하시오. (15점)

풀이

$\widehat{Y}_t = -2(\pi_t - \pi^*) + \epsilon_t$에서 π^*가 3%이고 중앙은행이 준칙에 따라 인플레이션 목표치를 정하였으므로 π_t도 3%가 되고 ϵ_t가 0이므로 π_t와 π^*를 앞의 식에 대입하면 $\widehat{Y}_t = 0$가 된다.

3) 중국경제 위축으로 인해 우리나라 총수요 부문에 부정적인 충격(음(-)의 충격)이 발생하였다. 이때, 인플레이션율과 GDP 갭은 어떠한 영향을 받는지 설명하시오. (10점)

풀이

총 수요 부문에 부정적인 충격이 발생하는 경우를 그래프로 나타내면 다음과 같다.

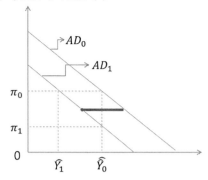

물가 (PL, 인플레이션율 (π))

우리나라 총수요 부문에 부정적인 충격이 발생하면 앞의 그래프에서 나타나는 것과 같이 총수요 곡선이 좌 방향으로 이동(AD_0에서 AD_1로 이동)하게 되어 인플레이션율이 하향(π_0에서 π_1로 이동)하고 GDP 갭이 줄어든다($\hat{Y}_0$에서 $\hat{Y}_1$로 이동).

제 3 문. 경제 주체들이 위험 기피적일 때 현재 명목 환율은 재정거래에 의한 차익이 발생하지 않는 조건에 의해 다음과 같이 결정된다.

$$\log E_t[S_{t+1}] - \log S_t = i_t - i_t^* - p_t$$

S_t는 현재 t 시점의 원/달러 명목 환율을 나타내며, $E_t[S_{t+1}]$는 S_{t+1} 경제 주체가 t 시점에 주어진 정보를 이용해 예상한 $t+1$ 시점의 기대 명목 환율이다. i_t와 i_t^*는 각각 현재 t 시점의 한국과 미국의 단기 무위험 명목 이자율이며, p_t는 환위험 프리미엄이다. 다음 물음에 답하시오. (총 30점)

1) 현재 시점에서 향후 미국의 명목 이자율 인상이 예상되고, 동시에 남북한 긴장 완화로 지정학적 위험이 감소될 것으로 전망된다. 이 두 가지 요인이 각각 현재 명목 환율에 미치는 독립적인 영향을 앞의 수식을 이용해 설명하시오. (10점)

풀이

첫째, 미국의 명목 이자율 인상이 현재 명목 환율에 미치는 영향은 위 식에서 i_t^*의 값이 커지게 되므로 $t+1$ 시점의 기대 명목 환율이 절상되지 않는 한, 현재 명목 환율이 하락하는 결과가 된다.

둘째, 남북한 지정학적 위험이 감소된다는 것은 위 식에서 p_t의 값이 적어지는 것을 의미하므로 위와 마찬가지로 기대 명목 환율이 커지지 않는 한, 현재 명목 환율이 하락하는 결과가 된다.

2) 1)의 상황에서 명목 환율이 하락하는 경우(원화의 평가절상)가 갖는 의미를 설명하시오.
　　(10점)

> **풀이**

　　원화의 명목 환율이 하락할 경우, 이는 대미 수출에 있어서 한국 상품의 가격이 인상되는 것을 의미하므로 대미 수출에 불리하게 된다. 그러나 한국이 미국에 대한 달러화로 지불해야 하는 채무가 있을 경우 그 채무액을 상환하는 원화값이 줄어들게 되어 채무 상환에 유리하다.

3) 앞에서 주어진 환율 결정모형의 한계를 논하시오. (10점)

> **풀이**

　　앞의 환율 결정모형을 적용하는 데는 아래와 같은 한계점이 있다.

　　1) 기대 명목 환율과 현재의 명목 환율이 미국과 한국의 이자율과 환위험 프리미엄에 의해서만 결정되는 것으로 한정하였기 때문에 단기적으로 타당할 수는 있으나 물가, 소득, 고용과 같은 요소를 고려한 장기적 환율 변동을 예측할 수 없다.

　　2) 기대 명목 환율과 현재 명목 환율의 차이를 이자율과 환위험 프리미엄의 차이에 따라 log 함수와 가우스 기호를 사용해 그 결과에 미친 영향만 나타내었기 때문에 통화 공급량의 변화가 이자율 변화에 미치는 과정을 나타내지 않고 있으며 정수 아래의 정확한 환율예측을 포기하였다.

2017년 시험

제 1 문. 폐쇄경제하에 있는 A국은 B국으로부터 X재 100개를 무상으로 원조받기로 하였다. 무상 원조된 X재는 시장에서 효용이 상대적으로 높은 사람들에게 배분된다. 이 경우 직선인 수요와 공급 곡선을 이용해 다음 물음에 답하시오(단, A국의 X재 시장에서 생산자와 소비자는 완전 경쟁을 하고 있으며, 무상 원조받은 X재 100개는 A국 수요를 다 충족시키지 못한다).   (총 30점)

1) A국 소비자의 관점에서, 무상 원조로 공급곡선만 이동(수요 곡선은 불변)한다고 가정하자. X재의 가격과 거래량이 어떻게 거래되는지를 A국의 수요와 공급곡선을 이용해 설명하시오. (10점)

풀이

무상원조로 공급 곡선이 이동하는 그래프는 아래와 같이 나타낼 수 있다.

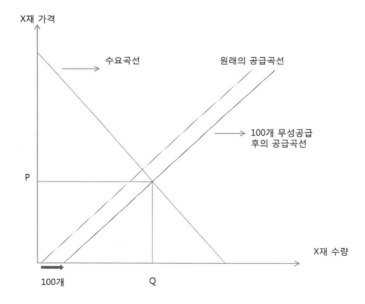

A국에 X재 100개가 무상으로 제공될 경우 공급곡선은 가격이 0이더라도 100개가 공급되어있으므로 X재의 공급량은 100으로 시작해 종전 공급곡선과 평행한 새로운 공급곡선이 생기며 이 새로운 공급곡선과 수요 곡선이 만나는 점에서 X재의 수량과 가격이 결정된다.

2) A국 생산자의 관점에서, 무상 원조로 수요 곡선만 이동(공급곡선은 불변)한다고 가정하자. X재의 가격과 거래량이 어떻게 결정되는지를 A국의 수요와 공급곡선을 이용해 설명하시오. (10점)

풀이

무상원조로 수요곡선만 이동할 경우의 그래프는 아래와 같다.

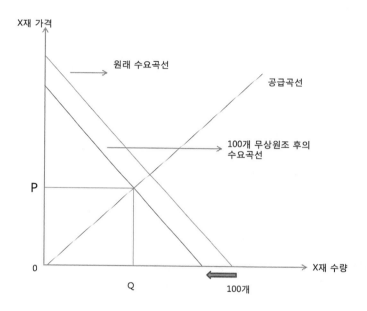

X재 100개가 무상 공급될 경우, 수요 곡선은 원래의 수요 곡선에서 가격이 0이더라도 100개의 수량에 해당하는 양의 수요가 줄어드는 상황에서 종전의 수요 곡선에 평행하는 새로운 수요 곡선이 만들어지고 이 새로운 수요 곡선이 종전의 공급곡선과 교차하는 점에서 수량과 가격이 결정된다.

3) 1)과 2)를 비교해 A국 X재 시장의 가격과 거래량은 어떻게 다른지를 설명하시오. (10점)

풀이

A국에 100개의 X재가 무상 원조될 경우 공급곡선만 변동한다면 시장에서의 X재의 가격이 하락하고 무상 원조를 포함한 공급량은 늘어나게 된다.

그러나 수요 곡선만이 변한다면 시장에서의 X재의 가격이 낮아지고 공급량이 줄어들게 된다. 시장에서의 X재의 변화량의 크기는 원래 수요 곡선과 공급곡선의 가격탄력성(즉, 기울기 값이 크면 가격탄력성이 적고 기울기 값이 적으면 가격탄력성이 크다)에 의해 결정된다.

제 2 문. 자유무역을 하는 소국 A는 중간재 α와 β를 수입해 최종재 X재를 생산한다. 최종재 X의 가격은 10,000원이고 중간재 α와 β의 가격은 각각 5,000원과 2,000원이다. A국은 α와 β를 각각 한 단위씩 투입해 X재 한 단위를 생산한다. 다음 물음에 답하시오(단, 중간재의 투입계수는 최종재 가격에 대한 중간재 가격의 비율이라고 하자).   (총 25점)

1) A국은 X재에 대해 20%의 관세를 부과하기로 결정했다. 이때 X재 산업의 실효보호율을 구하시오. (5점)

풀이

실효보호율은 어느 산업이 관세에 의해 받는 보호의 정도를 나타내는데 그 산출 방법은, '(관세 후의 부가가치-관세 전의 부가가치)/관세 전의 부가가치=(명목관세율-원자재의 가중평균관세율)/상품 1달러당 부가가치'이다.

문제의 경우, 관세 후의 부가가치는 12,000원 - 7,000원이고 관세 전의 부가가치는 10,000원 - 7,000원이 되므로 실효보호율은 약 0.66(66%)이 된다.

2) A국의 X재에 대한 관세율이 20%이고, 중간재 α와 β에 대한 관세율이 각각 10%와 20%인 경우와 각각 20%와 30%로 인상된 경우, X재 산업에 대한 실효보호율은 얼마인가? 이 경우 중간재에 대한 관세율 상승의 의미를 설명하시오. (10점)

풀이

실효보호율은 최종재에 대한 관세뿐만 아니라 중간재에 대한 관세율까지 고려해 관세가 국내시장에서 받는 보호 효과를 나타내므로 상황에 따라 다음과 같이 달라진다.

α와 β에 대한 관세율이 각각 10%와 20%인 경우
α의 국내가격: 5,500원, β의 국내가격: 2,400원
최종재 국제가격: 10,000원 - 7,000원 = 3,000원
국내가격: 12,000원(10% 관세) - 5,500원(10% 관세) - 2,400원(20% 관세) = 4,100원
실효보호율 = (4,100 - 3,000)/3,000 = 약 0.37(37%)

α와 β에 대한 관세율이 각각 20%와 30%인 경우
α의 국내가격: 6,000원, β의 국내가격: 2,600원
최종재 국제가격: 10,000원 - 7,000원 = 3,000원
국내가격: 12,000원(10% 관세) - 6,000원(20% 관세) - 2,600원(30% 관세) = 3,400원

실효보호율 = (3,400 - 3,000)/3,000 = 약 0.13(13%)

앞에서 나타난 바와 같이 중간재에 대한 관세율이 상승하면 최종재에 대한 관세율을 더욱 올리지 않는 한 국내의 최종재 생산자에 대한 실효보호율이 내려가게 되어 국내 최종재 생산자에 대한 보호의 정도가 약화된다.

3) 실효보호율이 음(-)이 되는 것이 가능한지 여부와 이를 바탕으로 한 경사관세(tariff escalation)를 설명하시오. (10점)

> **풀이**

최종재에 대한 관세에 비해 중간재에 대한 관세가 고율이 되어 중간재의 가격을 공제한 최종재에 대한 국내가격이 국제가격보다 더 낮아진다면 실효보호율이 음(-)이 된다.

국가는 실효보호율을 높임으로써 자국의 제조업을 보호하기 위해 원자재 수입에 대해 관세를 전혀 부과하지 않거나 낮게 부과하고 완제품의 수입에 대해 가공도가 높을수록 고율의 관세를 부과하는 정책을 쓰게 되는데, 이를 경사관세라 한다. 이러한 경사관세를 부과하는 정책을 시행하면 자원수입국의 생산자는 상대적으로 보호를 받게 되나 비가공 제품과 원료를 수출하는 자원수출국의 가공업자들은 상대적으로 피해를 보게 된다.

제 3 문. 우리나라는 낮은 출산율과 평균수명 연장으로 인해 매우 빠른 속도로 고령화 사회로 진입하고 있다. 다음 물음에 답하시오.

(총 20점)

1) 정부의 적극적인 출산 지원 정책과 고령화 대책으로 인구증가율이 증가하는 경우, 솔로우(Solow)의 성장 모형을 토대로 이것이 우리나라 경제성장에 미치는 영향을 설명하시오. (10점)

> **풀이**

솔로우 성장 모형은 경제성장을 위해 자본과 노동을 투하할 경우 일정한 성장을 한 후에는 수확체감의 법칙이 적용된다는 것과 투하된 자본은 기간에 비례해 감가상각(depreciation)된다는 것을 전제로 하고 있다.

이 모형은 이러한 전제를 바탕으로 단위노동이 투하된 자본으로 생산력을 증대시키다가 단위노동 생산력이 체감하기 시작하는 시점에서 최대의 생산을 하게 되므로 이 점에서의 생산을 정상 상태(定常狀態, steady state)라고 규정한다.

이 모형에서는 정상 상태에 이르기까지 투자가 진행되어야 하는데 이 투자를 하는 주체가 단위노동력이다. 따라서 생산노동력인 인구와 투하된 생산의 증가 곡선이 자본의 감가상각선과 교차해 균형을 이루는 상태가 최대의 생산량과 소득을 가져오는 정상 상태가 된다.

이러한 상태에 도달하려면 일정한 수준의 노동력과 투자가 지속되어야 하므로 투자를 지속시킬 수 있는 인구의 증가가 필요한 것이다.

우리나라 경우 현재 인구증가율이 급속도로 저하되고 있기 때문에 인구를 투자되는 자본을 활용해 정상 상태를 유지할 수 있는 수준으로 증가되도록 하는 정책이 요구된다.

솔로우 모형을 그래프로 설명한다면 다음과 같다.

이 그래프의 X축의 k는 자본(K)을 노동 인력수(L)로 나눈 K/L을 나타내고 Y축의 y는 생산량, 소득(Y)을 노동 인력수(L)로 나눈 Y/L을 나타내며 s는 저축량, c는 소비량, δk는 투입자본이 감가 상각률에 비례해 자본이 잠식되고 있는 것을 나타낸다. s*f(k)는 소득에서 소비(C)를 제외한 저축량 중 자본에 투입되는 성향(propensity to save)에 따라 투자되는 양을, f(k)는 자본의 투입으로 얻게 되는 소득 곡선을 나타낸다.

투입된 자본량 s*f(K)가 생산노동력과 결합해 f(K)의 소득을 가져오게 되며 투입되는 자본량은 투입 시부터 감가상각을 하게 되어 투자가 감가상각률(δ)에 따른 감가상각분을 초과하는 부분은 순 투자량(net investment)이 발생하나 수확체감의 법칙에 따라 특정 수준에 이면 순 투자량은 제로가 된다. 이때의 수확량이 최고가 되어(golden rule growth) 이 점이 정상 상태(steady state)가 된다(앞의 그래프에서 y^*, k^* 상태).

이러한 모델에서 볼 때 일정한 수준의 인구증가가 지속되지 않으면 투자가 위축되어 정상 상태에 도달하지 못하게 되므로 국가는 적정수준의 인구증가 정책을 추진하는 것이다.

2) "인구 구조의 고령화가 경제성장에 부정적이지 않을 수도 있다."라는 주장을 내생적 경제성장 모형을 이용해 설명하시오. (10점)

풀이

내생적 경제성장 모형은 경제성장에서 자본(K)과 노동(L)요소 이외의 내재하는 성장요인인 인적 재산(human capital)의 중요성을 강조하는 장기적 경제성장 이론이다.

즉, 소득은 자본과 노동력이 투입되어 나타나는 함수인데 이 함수 자체가 다른 요소 A에 의해 변화한다는 식으로 Y = A f(K·L)라고 표시할 수 있다.

이 식은 솔로우 모형에서도 사용하며 이때 A를 성장 동력이 되는 '아이디어'라고 한다. 그런데 솔로우 모형에서는 A를 시장가격이 존재하지 않는 공공재(public good)로 보고 경제성장 모형의 외적 변수(exogenous variable)로 간주하나 내생적 성장 모형에서는 A를 경제성장에 영향을 주는 내적 변수(endogenous variable)로 보고 A를 기업이 조사와 개발(R&D)을 위한 투자, 또는 교육이나 경영혁신(innovation)과 같이 생산의 증대를 얻기 위해 투자해야 하는 재화로 간주한다.

"인구 구조의 고령화가 경제성장에 부정적이 아닐 수도 있다."라고 하는 말의 뜻을 내생적 경제성장 모형으로 해석한다면 고령화라고 하더라도 고령화된 인구가 가진 지식과 경험이 경제성장을 이끄는 요소가 될 수 있기 때문에 그렇게 말한다고 볼 수 있다.

제 4 문. 국가 1과 국가 2의 1인당 GDP인 yi를 비교하려고 한다. 국가 1의 생산성 수준은 Ai, 투자율은 si, 인구증가율은 ni, 감가상각률은 δ, 자본기여율을 α로 나타낸다. 정상 상태(steady state)에서 국가 1의 1인당 GDP는 다음과 같다고 가정하자.

$$y_i = A_i^{\frac{1}{1-\alpha}} \left(\frac{s_i}{n_i + \delta} \right)^{\frac{1}{1-\alpha}}, \ i = 1, 2$$

두 국가의 경제사회 여건이 다음 표와 같을 경우, 다음 물음에 답하시오(단 국가 1은 선진국이고 국가 2는 개발도상국이다). (총 25점)

구분	국가 1	국가 2
투자율 (s_i)	0.2	0.05
인구증가율 (n_i)	0	0.05
감가상각률 (δ)	0.05	0.05
자본기여율 (α)	$\frac{1}{3}$	$\frac{1}{3}$

1) 국가 1과 국가 2의 생산성 수준이 동일하다고 가정하자. 정상 상태에서 국가 1과 국가 2의 1인당 GDP의 비율($\frac{y_1}{y_2}$)을 계산하고 투자율과 인구증가율의 차이가 갖는 의미를 설명하시오. (5점)

위 식에 주어진 값을 대입하면,

$$y_1 = A^{\frac{3}{2}} (\frac{0.2}{0.05})^{\frac{1}{2}} = 2A^{\frac{3}{2}}$$

$$y_2 = A^{\frac{3}{2}} (\frac{0.05}{0.1})^{\frac{1}{2}} = \sqrt{2} A^{\frac{3}{2}}$$

앞에서 나타난 바와 같이 $\frac{y_1}{y_2}$는 $\sqrt{2}$가 된다.

이와 같은 사실은 인구증가율이 낮더라도 투자율이 일정 수준 이상으로 높으면 국가의 GDP를 증가시킬 수 있음을 나타낸다.

2) 각 국가의 생산성은 $A_i = T_i h_i^{1-\alpha}$와 같이 표현할 수 있다. 여기의 h_i는 교육 수준, T_i는 기술 수준을 나타내며, 두 국가의 기술 수준은 동일하고 국가 1의 교육 수준은 국가 2의 교육 수준의 1.7배라고 가정하자. 정상 상태에서 국가 1과 국가 2의 1인당 GDP의 비율 $(\frac{y_1}{y_2})$을 계산하고, 교육 수준 차이의 효과를 설명하시오. (10점)

국가 1의 교육 수준은 국가 2의 교육수준의 1.7배라고 가정한다면, $(\frac{y_1}{y_2})$는 $(1.7)^{\frac{3}{2}}$이 된다. 이는 교육 수준의 차이로 인하여 1인당 GDP 증가율이 교육 수준 차이 이상의 GDP 증가율을 가져오게 되는 효과를 나타낸다.

3) 2)의 결과를 비교해 기술 수준의 차이까지 고려한 경우, 국가 1의 인적자본 수준은 국가 2의 인적자본 수준의 1.7배에 불과하지만, 국가 1의 1인당 GDP는 국가 2의 GDP의 10배라고 가정하자. 이러한 차이를 설명하시오. (10점)

교육 수준의 차이가 교육 수준의 차이 이상의 경제성장을 가져온다는 것은 내생적 경제성장 모형에서 인적 자원의 질적 향상이 중요하다는 점을 설명하는 근거가 된다. 노동은 자본과 함께 중요한 생산요소의 하나이므로 교육을 통해 노동의 질적 향상을 가져오게 되고 이는 바로 생산성(productivity)의 향상을 가져오는 원인이 되기 때문이다.

2016년 시험

제 1 문. 폐쇄경제하에서 A국은 X재와 Y재를 각각 2단위씩 생산한다. 이제 A국은 자유무역을 하게 되었으며, 이 경우에도 A국은 여전히 X재와 Y재를 각각 2단위씩 생산한다. A국의 사회 후생함수는 U(X, Y) = XY의 형태이고, 자유무역 이후 X재와 Y재의 국제가격은 각각 2와 1이라고 가정하자. 이와 관련해 다음 물음에 답하시오. (총 30점)

1) A국이 자유무역을 하는 경우 수출량과 수입량은 각각 얼마인가? (10점)

풀이

A국이 자유무역을 할 경우, X재는 국내가격이 국제가격인 2를 초과할 경우 X재 생산을 중단하고 국내소요량을 수입하게 되고, 국내가격이 국제가격인 2 미만이 될 경우 국내수요에 충당한 잔여분을 수출하게 된다.

마찬가지로 Y재는 국내가격이 1을 초과할 경우 Y재 생산을 중단하고 국내소요량만큼을 수입하게 되며 1 미만이 될 경우 국내수요에 충당한 잔여 물량을 수출하게 된다.

2) 무역 전후의 사회 후생이 어떻게 변하는지에 관해 생산 가능 곡선과 무차별 곡선을 이용해 설명하시오. (20점)

풀이

A국의 사회 후생함수가 U(X, Y) = XY의 형태일 때 사회 무차별 곡선의 형태를 알려면 이것이 X재의 효용 값과 Y재의 효용 값의 곱하기 형식으로 되어있다는 점에서 찾아야 한다. 함수 U(X, Y) = XY는 변수 X를 Y에 대해 미분한 값, 즉 미분계수(접선의 기울기)와 Y를 X에 대해 미분한 값을 서로 곱하면 상수가 된다는 것을 나타낸다(즉, $\frac{\Delta X}{\Delta Y} \times \frac{\Delta X}{\Delta Y} = 1$). 따라서 X재의 효용 값이 일정 비율로 증가하면 Y재의 효용 값이 일정 비율로 감소해 이를 나타내는 곡선은 원점에 대해 볼록한 모양을 갖게 된다.

또한 무역 후에는 국제가격과 국내가격의 차이에 따라 수출입이 이루어짐으로써 소득의 증가에 따라 생산 가능 곡선이 무역 전의 생산 가능 곡선에 비해 원점에서 더 멀어진 곡선이 된다. 효용이 원점에서 멀어질수록 그 크기가 커지기 때문에 결국 생산 가능 곡선상에서 원점에서 가장 떨어진 점과 무차별 곡선이 만나는 점에서 교역 후의 사회 후생이 이루어지게 된다. 이러한 점을 그래프로 표시하면 다음과 같다.

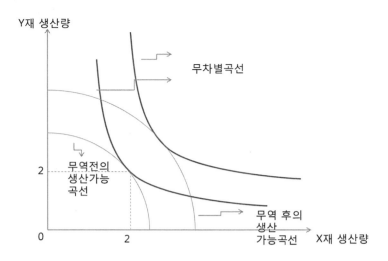

이 그래프를 통해 무역 전에는 무차별 곡선이 생산 가능 곡선과 만나는 점인 X재 생산량 2와 Y재 생산량 2와 만나는 점에서 이루어졌으나 무역 후에는 생산 가능 곡선이 확대되어 새로운 생산 가능 곡선과 새로운 무차별 곡선이 만나는 원점에서 더 멀어진 점에서 X재와 Y재의 생산량이 결정된다는 것을 알 수 있다.

제 2 문. 온실가스를 배출하는 가상의 두 국가 A국과 B국을 대상으로의 배출권 거래제가 도입되었다. 새로운 국제 협약에 따르면 두 국가 전체에 대한 온실가스 총목표 배출량은 25,000톤으로 제한된다. 국제 협약에 의한 각국의 배출권이 다음과 같은 수요함수에 의해 결정된다고 할 때 물음에 답하시오. (총 20점)

$$A국: E_A = 15,000 - \frac{p}{5}$$

$$B국: E_B = 13,000 - \frac{2p}{5}$$

(단, E_A, E_B, P는 A국의 배출권 수요, B국의 배출권 수요, 온실가스 톤당 배출권 가격을 각각 의미한다.)

1) 이러한 협약이 시행될 경우 결정되는 온실가스 배출권의 균형가격과 각국의 균형할당량은? (10점)

A국과 B국의 총목표 배출량이 25,000톤이고 각국의 수요함수가 별도의 식으로 되어 있고 양국의 수요함수를 합한 것과 총목표 배출량이 25,000이 되어야 한다. 그러므로 균형할당량을 구한다면 $25{,}000 = 28{,}000 - \frac{3p}{5}$에서 p = 5,000이 된다.

따라서 배출권의 균형가격은 톤당 5,000이 되며 A국에 대한 균형할당량은 15,000 - 1,000 = 14,000톤이 되고 B국에 대한 균형할당량은 13,000 - 400 = 12,600톤이 된다.

2) 다음과 같은 경제 환경의 변화가 발생할 경우 예상되는 새로운 균형가격과 각국의 균형할당량의 변화 방향에 대해 설명하시오. (10점)

    (1) A국이 원자력 비중을 낮추고 화석연료 발전 비중을 높인다.

    (2) B국이 신재생 에너지 혁신기술에 대한 보조금을 증가시킨다.

A국은 온실가스 배출을 억제하려고 하는 국제적 노력에 역행하는 국가이고 B국은 이러한 노력에 적극적인 협조를 하는 국가이다. 세계적인 온실가스 억제 효력을 증가시키려면 배출권의 균형가격을 인상하고 A국과 같이 온실가스를 더 많이 배출하는 방향으로 국가 정책을 추진하는 국가에게는 균형할당량을 증대시키고 B국과 같이 온실가스 감축에 협조하는 국가에게는 할당량을 줄여 배출권 거래제를 통해 A국이 손실을 보고 B국이 이득을 보게 해야 한다. 그래야 국제적으로 온실가스 감축 노력이 효과적으로 이루어질 수 있다.

제 3 문. 다음과 같은 필립스 관계식이 성립하는 경제가 있다.

$$u = u^* - \alpha(\pi - \pi^e) + \theta$$

중앙은행은 손실함수 $L(u, \pi) = u + \lambda\pi^2 (\lambda > 0)$에 기초해 최적 통화 정책을 기초하며, 이렇게 결정된 통화 정책이 인플레이션을 완벽하게 통제할 수 있다고 할 때 다음 물음에 답하시오(단 u는 실제 실업률, u^*는 자연 실업률, π^e는 기대인플레이션율, θ는 외생적인 공급 교란을 가리키며, α는 0보다 크다). (총 30점)

1) 통화 정책이 준칙(rule)하에서 시행될 경우, 이 경제의 최저 인플레이션율과 실업률은? (5점)

통화 정책이 준칙(rule)하에서 시행될 경우, 중앙은행이 인플레이션율을 0이 되도록 책정할 것이며 이 경우 인플레이션과 기대 인플레이션이 동일하게 될 것이므로 위의 필립스 관계식에서 $(\pi-\pi^e)=0$이 되어 $u=u^*+\theta$가 된다. 따라서 최적 인플레이션율은 0이 되고 실업률은 $u^*+\theta$가 된다.

2) 통화 정책이 재량(discretion)하에서 시행될 경우, 이 경제의 최적 인플레이션율과 실업률은? (5점)

통화 정책이 재량하에서 시행될 경우에도 최적 인플레이션율은 0이 될 것이며 이때의 실업률은 사회손실함수의 값이 최소값이 되도록 할 것이다. 그러므로 최적 인플레이션 상태하에서 사회손실함수 $L=u^*+\theta+\lambda\pi^2$가 최소값이 되려면 L을 π에 대해 미분한 $\frac{\partial L}{\partial \pi}$ 값 $u^*+\theta+2\lambda\pi=0$가 되어야 한다(미분 일계조건: first order condition, F.O.C.). 즉, 미분함수의 최적점은 이 함수 그래프의 꼭짓점이고 그때의 미분계수(접선의 기울기)는 0이 된다.

이 식을 풀면 $\pi=-\dfrac{u^*+\theta}{2\lambda}$가 된다.

결론적으로 최적 인플레이션율은 0이고 실업률은 $-(\dfrac{u^*+\theta}{2\lambda})$이다.

3) 1)과 2)의 결과에 기초해 준칙과 재량 중 어느 경우가 더 우월한 정책인가를 평가하고, 준칙하의 통화 정책에서 동태적 비일관성(time inconsistency)이 나타나는 이유를 설명하시오. (10점)

1)과 2)에서 최적 인플레이션율은 동일하고 실업률은 λ가 0보다 크다고 하였기 때문에 2)가 1)보다 적다. 따라서 통화 정책이 재량에 의해 시행될 경우가 준칙에 의해 시행될 경우보다 더 우월한 정책이다.

동태적 비일관성이 나타나는 이유는 인플레이션율(실제로는 이자율의 결정으로 나타난다)을 정하는 시점과 실제로 인플레이션이 나타나는 시점 사이에 차이가 발생하기 때문이다. 통화 정책입안자가 인플레이션율을 정해 발표할 때 사람들은 인플레이션에 대한 우려를 나타내어 당초 통화 정책입안자가 인플레이션의 효과가 나타날 것으로 예상한 시기보다 더 빨리 인플레이션이 발생해 단기 필립스 곡선을 상(上) 방향으로 이동해 물가가 인상되고 고용이 증대된다. 이러한 상황은 경제를 불안하게 하는 단기적 변동 상황이므로 이러한 상황이 발생하지 않는 것이 바람직하다.

4) λ의 경제학적 의미를 설명하고, 이에 기초해 통화 정책의 동태적 비일관성을 완화하는
   방안을 제시하시오. (10점)

풀이

손실함수 $L(u, \pi) = u + \lambda\pi^2 (\lambda > 0)$에서 λ의 값은 인플레이션율이 사회손실에 미치는 영향의 크기를 나타낸다.

필립스 곡선은 경제 주체들의 기대 인플레이션과 실제 인플레이션의 차이와 자연 실업률과 실제 실업률의 차이 때문에 발생하는데, 위의 손실함수에서는 실업률은 직접적으로 사회적 손실에 영향을 주나 인플레이션율이 사회적 손실에 미치는 영향은 인플레이션율의 제곱에 일정한 상수(λ)를 곱해야 한다는 것을 의미한다.

위의 식에서 실업률을 최소화하는 식은 음수로 나타났으며 이는 λ>0이므로 λ의 값이 클수록 고용이 증대된다는 것을 나타낸다.

통화 정책의 동태적 비일관성을 완화하려면 통화 정책입안자가 국가 경제 상태를 점검해 이자율을 발표하는 기간을 가능한 한 단축시키고[미국의 연방 공개시장위원회(FOMC)는 6주마다 국가 경제 상황을 점검하고 이자율의 변경 가능성을 검토한다], 정책의 지속성을 유지하는 방법이 효과적이다.

제 4 문. 독점기업 A가 두 시장에서 직면한 수요 곡선과 비용구조가 다음과 같을 때 물음에 답하시오.

(총 20점)

$$P_1 = 30 - 2Q_1, \quad P_2 = 40 - 3Q_2, \quad MC = AC = 10$$

1) 각 시장에서 이윤 극대화를 위한 A의 공급량과 가격, 이윤은 각각 얼마인가? (10점)

풀이

독점기업이 시장에서 이윤을 극대화하려면 기업이 생산하는 데 사용한 한계비용(MC)을 시장가격으로 책정해야 한다.

위 식에서 이윤 극대화를 위해 P_1을 MC의 값인 10으로 해야 하므로 이 경우 $Q_1 = 10$이 된다. 따라서 A의 공급량은 10, 가격은 10, 이윤은 100이 된다.

마찬가지로 P_2도 MC의 값인 10으로 해야 하므로 이 경우 $Q_2 = 10$이 된다. 따라서 이 경우에도 A의 공급량은 10, 가격은 10, 이윤은 100이 된다.

2) "이윤을 극대화하는 독점기업은 가격에 대해 수요가 더 탄력적인 부분에서 더 낮은 가격을 책정한다."라는 명제가 성립함을 두 시장의 경우를 통해 보이시오. (10점)

풀이

위의 두 가격이 제시하는 내용을 그래프로 나타내면,

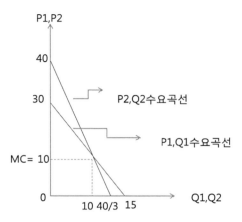

가격선의 기울기 값이 크면 가격에 대해 수요 탄력성이 적고 기울기 값이 적으면 수요 탄력성이 크다. 수요 탄력성이 클 경우 가격을 내리면 가격 내린 부분보다 판매량 증가분이 커짐으로써 기업 이윤이 더 증대된다.

이 그래프에서 판매량이 0이 되는 점의 가격(40)이 더 높은 P2에서 가격을 10으로 할 때와 판매량이 0이 되는 점의 가격(30)이 더 낮은 P1에서 가격을 10으로 할 때와 이익이 같아지는 것은 P1 수요의 가격에 대한 탄력(즉, 기울기 값이 더 적을 경우)이 크기 때문이다.

제 1 문. 다음 〈표〉는 2000년부터 2005년까지 한국은행의 대차대조표이다. 〈표〉를 근거로 다음 물음에 답하시오. (총 30점)

〈표〉 한국은행 대차대조표 (단위: 조원)

연도	2000	2001	2002	2003	2004	2005
국내자산	31.7	26.8	21.5	23.1	22.4	39.2
국외자산	124.3	145.6	158.1	196.6	230.7	232.1
총자산	156.0	172.4	179.6	219.7	253.1	271.3
국내부채	140.8	154.3	159.1	201.5	224.6	248.9
화폐발행	21.4	22.3	24.2	24.5	24.9	26.1
예치금	21.8	25.1	32.3	48.1	52.4	65.0
통화안정증권	66.4	79.1	84.3	105.5	142.8	155.2
기타	31.2	27.8	18.3	23.4	4.5	2.6
국외부채	9.1	8.9	12.1	10.3	22.6	18.5
준비자산증가(억$)	237.7	75.8	118.0	258.5	337.1	198.1
평균환율(원)	1,131	1,291	1,251	1,192	1,145	1,024

1) 2000년부터 2005년까지 우리나라의 국제수지에서 해외 부문이 국내 통화량에 어떤 영향을 주었는지 설명하시오. (10점)

풀이

이 표에서 우리나라 국제수지에서 해외 부문이 국내 통화량에 영향을 줄 수 있는 요인으로 작용할 수 있는 것은 다음과 같다.

1) 국내자산에 비해 국외자산이 7~10배나 많다는 것으로 이는 한국은행이 외화자산, 특히 미국 달러를 매입하였다는 것을 나타낸다. 이는 국내통화 증발의 원인이 될 수 있다.

2) 국내부채 요인 중 통화안정증권 발행이 큰 부분을 차지하고 있는데 이는 한국은행이 국내 환율이 큰 폭으로 변화하는 것을 막기 위해 필요 시 외환시장에 개입해 외환을 사들였다는 것을 의미한다. 이는 국내통화 증발의 원인이 될 수 있다.

3) 한국은행의 준비자산도 일정하지는 않지만 대체로 2000년에 가장 많다가 2001년에는 크게 줄어들었다가 차차 증가 추세를 나타낸 후 2005년에는 감소하였는데 이러한 추세는 우리나라의 외환위기 후 외채에 대한 대비 정도를 나타내는 것이나 준비자산을 증가하는 것도 국내통화 증발의 원인이 될 수 있다.

이와 같이 해외 부문에서 국내통화 증발의 요인이 다수 있었음에도 불구하고 한국은행의 화폐발행은 비교적 안정적으로 일정하게 증가하였다. 이러한 사실을 종합하면 한국은행이 국내통화 증발 요인을 여러 가지 수단, 즉 통화안정증권 발행, 외평채 발행, 기준율 관리 등으로 화폐발행액이 갑자기 늘어나거나 줄어드는 것을 방지해 왔다는 것으로 풀이할 수 있다.

2) 한국은행이 원화 가치의 지나친 상승을 막기 위해 외환시장에 개입했다면, 어떤 경로를 통해 개입했는지 설명하시오. (10점)

풀이

앞의 표에서는 한국은행의 부채 항목에 통화안정증권을 발행한 것으로 나타나 있는데 이는 한국은행이 환율을 안정시키려고 외환을 사들이기 위해 발행한 것으로 볼 수 있다.

한국은행의 통화안정증권 발행의 구체적 절차는 다음과 같다. 한국은행이 재경부와 협의해 국내 은행이나 외국계 은행에 달러 매수주문을 내면 한국은행의 매수주문을 받은 시중은행이 달러를 매수해 한국은행으로 보내고 한국은행은 이들 시중은행에 통화안정증권을 교부하며 이들 은행은 필요 시 한국은행에 통화안정증권을 원화로 교환하는 것이다.

3) 앞에서 환율 정책과 통화 정책의 관계가 어떻게 나타났는지 설명하시오. (10점)

풀이

한국은행의 환율 정책은 통화 정책을 시행하는 일부이다. 우리나라의 환율제도는 고정환율제에서 복수통화 바스켓 제도로 변환하였다가 1990년에는 시장 평균환율 제도를 도입하였다가 1997년 12월 자유 변동환율 제도로 변경되었다. 환율 결정에 있어서는 기본적으로 정책당국이 개입하지 않고 시장에 맡기는 정책을 택하고 있다.

그러나 환율이 급등하거나 급락해 외환시장이 매우 불안정해지는 경우처럼 '매우 특별한' 경우에는 정책 당국이 인위적으로 외환시장에 개입할 수 있다. 통화 정책의 대표적인 수단으로는 공개시장 조작, 재할인율 조작, 지불 준비율 조작 등이 있는데 이 중 가장 보편적으로 사용되는 수단은 공개시장 조작이다. 한국은행의 공개시장 조작은 통화안정증권과 환매조건부 국공채 매매를 통해서 이루어진다. 이 중 환매조건부 국공채 매매는 주로 미세 조정을 위해 사용되고, 주된 공개시장 조작수단은 한국은행이 하는 통화안정증권의 발행이다.

제 2 문. 외부 규모의 경제(external economies of scale)와 무역에 관해 다음 물음에 답하시오.

(총 20점)

1) A국과 B국 두 국가만 존재하는 모형에서 양국의 의류 산업에 외부 규모의 경제가 존재하며, A국 의류의 평균생산비가 B국 의류의 평균생산비보다 낮다. 양국이 무역을 시작할 경우, 의류의 가격과 생산량에 미치는 영향을 그래프를 이용해 설명하고, 비교우위에 근거한 전통적인 무역 모형과의 차이점을 설명하시오. (10점)

풀이

외부 규모의 경제가 성립한다는 것은 무역을 하는 양국 간에 상품의 생산성이나 생산 요소가 유사하다는 것을 전제로 해 특정 상품을 후발적으로 생산하는 국가가 동일 상품을 먼저 개발한 국가가 상품개발에 필요해 비용을 들여 획득하게 된 기술이나 노하우(know how)를 무상이나 저가로 활용해 평균생산비를 줄여 생산함으로써 먼저 생산한 국가의 상품에 비해 판매 가격을 감축시켜 국가의 판매량보다 더 많은 상품을 판매하게 된다는 것이다.

그러나 비교우위에 근거한 무역 모형은 무역을 하는 양국 간의 생산성이나 생산요소 간에 차이가 커서 양국이 서로 자국이 유리한 상품을 전문적으로 생산하고 판매하는 것이 양국 모두에게 더 큰 이익을 가져다준다는 이론이다. 이를 그래프로 나타내면,

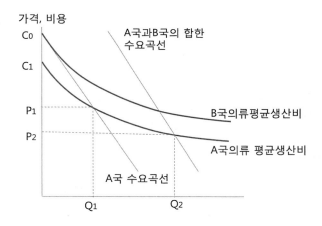

A국은 외부 규모의 경제로 인해 의류 생산에 필요한 평균생산비를 C_0에서 C_1으로 낮출 수 있게 된다. 이러한 평균생산비가 A국의 수요 곡선과 만나는 점에서 결정되는 가격 P_2는 A국의 수요 곡선과 만나서 결정되는 판매량 Q_1보다 더 많은 A국과 B국의 의류 수요량을 합한 새로운 수요 곡선과 만나는 Q_2량을 판매하게 된다.

외부 규모의 경제가 적용되는 무역과 비교우위에 근거한 전통적인 무역 모형과의 근본적인 차이점은 전자의 경우 평균비용이 낮은 생산물의 생산국가가 무역으로 파생되는 시장의 전체 수요를 공급할 수

있다고 하는 데 비해 후자는 양국 간의 무역은 각 상품의 양국이 각각 자국 내에서 상대적으로 생산성이 높은 생산물을 나누어 생산해 상대적으로 생산성이 높은 상품을 수출하고 생산성이 낮은 물품은 수입함으로써 양국 간의 전체 이익을 최대화한다는 것이다. 이러한 국가 간의 무역은 결국 상품에 대한 자국 상품의 가격과 상대국가 상품의 가격을 비교해 결정되는 가격으로 결정되는 상대수요 곡선과 상대공급 곡선이 만나는 점(P, Q)에서 무역가격과 무역량이 결정된다.

이를 그래프로 나타내면 아래와 같다.

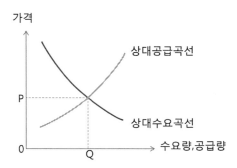

2) 양국의 자동차 산업에서는 A국 자동차의 평균생산비가 B국 자동차의 평균생산비보다 낮지만, B국이 먼저 자동차 생산을 시작했다. 외부 규모의 경제가 존재할 때, 무역을 하면 손실을 보는 국가가 발생하는 경우를 그래프를 이용해 설명하시오. (10점)

풀이

자동차와 같은 고가의 상품은 상품의 질이 다양해 가격에 의해서만 판매량이 결정되는 것이 아니라 수요자의 기호나 판매자의 전통적인 평가 등과도 관련이 있다. 그 때문에 A국 자동차 생산에서 외부 규모의 경제가 존재해 B국 자동차 생산보다 평균비용을 줄여서 생산한다고 하더라도 B국 자동차의 수요를 모두 흡수하지 못한다. 이 경우 A국 자동차의 가격은 B국 자동차의 가격보다 낮기 때문에 A국과 B국이 무역을 하면 B국이 손실을 보게 된다.

이를 그래프로 나타내면,

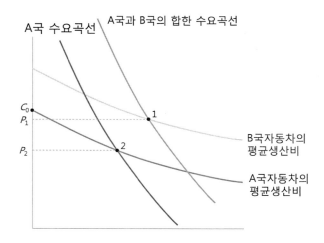

A국 자동차의 평균생산비가 외부 규모의 경제로 인해 A국 내에서 A국 수요 곡선과 만나는 P_2의 낮은 가격에서 형성되고, A국과 B국을 합한 수요 곡선은 B국 자동차의 평균생산비와 만나는 점인 P_1에서 가격이 형성되기 때문에 양국 간의 무역이 이루어지면 B국이 손실을 보게 된다.

제 3 문. 여가(L)와 소비(C)로 구성된 소비자 A의 효용함수는 $U(L, C)=L^{\frac{2}{3}} C^{\frac{1}{3}}$이고, 시간제약식은 $L=24-h$이며, 예산제약식은 $C=Wh+N$이다. 다음 물음에 답하시오. (총 40점)

(단 h는 노동시간, W는 시간당 임금, N은 비노동 소득(non-labor income)이다).

1) 소비자 A의 노동공급 곡선 $h^{*}(W, N)$을 도출하고, 임금과 비노동 소득이 노동공급에 미치는 영향을 설명하시오. (15점)

풀이

콥 더글라스(Cobb Douglas) 효용함수 $U(X, Y)=X^{a}Y^{b}$에서 효용을 극대화할 수 있는 한계효용 대체율(MUS_{xy})은 $\dfrac{a}{b}\dfrac{y}{x}$가 된다. 따라서 $U(L, C)=L^{\frac{2}{3}} C^{\frac{1}{3}}$에서 L과 C의 효용을 극대화할 수 있는 한계효용 대체율(MUS_{LC})은 $2\dfrac{C}{L}$가 된다. 이는 효용을 최대화하려면 L과 $2C$를 상호 대체할 수 있다는 의미이다.

문제에서 A의 노동공급곡선 $h^{*}(W, N)$을 도출하려면 $C=Wh+N$에서 $h=\dfrac{C-N}{W}$, $L=24-h$에서 L대신에 $2C$를 대입해 정리하면 $h^{*}=\dfrac{\left(12-\frac{1}{2}h\right)-N}{W}$가 된다. 여기에서 임금과 비노동 소득이 노동공급에 미치는 효과는 12에서 노동시간의 반을 제외한 부분에서 비노동 소득을 제외한 부분을 임금으로 나눈 것과 같음을 알 수 있다.

2) 소비자 A의 비노동 소득이 없는 경우, 노동공급의 임금 탄력성을 설명하시오. (15점)

풀이

비노동 소득이 없을 경우 위의 식에서 $h=\dfrac{12-\frac{1}{2}h}{W}$가 될 것이므로 노동공급은 12에서 노동시간의 반을 제외한 부분이 임금과 반비례하는 관계가 성립한다.

3) 소비자 A의 비노동 소득 증가가 여가에 미치는 효과의 경제적 의미를 설명하시오. (10점)

풀이

$C = Wh + N$에서 C 대신에 한계효용 대체율 $C = \frac{1}{2}L$을 대입하면 $L = 2(N + wh)$가 된다. 여기에서 비노동 소득 증가는 임금과 마찬가지로 여가를 두 배 증가시킨다는 것을 알 수 있다.

제 4 문. 어떤 국가의 소비함수가 $C = 0.8Y + 10$이고, 이 국가의 완전고용 국민소득은 250,000이다. 다음 물음에 답하시오. (총 20점)

1) 생산물 시장의 균형 조건을 이용해, 현재의 국민소득 수준을 적용할 때의 투자액을 구하시오. (5점)

풀이

현재의 국민소득 수준은 Y=(0.8Y+10)+i(투자)일 것이므로 이를 계산하면 투자는 50,010이 된다.

2) 1)에서 구한 투자액을 적용해, 완전고용 소득하에서 총수요의 크기를 구하시오. (5점)

풀이

총수요가 소비와 투자만으로 구성된다고 하였으므로 완전고용 국민소득하에서 총수요는 소비(210,000×0.8+10=168,010)에 투자(50,010)를 합한 218,020이 된다.

3) 인플레이션 갭(inflation gap)의 의미를 설명하고, 위 국가의 인플레이션 갭의 크기를 구하시오. (10점)

풀이

인플레이션 갭은 완전고용 국민소득보다 균형 국민소득이 높은 경우이다.
이는 완전고용 소득 상태에서 총수요가 총공급보다 많은 상태이므로 인플레이션 갭이 있으면 인플레이션이 발생하기 쉽다. 인플레이션 갭이 해소되려면 생산량이 늘어나거나 가격이 상승하게 되는데 완전고용 상태이므로 생산량이 증대되기는 어려울 것이므로 결국 가격상승을 초래하게 된다.
위에서 완전고용 국민소득이 210,000이고 현재의 국민소득(균형국민소득)이 250,000이므로 40,000의 인플레이션 갭이 발생하였다.

2014년 시험

제 1 문. 순수한 독점 시장에서 기업 1과 기업 2가 직면한 어떤 재화의 시장수요함수는 $P=10-Q$이다. 이 기업들은 동일한 제품을 생산하며, 각 기업의 총비용은 모두 0이다. 여기서 P는 재화의 시장가격이며, Q는 두 기업의 생산량의 합(q_1+q_2)이다. 다음 물음에 답하시오. (총 30점)

1) 기업 1과 기업 2가 동시에 생산량을 결정하는 꾸르노(Cournot) 모형을 고려해 보자. 이때 각 기업이 자신의 이윤을 최대로 하는 생산량(q_1, q_2)을 구하고 시장가격(P)을 도출하시오. 또한 각 기업의 이윤(π_1, π_2)을 구하시오. (10점)

> **풀이**
>
> 꾸르노 모형은 두 기업 간에 각 기업이 상대 기업의 현재 산출량을 그대로 유지할 것으로 추측하고 자신의 이윤을 극대화하는 산출량을 선택한다는 이론이다.
>
> 문제에서 $P=10-Q$, $P=10-(q_1+q_2)$이므로 기업 1의 총수입(π_1)은 $\{10-(q_1+q_2)\}q_1=10q_1-q_1^2+q_1q_2$가 된다.
>
> 여기에서 한계수입은 총수입과 판매량의 미분 값으로 나눈 값이 될 것인바, $\frac{\sigma\pi_1}{\sigma q_1}=10-2q_1-q_2$가 되는데 기업 1이 이윤을 최대화하려면 이 식이 0이 되어야 하므로(미분 일계조건: F.O.C, 즉 2차 함수에서 최대점 또는 최소점이 되는 점은 그 함수를 미분하였을 때 미분 계수(접선의 기울기)가 0이 될 경우이므로 $y=f(x)$를 미분해 $f'(x)dx$가 되었을 때 x가 최적값$(x*)$을 가지려면 $f'(x*)=0$이 될 때이다), 따라서 위의 식을 풀면 결국 $q_1=5-\frac{1}{2}q_2$가 된다. 기업 2는 기업 1의 이러한 판매량을 기정사실로 간주하고 자신의 판매량을 $q_2=5-\frac{1}{2}q_1$으로 정하는 것이 자신에게도 최대의 이익이 된다고 본다. 따라서 $q_1=5-\frac{1}{2}(5-\frac{1}{2}q_1)$이 되어 이를 풀면, 그 값이 $\frac{10}{3}$이 되고 마찬가지로 계산하면 q_2도 이 된다. 가격 $P=10-(q_1+q_2)$이므로 $P=\frac{10}{3}$이 되고 기업 1의 총수입(π_1)은 Pq_1이므로 $\frac{100}{9}$이 되고 기업 2의 총수입(π_2)도 $\frac{100}{9}$이 된다.

2) 두 기업이 담합을 하였다고 가정하자. 이 담합 기업의 총비용 역시 0이다. 이때 담합기업의 최적 총생산량(Q)과 담합가격(P)을 구하시오. 그리고 개별기업의 이윤(π_1, π_2)을 구하시오(단, 담합 상태에서 개별기업의 생산량은 $\frac{Q}{2}$라고 가정한다). (10점)

개별기업의 생산량은 $\frac{Q}{2}$이므로 개별기업의 총수입은 $\frac{Q}{2}(10-Q)=5Q-\frac{Q^2}{2}$이다. $5Q-\frac{Q^2}{2}=$ $-\frac{1}{2}(Q^2-10Q)=-\frac{1}{2}(Q-5)^2+25$이므로 이 식의 값이 가장 클 때의 Q는 5가 된다. 따라서 기업 1과 기업 2가 담합을 할 경우 각 기업은 $\frac{5}{2}$를 생산하며 이때의 기업 이윤은 $P=10-Q=5$가 되어 π_1, π_2는 각각 12.5가 된다.

3) 만약 기업 1이 이 담합으로부터 이탈하고자 한다면, 자신의 이윤을 최대로 하는 기업 1의 생산량(q_1)을 구하시오. 이와 같이 기업 1에 의해 담합이 깨어질 때, 시장가격(P)과 개별기업의 이윤(π_1, π_2)을 구하시오(단, 기업 2는 담합에서 설정된 개별기업의 생산량을 그대로 유지한다고 가정한다). (10점)

기업 2가 담합에서 설정된 생산량을 유지할 때 기업 1의 총이윤(π_1)은 $q_1(10-2.5-q_1)=7.5q_1-q_1^2$이 되고 한계이윤은 $\frac{\sigma\pi_1}{\sigma q_1}=\frac{7.5q_1-q_1^2}{q_1}=7.5-2q_1$이다.

$7.5-2q_1=0$에서 $q_1=\frac{15}{4}$, $q_2=\frac{5}{2}$이므로 $Q=\frac{25}{4}$가 되어 $P=\frac{15}{4}$가 되고, 따라서 $\pi_1=\frac{225}{16}$, $\pi_2=\frac{75}{8}$가 된다.

제 2 문. 세계는 본국과 외국으로 구성되어 있으며, 각 국가는 단일생산요소(노동)만을 보유하고 있고, 재화 A와 B를 생산할 수 있다. 본국의 총노동 공급량은 L로, 재화 A와 B를 생산에 필요한 본국의 단위당 노동 소요량은 a_{LA}와 a_{LB}로 각각 표시한다. 외국의 총노동량은 L^*로, A와 B를 생산에 필요한 외국의 단위당 노동 소요량은 a_{LA}^*와 a_{LB}^*로 표시한다. Q_A^*는 외국의 재화 A 생산량, Q_B^*는 외국의 재화 B 생산량을 나타낸다. 또한 P_A와 P_B는 각각 재화 A와 재화 B의 가격을 나타낸다. 리카르도(Ricardo)의 비교우위론에 근거해 다음 물음에 답하시오.   (총 40점)

1) 본국의 총노동 공급량과 재화 A, B에 대한 단위당 노동소요량은 $L=2,400$, $a_{LA}=6$, $a_{LB}=4$이며, 외국은 $L^*=1,600$, $a_{LA}^*=10$, $a_{LB}^*=2$이다. 본국과 외국의 생산 가능 곡선을 도출하시오. 이때 본국과 외국의 재화 B로 표시된 재화 A의 기회비용을 구하시오(단, X축은 재화 A의 생산량을, Y축은 재화 B의 생산량을 나타낸다). (5점)

풀이

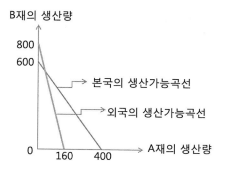

본국과 외국의 생산 가능 곡선은 위와 같다.
본국과 외국의 재화 B로 표시된 재화 A의 기회비용은 본국이 6/4, 즉 1.50이고 외국은 80/16, 즉 50이다.

2) 1)의 결과를 바탕으로 하여 두 국가가 자유무역을 할 때 세계시장의 상대적 공급곡선(RS)을 도출하고, 각 상대가격 구간별 의미를 설명하시오(단, 상대적 공급곡선의 X축은 $\dfrac{Q_A + Q_A^*}{Q_B + Q_B^*}$, Y축은 $\dfrac{P_A}{P_B}$이다). (10점)

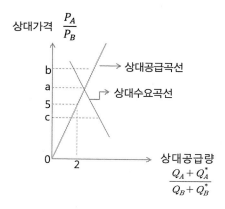

풀이

이 그래프에서 상대적 공급 곡선은 원점을 지나는 기울기 5/2의 직선이며 상대가격 $\dfrac{P_B}{P_A}$가 임의의 상대 수요 곡선과 만나는 점 a에서 이루어질 때 본국의 A재와 외국의 B재 간의 교역의 균형이 이루어진다. 그러나 만약 상대가격이 a점보다 위에 있을 경우에는 A재 공급량이 수요를 초과하는 현상이 일어나고 a점보다 아래에 있을 경우에는 A재 수요량이 공급을 초과하는 현상이 일어난다.

3) 본국의 총노동 공급량(L)이 3,600으로 증가하였다고 가정해 보자. 본국의 총노동 공급량 변화로 인한 상대적 공급곡선을 도출하고 이를 2)의 결과와 비교해 설명하시오. (10점)

풀이

본국의 노동 공급량이 3,600으로 증가하면 재화 A는 600을, 재화 B는 900을 생산할 수 있게 되어 상대적 공급 곡선의 기울기는 300/152로 변해 종전 상대적 공급 곡선의 기울기보다 약간 적어진다. 따라서 상대 수요 곡선과 만나는 점의 상대가격이 약간 낮아지게 되며 공급 곡선의 기울기가 적어짐으로써 상대적 공급의 가격 탄력성이 커진다.

4) 두 국가는 비교우위에 따른 생산과 무역을 하고 있다. 두 국가 간 무역에 운송비가 발생하였다고 가정해 보자. 즉, 한 단위 재화 수출로 벌어들인 금액으로 수입할 수 있는 재화의 양이 $t \times 100\%$만큼 운송비로 사라진다. 이때 두 국가 모두 무역으로 인한 이득을 얻기 위한 세계균형가격($\frac{P_A}{P_B}$)의 범위를 구하시오(단, $0 < t < 1$이다). (15점)

풀이

본국과 외국이 세계균형가격($\frac{P_A}{P_B}$)으로 교역이 이루어지려면 비교우위의 원칙에 따라 재화 A가 본국에서 외국으로 수출되고 재화 B가 외국에서 본국으로 수입되어야 하므로 교역이 가능한 재화 A와 재화 B에 대한 상대가격은 본국의 재화 A의 재화 B에 대한 기회비용보다는 더 커야 하고 외국의 재화 A의 재화 B에 대한 기회비용보다는 작아야 한다.

따라서 위의 예에서는 $1.5 < \frac{P_A}{P_B} < 5$가 된다. 그런데 수출과 수입에 따라 t에 해당하는 운송비가 부담되기 때문에 수출과 수입이 균형을 이루는 가격을 P라 하면 $1.5P(1+t) < P\frac{P_A}{P_B} < 5P(1+t))$가 되어 결국 $1.5(1+t) < \frac{P_A}{P_B} < 5(1+t)$가 된다.

제 3 문. 어떤 기업을 인수하고자 하는 투자자가 있다. 인수대상이 되는 기업은 우량기업(G유형)이거나 비우량기업(B유형)일 수 있다. 이 기업의 현 주주는 전체자본을 보유하고 있고, 또한 이 기업이 G유형인지 B유형인지를 알고 있고 있다. 반면 투자자는 이 기업의 유형을 모르며 다음 표와 같은 가치의 확률분포만을 알고 있다.

기업 유형	G유형	B유형
확률	0.5	0.5
현 주주 가치	40억 원	20억 원
투자자 가치	50억 원	25억 원

현 주주는 투자자가 자신의 평가금액과 동일하거나 초과하는 금액을 제시할 경우 무조건 자신의 지분을 매각하기를 원한다. 다음 물음에 답하시오. (총 30점)

1) 투자자가 40억 원을 지불하고 이 기업의 전체 지분을 인수하였다고 가정해 보자. 이 투자자의 기대이윤 혹은 기대손실을 계산하시오. (5점)

풀이

투자자의 가치는 이 기업이 G유형일 경우는 50억 원이고 B유형일 경우는 25억 원이며 확률은 각각 0.5이다. 그러므로 기업 값의 기대치는 50×0.5+25×0.5=37.50이다. 투자자가 40억 원을 지불하였다면 기대손실은 2.5억 원이 된다.

2) 투자자가 이 기업의 전체 지분에 대한 인수 가격으로 20억 원을 제시할 경우 이 기업이 인수될 확률, 또 기업 인수가 성사되었을 경우 인수한 기업이 G유형일 확률과 B유형일 확률을 각각 계산하시오. (10점)

풀이

투자자가 20억 원을 제시하고 기업이 인수될 경우는 이 기업이 B유형일 경우 100%이고 이 기업이 G유형이라면 100% 거부될 것이므로 확률은 50%이다. 따라서 기업의 인수가 성사되었을 경우 G유형일 확률은 0%이고 B유형일 확률은 100%이다.

3) 투자자는 G유형의 기업과 B유형의 기업을 구분하기 위해 다음과 같은 두 가지 거래를 제시해 현 주주에게 선택하도록 하였다.

> i) 전체 지분의 절반을 15억 원에 인수(이 경우 현 주주가 얻게 되는 가치는 15억 원+0.5×투자자 가치).
> ii) 전체 지분을 28억 원에 인수.

거래 i)하에서 G유형과 B유형의 현 주주가 얻게 되는 가치를 각각 계산하여 거래 ii)하에서의 매도금액과 비교하고, 이를 근거로 현 주주가 어떤 안을 선호하는지 각각의 유형에 대해 분석하시오. 그리고 이에 근거해 투자자가 현 주주에게 거래 조건의 선택권을 부여하는 것이 어떤 역할을 하는지 2)의 문제와 결부해 간략히 설명하시오(단, 투자자는 전체 자본의 절반을 인수함으로서 경영권을 확보할 수 있고, 경영권 프리미엄은 존재하지 않는다고 가정한다). (15점)

풀이

G유형의 현 주주가 얻게 되는 가치는 15억 원+50억 원×0.5(40억 원×0.5+20억 원×0.5)=30억 원이다. B유형의 현 주주가 얻게 되는 가치는 15억 원+25억 원×0.5=27.5억 원이다.

이에 따라 G유형의 현 주주는 투자자가 전체 지분의 절반을 현 주주 가치와 동일한 가치를 인수하려고 하는 것에 만족할 것이고, B유형의 현 주주는 투자자가 현 주주 가치 20억 원을 28억 원에 인수하려고 함으로써 현 주주가 얻게 되는 가치(27.5억 원)에 비해 투자자의 제시 가격(28억 원)이 0.5억 원 더 높음으로 인해 그에 상당하는 이익을 얻을 수 있기 때문에 만족할 것이다.

투자자가 현 주주에게 선택권을 부여하는 가장 큰 이유는 현 주주는 이 기업이 G유형인지 B유형인지를 알고 있는 데 반해 투자자는 모르고 있으므로 현 주주들로 하여금 선택하게 해 이 기업의 불확실성에 대한 위험(리스크)을 감소하려는 데 있다. 또한 투자자가 전체 지분의 절반만을 인수하는 제안은 현 주주의 경영권을 존속시킴으로써 기업 활동의 연속성과 기업이 가지는 대외신용도를 유지하는 것이 유리하다고 판단하기 때문이다.

2013년 시험

제 1 문. 어떤 산업의 시장수요 곡선은 $Q = 100 - P$이며 이 시장에 존재하는 기업의 한계비용은 28이다. 다음 물음에 답하시오(단, Q는 수요량, P는 가격을 나타낸다). (총 30점)

1) 이 시장이 완전 경쟁 시장이라면, 균형거래량은 얼마인가? (5점)

풀이

완전 경쟁 시장에서는 한계비용이 가격이 되는 점까지 생산할 것이므로 $Q = 100 - 28$, 즉 72가 된다.

2) 이 시장이 독점 시장이라면, 균형거래량은 얼마인가? (5점)

풀이

독점 시장에서는 P, Q의 값이 가장 큰 점에서 Q가 결정될 것이다. 위 식에서는 $P = (100 - Q)$이므로 $Q(100 - Q) = -Q^2 + 100Q = -(Q - 50)^2 + 2,500$이다. 이 식이 최대치가 되려면 Q가 50이 된다. 따라서 이 시장이 독점 시장이라면 균형거래량은 50이 된다.

3) 이 시장이 2개의 기업으로 이루어진 꾸르노(Cournot) 방식의 경쟁을 하는 시장이라면, 균형거래량은 얼마인가? (10점)

풀이

꾸르노 모델에서는 두 개의 경쟁 기업 간의 균형점은 두 개의 기업의 반응곡선이 교차하는 점이다. 문제에서 두 기업을 기업 1, 기업 2라 하고 각각의 생산량을 q_1, q_2라고 한다면 기업 1의 총수입(TR_1)은 $Pq_1 = \{100 - (q_1 + q_2)q_1\} - 28q_1$이 된다. 이 식을 정리하면 $72q_1 - q_1q_2 - q_1^2$가 된다.

이 식에서 한계수입함수를 구하면 TR_1을 q_1에 대해 미분한 값 $\dfrac{\sigma TR}{\sigma q_1} = \dfrac{\sigma(72q_1 - q_1^2 - q_1q_2)}{\sigma(q_1)} = 72 - q_2 - 2q_1$이다.

기업 1이 최대수익을 얻는 점은 이 함수의 값이 0인 점이 최적점이 되므로(미분 일계조건, FOC) $q_1 = 36 - \dfrac{1}{2}q_2$가 된다. 마찬가지로 계산하면 $q_2 = 36 - \dfrac{1}{2}q_1$이다. 이 두 식을 서로 대입하면 $q_1 = 36 - \dfrac{1}{2}(36 - q_1)$이 되어 $\dfrac{3}{4}q_1 = 18$이 되어 $q_1 = 24$가 되고 마찬가지로 계산하면 q_1, q_2는 각각 24가 된다. 따라서 문제의 균형점은 24이다.

4) 이 시장이 2개의 기업으로 이루어진 스타켈버그(Stachelberg) 방식의 경쟁을 하는 시장이라면, 균형거래량은 얼마인가? (10점)

풀이

스타켈버그 방식의 경쟁은 꾸르노 방식의 경쟁과 달리 기업 간에 동시적인 반응 곡선을 상정하는 것이 아니다. 어느 한 기업이 다른 기업의 반응을 고려해 선도적으로 시장에 참여하고 다른 기업은 먼저 참여한 기업의 잔여분에 대해 최대의 이익을 가지도록 생산하게 된다.

본 문제에서 선도적 기업을 기업 1이라고 하고 추종하는 기업을 기업 2라고 하며 그 각각의 생산량을 q_1, q_2라고 한다면 q_1은 꾸르노 모델에서 나타난 바와 같이 $q_1 = 36 - \frac{1}{2} q_2$가 된다. 가격 $P = 100 - (q_1 + q_2)$에서 $q_1 = 36 - \frac{1}{2} q_2$를 대입하면 $64 - \frac{1}{2} q_1$이 되는데 기업 1이 최대의 수익을 얻기 위한 한계비용과 한계수입을 모두 이 가격과 같은 점에서 생산한다. 문제에서 한계비용이 28이므로 결국 $q_1 = 36$이 된다. $q_2 = 36 - \frac{1}{2} q_1$이므로 $q_2 = 18$이 된다.

따라서 스타켈버그 모형에서 균형 거래량은 선도적 기업의 생산량은 36이고 추종 기업의 생산량은 18이 된다.

제 2 문. 인구 규모가 정체되었지만, 기술 수준은 매년 4%씩 높아지는 경제가 있다고 가정해 보자. 이 경제에서 연간 저축률과 감가상각률은 각각 40%와 6%로 일정하며, 생산함수는 다음과 같이 주어져 있다.

$$Y = F(K, \; AL) = K^{1/3} (AL)^{2/3}$$

(단, Y는 산출, K는 자본투입, L은 노동 투입, A는 노동의 효율성 지표를 나타낸다.)

이 경제의 균제 상태(steady state)에서 효율적 노동자 1인당 자본, 효율적 노동자 1인당 산출, 효율적 노동자 1인당 소비수준을 각각 구하시오. (30점)

풀이

문제에서 $Y = F(K, AL)$은 기술이 노동생산성 증가에 기여한다는 뜻이다.

노동자 1인당 자본은 $\frac{K}{AL}$, 노동자 1인당 산출은 $\frac{Y}{AL}$, 노동자 1인당 소비는 $\frac{C}{AL}$를 각각 표시하므로 문제에서 $\frac{K}{AL} = k$, $\frac{Y}{AL} = y$, $\frac{C}{AL} = c$ 라고 하고 기술 수준의 증가율을 g, 연간 저축률을 s, 연간투자율을 i, 감

가상각률을 δ라고 한다면, $\Delta k = i - (\delta+g)k$에서 Δk가 0이므로 $0 = 0.4 - (0.4+0.06)k$에서 $k = \frac{20}{23}$이 된다. 또한, $k = sy - (\delta+g)k$에서 $0.4y = 0.46(\frac{20}{23})$에서 $y = 1$이 된다. $c = (1-s)y$이므로 $c = 0.6$이 된다.

제 3 문. 최근 IMF가 발행한 보고서에서는 세계 경제에서 가장 우선적으로 해결해야 할 과제가 유로 지역의 경제 위기라고 언급하였다. 유로 지역의 경제 위기의 원인에 대한 견해는 분분하다. 다수의 경제학자는 유로화를 채택한 것이 'PIGS(포르투갈, 이탈리아, 그리스, 스페인)' 국가 경제 위기의 가장 큰 원인이라고 주장한다. 다음 물음에 답하시오.

(총 40점)

1) 개방경제에서 통화 정책의 효과에 근거해 이러한 주장의 타당성 여부에 관해 설명하시오. (10점)

풀이

유로 지역의 경제 위기가 유로화를 채택해 PIGS 국가의 경제 위기를 초래한 것이 가장 큰 원인이었다고 하는 주장의 타당성을 통화 정책의 효과에 근거해 살펴보면 아래와 같은 점에서 그 주장의 타당성을 찾을 수 있다.

가. 유럽연합 국가 중에서도 유로화를 공동 통화로 채택한 국가 중에서 독일과 같이 경제적으로 부유한 국가나 PIGS 국가와 같이 경제적으로 열악한 국가 사이에 단일통화를 채택한 것은 다음과 같은 결과를 낳는다. 경제적으로 부유한 국가는 그 나라가 원래 가지고 있던 통화가치보다 더 낮은 가치의 화폐를 사용함으로써 수출에 유리한 반면, 경제적으로 열악한 PIGS 국가들은 그 전의 자국 통화보다 높은 가치의 통화를 사용해 수출에 불리한 입장에 놓이게 되었다. 또한 PIGS 국가들은 단일통화를 사용하게 됨으로써 원래 자국 통화를 사용하였을 때보다 신용이 고평가되고 금리가 낮아져 은행으로부터의 대출이 용이해짐으로써 자산 가치에 버블이 생겨 자산의 부실화를 초래하게 되었으며 국가재정에 악영향을 미쳤다.

나. 2008년 세계 금융위기를 겪게 되었을 때 대외무역에서 적자인 PIGS 국가들은 금리를 내리고 환율을 올려 자국 상품의 국제경쟁력을 높여 수출을 진작시켜야 했다. 그러나 유로화를 채택한 국가들은 단일금리를 시행해야 하기 때문에 이러한 통화 정책을 시행할 수 없게 되었다.

다. 유로 지역 성립 전에는 개별국가의 재정 악화를 통화 정책으로 조절하고 이러한 정책이 실패하더라도 그 국가의 책임으로 한정할 수 있었으나 유로존 성립 후에는 역내 국가의 통화 정책을 통한 조절 기능이 약화됨으로써 국가 채무가 증대하게 된 것이 유로존 역내 전체의 신용 저하로 평가되어 역내 전체 국가의 부담이 되었다.

2) 개방경제에서 재정 정책의 효과에 근거해 이러한 주장의 타당성 여부에 관해 설명하시오. (10점)

개방경제에서 특정 국가가 재정위기에 빠지면 이를 극복하기 위해 채권을 발행해 다른 나라로 하여금 이 채권을 인수하도록 하든가 국내적으로 세율을 인상하고 사회복지비용이나 사회기반 시설확충예산 등을 감축해 국가재정의 건전화를 기하는 것이 일반적이다. 그러나 유로존에서 공동화폐를 사용하게 됨으로써 자본과 인력의 역내 이동이 자유롭게 됨에 따라 PIGS 국가들의 자본과 인력이 경제적으로 부유한 국가들에게 이전되는 경향이 나타나 이들 국가의 재정 정책이 실효성을 가져오기 어려워졌다.

3) 2010년 5월, 27개 EU 회원국들은 유로 지역 경제 위기로 타격을 많이 받은 PIGS 국가 중 일부 국가를 구제하기 위한 수단으로 유럽재정 안정기금(European Financial Stability Facility, EFSF)을 만들기로 합의하였다. 개방경제에서 재정 정책의 효과에 근거해 EFSF의 지원금이 구제대상국의 경제에 미치는 영향에 관해 설명하시오. (20점)

재정 정책은 정부 지출이나 세금을 조정해 국민경제의 안정을 도모하는 정책이다. 정부 지출을 늘리거나 세금을 줄이면 정부 소득은 줄어들고 국민들의 경제생활에 여유를 주는 것이므로 확대재정 정책이 되고 정부 지출을 줄이거나 세금을 늘리면 국민들의 경제생활이 그만큼 위축된다.

유럽재정 안정기금으로 PIGS 국가들을 지원할 때, 이 안정기금은 무상공여(grant)가 아니라 차관이며 이를 받는 정부의 부담이 되어 나중에 원금과 이자를 합해 정부가 상환해야 한다. 따라서 안정기금을 지원할 경우에는 자금을 지원받는 PIGS 국가들이 나중에 상환할 수 있는 여력을 가질 수 있는 조건을 충족시킬 수 있도록 국내 긴축 정책을 실시해 재정안정을 기하는 자구책을 병행할 것을 요구하게 된다.

PIGS 국가들이 이러한 안정기금의 수여에 따르는 조건을 받아들인다면 그 국가들의 국민들은 경제적 내핍생활을 견뎌내야 한다.

2. 출제 경향 분석과 준비 방안

경제학은 미시경제학, 거시경제학, 국제경제학뿐만 아니라 국제무역에서도 출제된 사례가 있어서 광범위한 분야에서의 지식이 요구된다. 이 중에서도 특히 미시경제학을 집중적으로 공부해 경제학의 기초를 단단하게 해야 한다. 경제학 문제를 푸는 데 있어서 수학이 활용될 경우도 자주 있으므로 수학, 특히 미분에 관한 기초 지식도 필요하다. 학제통합논술에서도 자주 경제학을 응용해야 하는 문제가 출제되고 있으므로 경제학을 철저히 공부하는 것이 좋은 점수를 얻는 데 있어 매우 유리하다. 경제학을 준비하는 데는 우선 기본 개념을 명백히 이해하고 인터넷상의 국내외 유명 강의 동영상을 통해 각종 경제 이론을 심층적으로 이해하는 것이 효율적인 공부방법이다.

학제통합논술

1. 기출문제 풀이

2018년 시험

학제통합논술 Ⅰ

※ 다음 제시문을 읽고 물음에 답하시오.

〈제시문 1〉

(1) 유럽 통합의 출범에서는 안보적 동기가 작동하였다. 여러 분야 가운데 가장 위험 회피적인 안보 분야에서의 통합은 위협을 최소화하기 위한 목적으로 그 필요성이 인정되지만, 안전 보장이 불확실할 경우에는 잘 추진되지 않는다. 1950년대에는 유럽방위 공동체(European Defence Community, EDC)의 설립이 제안되었으나 실패하였다.
1992년 마스트리흐트 조약에서는 유럽 군비청(European armaments agency)의 창설을 논의하기로 하였다. 이에 영국은 미국을 제외한 유럽국가들만의 군비 관련 공급독점 체제가 방위예산 지출의 비효율성을 가져온다는 이유로 유럽 군비청 창설에 반대하였다.

(2) Petersberg Declaration(19 June 1992)

Ⅱ. On Strenthening WEU's Operational Role

3. Decisions to use military units answerable to Western European Union(WEU) will be taken by the WEU Council in accordance with the provisions of the UN Charter. Participation in specific operations will remain a soverign decision of member States in accordance with national constitutions.

4. Apart from contributing to the common defence···, military units of WEU member States, acting under the authority of WEU, could be employed for:

- humanitarian and rescue tasks;
- peacekeeping tasks;
- tasks of combating forces in crisis management, including peacemaking.

(3) 2004년 6월 브뤼셀 EU 정상회의에서 유럽안보방위 정책(European Security and Defence Policy, ESDP) 지원의 일환으로 유럽 방위청(European Defence Agency)을 창설하기로 합의되었다. 유럽 방위청은 브뤼셀에 두되 EU 고위대표, 회원국 국방부 장관, 집행위원회 대표로 운영 위원회를 구성하며, 가중다수결로 의사결정을 하기로 하였다.

유럽 방위청의 역할은 방위비 지출의 효율성 증대와 방위력 강화를 위한 조정 역할을 수행하는 것이었다. 독자적인 예산을 가지고 무기 구매나 연구개발을 직접 시행하는 것은 아니었다. 프랑스는 유럽 방위청이 미국 주도의 NATO에 의존하지 않고, 유럽 내 거대 군산복합체를 창설해야 한다고 주장하였다. 반면 영국은 유럽 방위청이 NATO와 긴밀하게 협력하고, EU 회원국에게 EU에서 생산된 무기를 구매하도록 강요해서는 안 된다는 입장이었다.

〈제시문 2〉

(1) 19세기의 경제학자인 존 스튜어트 밀(John Stuart Mill)은 모든 나라가 고유의 통화를 보유해야 한다는 주장에 대해 지극히 원시적인 발상이라고 생각하였다.

그러나 대부분의 국가가 오래전부터 자국만의 통화를 당연히 보유해야 한다고 여겼으며, 그 결과 통화동맹(currency union)은 현실적으로 찾아보기 어려웠다.

경제학자들도 이런 현실적 상황을 수용할 수밖에 없었으며, 공동 통화가 더 편리하고 효율성 이익(efficiency gain)을 가져다주지만, 이에 따른 안정화 손실(stability loss)도 있음을 인정하였다. 개별 국가의 통화가 지속되는 이유는 공동 통화의 비용이 이익을 초과하기 때문일 것이다.

각 나라가 통화동맹의 결성과정에서 자국의 이익에 가장 부합하는 결정, 즉 최적의 결정을 내릴 수 있다면, 이런 원칙에 따라 조직되는 통화동맹을 최적 통화 지역(Optimum Currency Area, OCA)이라고 할 수 있다.

(2) Agreed in Maastricht by the EU Member States in 1991 as part of the preparations

for introduction of the euro, the convergence criteria are formally defined as a set of macroeconomic indicators which measure:
- Price stability, to show inflation is controlled;
- Soundness and sustainability of public finances, through limits on government borrowing and national debt to avoid excessive deficit;
- Exchange-rate stability, through participation in the Exchange Rate Mechanism(ERMⅡ) for at least two years without strong deviations from the ERMⅡ central rate;
- Long-term interest rates, to assess the durability of the convergence achieved by fulfilling the other criteria.

⑶ 다음 <그림>은 각각의 공동 통화를 사용하고 있는 A지역과 B지역의 주요 경제지표를 나타낸 것이다.

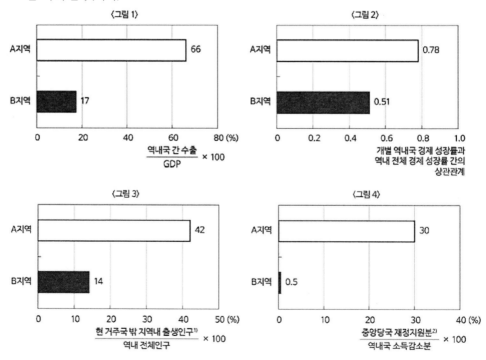

※ 1) 예를 들어, A지역 내 X국가에서 출생하였으나, 현재 A지역 내 타국에 거주하는 인구
2) 예를 들어, A지역 내 X국가의 소득 감소에 따른 A지역 중앙당국의 재정지원분

〈제시문 3〉

(1) 2001년 EU 이사회는 UN 안전 보장 이사회 결의 제1333호를 이행하기 위해 '빈 라덴' 및 '제재위원회가 특정한 대상'에 관계된 개인 및 단체의 자산을 동결하는 EU 이사회 규칙(EU council regulation)을 제정하였다. EU 조약(Treaty of European Union, TEU)에 의해 제정된 EU 이사회 규칙은 TEU의 하위법으로써 회원국 내에서 직접 적용되고 회원국의 국내법보다 우선 적용되는 EU 법 체제를 구성하는 법원(法源) 중 하나이다.

EU 이사회 규칙으로 인해 제재대상자로 지정된 카디(Yassin Abdullah Kadi)의 인권이 침해되었다. 이후 카디는 해당 규칙이 EU 법 체제에 반한다는 결정을 청구하는 소송을 유럽 1심 재판소(CFI)에 제기하였다. CFI는 UN 안전보장이사회 결의의 EU 법 체제에 대한 우위성을 근거로 안전 보장 이사회 결의의 EU에 대한 구속력을 인정하였다. 그러나 상급법원인 유럽공동체 사법 재판소(CJEU)는 EU와 EU 회원국의 국제의무는 공동체 법질서의 일부인 EU법의 일반원칙에 부합되어야 하기 때문에 비록 UN 안전보장이사회 결의에 기초한다고 할지라도 TEU에 반하는 EU 이사회 규칙은 효력이 없다고 판시하였다.

※ CFI와 CJEU는 카디의 인권 침해 사실에 대해서는 이견이 없었다.

(2) EU 조약(TEU) 제6조 제3항

"유럽 인권 협약에 의해 보장되고 회원국들에게 공통되는 헌법 전통으로부터 유래하는 기본권들은 EU법의 일반원칙(general principles of Union's law)을 구성한다."

(3) 유엔헌장

제1조 제3항

"…인종, 성별, 언어 또는 종교에 따른 차별 없이 모든 사람의 인권 및 기본적 자유에 대한 존중을 촉진하고 장려함에 있어 국제적 협력을 달성한다."

제25조

"UN 회원국은 안전보장이사회의 결정을 헌장에 따라 수락하고 이행할 것을 동의한다."

제103조

"이 헌장하의 UN 회원국의 의무와 다른 어떤 국제협정하의 그들의 의무 사이의 충돌이 있는 경우, 이 헌장하의 그들의 의무가 우선한다."

제 1 문. 〈제시문 1〉은 EU의 안보 통합 노력을 보여주고 있다. 안보 분야에서 나타난 이러한 변화가 국가 주권을 제한한다는 주장에 대해 여러 지역의 사례를 들어 논하시오. (25점)

풀이

유럽안보협력기구(Organization for Security and Co-operation in Europe, OSCE)는 안보 협력을 위해 유럽과 중앙아시아, 북아메리카 등의 57개 국가가 가입한 세계에서 가장 큰 정부 간 협력 기구이다. 이 기구의 최고 의결 기관은 부정기적으로 중요한 사안의 의결을 위해 개최되는 회원국 정상 회담이고 상시적인 의사 결정은 매년 말 정기적으로 개최되는 장관급 회담에서 이루어진다. 이러한 의결기관의 모든 의사결정은 합의제(consensus)에 의해 이루어지며 그러한 의사결정은 정치적 구속력을 가질 뿐 법적 구속력은 인정하지 않고 있다. 이는 각 회원국의 주권을 제한하는 것을 받아들이지 않기 때문이다.

동남아시아 국가연합(The Association of Southeast Asian Nations, ASEAN)은 동남아 10개국이 회원국인 연합이다. 이 기구는 동남아 국가들의 평화와 우의와 단합을 위한 결속을 목표로 하고 매년 회원국들의 정상회담을 통해 중요 사항을 협력과 합의에 의해 결정한다. 상호간 분쟁이 있는 문제는 의제에서 제외하고 각 국가가 자발적으로 실행할 수 있는 사항만 권고하는 역할을 하도록 하였는데 이는 국가 주권을 존중하려는 의도이다.

아세안 지역포럼(ASEAN Regional Forum, ARF)은 1993년 발족한 아세안 국가들과 아세안의 대화 상대국들 간의 정치안보문제에 관한 협력을 강화하고 지역의 신뢰 증진과 예방외교를 위한 협의체인데 동 포럼은 중요사안에 관해 토의를 하나 실행을 위한 결정은 하지 않는다.

제 2 문. 〈제시문 2〉를 참고해 최적 통화 지역 형성에 따른 효율성 이익을 확대하고 안정화 손실을 줄일 수 있는 조건과 유럽의 통화동맹 수립으로 인해 유로존(eurozone) 회원국에게 발생할 수 있는 경제적 비용을 설명하시오. (25점)

최적 통화 지역(Optimum Currency Area: OCA, Optimal Currency Region: OCR)은 경제적 이익을 최대한으로 공유하기 위해 단일통화를 실시하는 지역을 말한다. 최적 통화 지역 이론은 1960년대 먼델(Mundell)과 매키넌(MacKinnon)이 특정 조건을 공통으로 가지고 있는 지역의 경우 개별국가마다 독립적인 통화제도를 유지하는 것이 효율적인 경제 운용방법이 아닐 수 있으며 이러한 지역에서 공통으로 사용할 수 있는 통화를 창출하는 것이 유익하다고 주장하면서 체계화하였다. 그의 이론이 유럽통화연합(EMU)으로 발전하는 이론적 기초가 되었다.

먼델 교수가 제시하는 최적 통화 지역 형성에 따른 효율성 이익을 확대하고 안정화 손실을 줄일 수 있는 조건은 다음과 같다.

1) 지역 내에서 노동력이 자유롭게 이동할 수 있을 것.
2) 지역 내에서 자본의 이동이 자유롭고 물가와 임금이 수요공급에 따라 변하는 유연성(flexibility)이 있을 것.
3) 통화안정에 대한 위험을 공유하는 제도(currency risk-sharing system)를 가질 것.
4) 지역 내 국가가 유사한 경기변동 주기(similar business cycle)를 가질 것.

유럽의 통화동맹 수립으로 인해 유로존(eurozone) 회원국에게 발생할 수 있는 경제적 비용은 통화동맹의 회원국들이 자유로운 통화 정책을 수립할 수 없게 되었다는 점이다. 개별국가가 국제수지의 악화나 재정 정책의 실패로 인해 통화안정의 위기가 발생하였을 경우 통화동맹이 없이 개별국가가 자국의 통화제도를 유지하고 있다면 이 국가는 개별적인 통화 정책을 채택해 자국 통화가치를 하락시키고 환율을 높여 수출을 증대해 국제수지를 개선할 가능성이 있으나 통화동맹의 회원국으로서는 이러한 개별 정책을 택할 수 없게 된다.

또한 통화동맹의 회원국 중 어느 나라가 경제적 위기를 당하였을 경우 그 영향이 통화동맹의 전 회원국에게 나타난다. 그 때문에 동맹 내의 다른 나라들은 경제 위기를 당한 국가의 실업자가 자국으로 이동해 자국의 고용상황을 악화시킬 수 있고 동맹 차원에서 통화안정기금 마련 등으로 위기발생국을 지원해야 할 부담을 가지게 되며 그러한 지원 방법과 관련해 동맹국 내에서 갈등이 야기될 수 있다.

이러한 상황은 2011년 그리스의 외환위기 발생 시 나타났다.

제 3 문. 〈제시문 3〉을 참고해 EU 회원국의 UN 안전 보장 이사회 결의상 의무와 EU 법 체제상 의무가 충돌하는 경우, 어떤 의무가 우선 적용되는지 UN 법 체제의 관점과 EU 법 체제의 관점에서 각각 기술하시오. 그리고 UN 법 체제에 따른 의무를 우선 적용해 인권 침해 등의 문제가 발생하는 경우, 문제해결을 위해 해당 EU 회원국이 취할 수 있는 접근 방법들을 설명하시오.

(25점)

EU 회원국의 UN 안전보장이사회 결의상 의무와 EU 법 체제상 의무가 충돌하는 경우, 어떤 의무가 우선 적용되는지에 관해 UN 법 체제의 관점에서 아래와 같은 이유로 안전보장이사회 결의가 우선적으로 적용되어야 한다고 주장할 수 있다.

1. 유엔헌장은 유엔회원국이 준수해야 할 규범이다. 유엔헌장 제103조는 헌장하의 유엔 의무가 EU 법 제상의 의무에 우선한다는 것을 나타내는 법체계의 위계질서(hierarchy)를 규정한 것이다.
2. 유엔헌장 제25조와 제48조는 회원국이 유엔 안전보장이사회의 결의를 존중하고 이를 이행해야 할 의무를 규정하고 있는데 이러한 규정은 유엔 회원국에 직접 적용되는 조항이다.

그러나 EU 법 체제의 관점에서는 아래와 같은 이유를 들어 안전보장이사회 결의가 항상 그리고 반드시 EU 법 체제에 우선해 적용되는 것은 아니라고 주장할 수 있다.

1. 2007년 10월 리스본에서 유럽연합 27개국 정상들이 비준하고 2009년부터 발효한 리스본 조약으로 유럽연합은 국가와 같은 법인격을 가지게 되어 유럽연합(EU) 자체가 국가와 같은 주권을 가진다.
2. 현 국제 정치의 현실에서 유엔은 세계정부의 역할을 하는 것이 아니다. 또한, 국가가 유엔이 국가 주권을 완전히 제한하는 역할을 하는 것이 아니며 국가가 유엔의 결의를 수용하지 않는 한 유엔이 국가 주권을 무시하고 국가가 유엔 결의를 수용하도록 할 집행권을 행사할 수 없다. 또한 유엔 안보리 결의는 정치적 성격을 가지고 있으며 이를 이행하지 않는 국가에 대해 정치적 책임 이상의 법적 책임을 부담시킬 수 없다.
3. 유럽연합은 인권 침해를 방지하는 것을 유럽연합 법 체제의 일반원칙으로 강행 규범(peremptory norm, jus cogens)의 성격을 가지므로 유엔 안보리 결의가 인권 침해를 방지하는 데 도움을 주지 못하였을 경우, 이는 강행 규범 위반이 되어 「조약법에 관한 비엔나 협약」 제53조에 비추어 유엔 결의를 준수할 의무가 없게 되고 유럽법 체제가 우선하게 된다.

UN 법 체제에 따른 의무를 우선 적용해 인권 침해 등의 문제가 발생하는 경우, 문제 해결을 위해 해당 EU 회원국이 취할 수 있는 접근 방법은 다음과 같다.

1. UN 법 체제 시행으로 인권문제가 발생할 경우 독일의 동 시행이 EU 회원국의 일반법 체제와 상응하지 않고 인권문제가 유럽연합의 일반원칙임을 천명하고 동 결의안 시행을 유보한다고 선언한다.
2. UN 법 체제에 따른 의무를 적용해 인권문제가 발생할 경우, 1970년 7월 안보리가 남아공의 유엔 안보리 결의 불이행이 타당한가에 대해 ICJ의 권고적 의견을 요청해 1971년 6월에 ICJ가 권고적 의견을 결의한 선례에 따라 EU 회원국은 개별적으로 또는 집단적으로 ICJ에 유엔 안보리 결의가 인권 침해가 되는지에 관한 권고적 의견을 제출해 줄 것을 요청한다.

제 4 문. 〈제시문 1〉, 〈제시문 2〉, 〈제시문 3〉을 참고해 유럽지역 통합의 공고화를 위해 공동의 안보 정책, 통화동맹, 사법 재판제도가 운영됨으로써 EU 회원국 또는 EU 회원국 국민이 얻을 수 있는 이득을 설명하시오.   (25점)

풀이

유럽지역 통합으로 인해 EU 회원국 또는 EU 회원국 국민이 얻을 수 있는 이득은 다음과 같다.

1. 공동의 안보 정책으로 얻는 이득

유럽지역의 통합으로 공동의 안보 정책을 택함으로써 국가별로 안보위기에 대비한 군비 증강의 필요성이 없어지게 되고 인근 국가와의 안보 갈등 요소를 유럽지역 통합 차원에서 해결함으로써 지역 전체의 평화 체제를 유지하는 데 유리하다. 또한 지역 전체의 안보 위해 요소에 대해 공동의 안보 정책을 통해 안보 능력을 강화하고 지역 안보를 해할 수 있는 적대 관계있는 국가가 지역 전체를 상대로 해야 하기 때문에 지역 안보를 해칠 가능성이 줄어든다.

2. 통화동맹으로 얻는 이익

통화동맹으로 인해 지역 전체의 국민들이 상호간 무역, 투자, 여행 등에서 환전하는 불편을 제거하고 신속하게 처리할 수 있는 이득이 있으며 지역 내 국민들이 더 많은 자유를 가지고 더 많은 발전의 기회를 얻을 수 있는 이득이 있다.

3. 공동의 사법 재판제도를 통해 얻는 이익

유럽 통합지역의 법률제도는 영국이 EU로부터 탈퇴하게 되면 성문법을 기초로 하는 시민법(codified civil law systems) 제도를 공통으로 가진다. 공통의 법 제도를 가지면서 유럽재판소(European Court of Justice)가 지역 전체에 대한 재판관할권을 가지게 됨으로써 신속한 사법처리를 할 수 있으며 공통의 재판 기준을 적용함으로써 재판에 대한 신뢰도를 높이고 법 제도를 효과적으로 발전시킬 수 있다는 이득이 있다.

※ 다음 제시문을 읽고 물음에 답하시오.

〈제시문 1〉

원조에는 인도주의적 요구와 지구공동체적 관점이 중요한 명분과 현실로 작용하고 있다. 이뿐만 아니라 원조를 제공받는 수혜국 관료들의 생계처럼 원조를 공여하는 사람들의 생계도 원조에 달려 있다. 해외원조 단체의 원조 성공 여부는 대체로 원조 포트폴리오 규모에 의해 평가된다. 해외원조 단체의 내부적인 동기로 인해, 부패한 국가에도 원조를 공여하는 현상이 지속된다. 또한 다음 〈그림〉과 같이 원조 공여국 차원의 동기도 존재한다.

〈그림〉 UN 안전 보장 이사국 선출에 따른 해외원조 수혜 증대

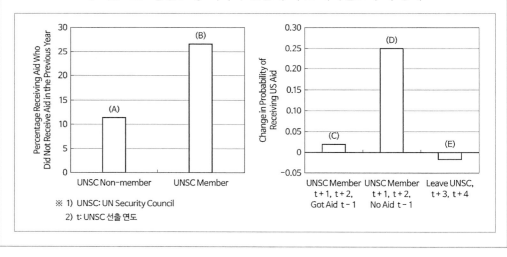

※ 1) UNSC: UN Security Council
2) t: UNSC 선출 연도

<제시문 2>

(1) 사회권 규약 제2조

1. Each State Party to the present Covenant undertakes to take steps, individually and through international assistance and co-operation, … with a view to achieving progressively the full realization of the rights recognized in the present Covenant by all appropriate means, …

(2) 개발권 선언 제3조

1. States have the primary responsibility for the creation of national and international conditions favorable to the realization of the right to development; …

3. States have the duty to co-operate with each other in ensuring development and eliminating obstacles to development. …

(3) 마스트리흐트 원칙, 원칙 9

A State has obligation to respect, protect and fulfill economic, social and cultural rights in any of the following: … b) situations over which State acts or omissions bring about foreseeable effects on the enjoyment of economic, social and cultural rights, whether within or outside its territory; …

※ 1) 사회권 규약: international Covenant on Economic, Social and Cultural Rights. (1966)

2) 개발권 선언: Declaration on the Right to Development, UNGA Res. 41/128 (1986)

3) 마스트리흐트 원칙: Maastricht Principles on Extraterritorial Obligations of States in the Area of Economic, Social and Cultural Rights. (2011)

〈제시문 3〉

천연자원을 보유한 국가가 그렇지 못한 국가에 비해 부유하게 되는 것은 당연하게 보인다. 그러나 자원의 부존량과 소득 간의 관계는 생각보다 훨씬 복잡하다. 천연자원을 풍부하게 보유한 많은 국가의 소득수준을 볼 때, 장기적으로 천연자원의 존재는 경제성장을 저해할 수도 있다. 1960년대 네덜란드 해안의 천연가스 개발이 네덜란드 제조업의 위축으로 이어졌다는 점에서 천연자원의 존재가 자국의 제조업에 해가 될 수 있는 현상을 '네덜란드병(Dutch disease)'이라고 부르고 있다. 이와 유사하게 해외무상 원조는 갚을 필요가 없다는 점에서 천연자원의 수출에서 획득하는 재원과 동일한 성격을 갖는다고 할 수 있다.

〈제시문 4〉

비민주적 정부는 새로운 가치의 창출 없이 해외원조금을 사용하는 것이 가능하다. 또한 해외원조는 혁명 후의 정부가 그 이전의 정부보다 더 독재적일 가능성을 높인다.

다음 〈표〉를 보면, 인권 개선은 민주주의 수준을 향상시킨다. 그러나 빈곤의 완화가 민주주의 수준을 향상시킨다는 주장은 통계적으로 유의하지 않다. 또 빈곤의 완화는 인권 상황을 개선하지 않는다. 특히 기존 연구에 따르면 비민주적 사회는 부유할수록 인권 상황이 오히려 악화되는 경향을 보인다. 이와 달리 인권증진은 빈곤의 후속적 완화를 가져다준다.

〈표〉 민주주의와 인권 그리고 빈곤

(t: 기준연도)

구분	T-4에서 t까지 민주주의 수준의 변화	T-4에서 t까지 인권의 변화	T-4에서 t까지 1인당 국민소득의 변화
t-4에서 t-1까지 인권의 변화	긍정적 (+)	긍정적 (+)	긍정적 (+)
t-5에서 t-1까지 1인당 국민소득의 변화	긍정적 (+)*	부정적 (-)	긍정적 (+)

* 통계적으로 유의하지 않음(단, 나머지 부호는 통계적으로 유의함)

<제시문 5>

빈곤국 X국의 수혜원조 집행 담당자가 업무상 이해관계가 있는 Y기업으로부터 청탁의 대가로 뇌물을 제안받았을 때, 합리적 행위자인 해당 담당자의 사익(私益)을 극대화할 수 있는 결정에 영향을 미칠 수 있는 변수는 다음과 같다.

해당 담당자의 뇌물에 대한 이윤함수(π)는 받은 뇌물의 금액(B), 뇌물을 받은 행위가 발각되었을 때 감수해야 하는 법적 처벌을 환산한 금액(C), 뇌물을 받음으로 인한 개인적 양심의 가책을 환산한 금액(E)으로 구성되어 있다고 가정하자. 구체적인 이윤 함수는 다음과 같다.

$$\pi(B) = B - C(B) - E(B), \quad C'(B) > 0, \quad E'(B) > 0$$

여기서, $C(B) = \alpha B + \beta$, $\quad E(B) = \gamma B + \delta$ 이다. (단, $\alpha, \beta, \gamma, \delta$는 상수)

<제시문 6>

UN 반부패 협약

제13조

1. Each State Party shall take appropriate measures … to promote the active participation of individuals and groups outside the public sector, such as civil society, non-governmental organizations and community-based organizations, in the prevention of and the fight against corruption …

   The participation should be strengthened by such measures as:

   (a) Enhancing the transparency of and promoting the contribution of the public to decision-making processes;

   (b) Ensuring that the public has effective access to information;

   (c) Undertaking public information activities that contribute to non-tolerance of corruption, as well as public education programmes, including school and university curricula; …

제30조

1. Each State Party shall make the commission of an offence established in accordance with this Convention liable to sanctions that take into account the gravity of that offence. …

제 1 문. 해외원조의 동기 및 근거에 관한 〈제시문 1〉과 〈제시문 2〉를 참고하여 다음 물음에 답하시오.　　　　　　　　　　　　　　　　　　　　　　　　　　　　(총 35점)

1) 해외원조의 동기를 국가 수준과 비국가 수준으로 구분해 기술하시오. (15점)

풀이

가. 국가 수준의 해외원조

1) 국가 외교목표 달성에 기여
　국가가 해외원조를 통해 수혜국으로 하여금 국제기구 진출이나 유엔 등 국제기구에서의 지지 등을 통해 자국이 지향하는 외교목표를 지원하도록 교섭하는 데 유리한 기반을 마련한다.
2) 수혜국과의 경제 관계 강화
　해외원조를 통해 수혜국과 경제 관계를 강화해 자국 상품의 수출이나 해외 시장 개척에 도움을 얻을 수 있는 기회를 만든다.
3) 대외신인도와 국가 이미지 개선
　해외원조를 통해 국제사회에 수혜국이 아닌 공여국으로서의 지위를 과시해 국제적 위상을 강화하는 데 기여한다.

나. 비국가수준의 동기

1) 인도적 차원
수혜국의 경제적 어려움이나 사회적 열악 상태의 개선을 지원하는 것을 인간 본연의 의무로 생각한다.
2) 민간차원의 관계강화
수혜국민들을 지원함으로써 수혜국 국민과 공여국 국민 간의 상호이해와 우의를 증대할 수 있다.

2) 국제법상 국가의 해외원조 의무가 존재하는지를 논하시오. (20점)

풀이

사회권 규약 제2조는 동 규약의 회원국이 국제적 지원과 협력을 할 것을 규정하고 있고 개발권 선언 제3조는 국가가 개발권의 실현에 우호적인 국내적 조건을 창조하는 데 책임을 진다고 되어있으며 마스트리흐트 원칙 제9항은 국가가 다른 국가의 경제·사회·문화적 권리를 존중하고 보호해야 할 의무를 진다고 하였다.

그러나 이러한 규정이 국가의 다른 국가에 대한 해외원조를 해야 한다는 법적 책임을 부과한 것은 아니다. 또한, 경제협력개발기구(OECD)는 동 기구의 산하기관으로 개발원조위원회(Development Assistance Committee, DAC)를 두고 개발도상국에 대한 공적 개발 원조에 대해 논의하도록 하고 동 DAC의 가이드라인에서는 회원국이 저개발개국에 원조할 것을 권장하고 있다. 그러나 이러한 규정도 국가의 해외원조를 법적 의무로 규정하고 있는 것은 아니다. 이와 같은 점을 종합할 때 국제법상 국가의 해외원조 의무는 존재하지 않는다.

제 2 문. 해외원조의 부정적 측면에 대한 〈제시문 3〉과 〈제시문 4〉를 참고해 다음 물음에 답하시오. (총 35점)

1) 천연자원의 존재가 경제성장을 저해할 수 있다는 주장에 대해 예를 들어 설명하고, 이를 바탕으로 '무상 원조'가 '천연자원의 수출에서 획득하는 재원'에 비유되는 이유를 경제학적 관점에서 논하시오. (15점)

풀이

천연자원의 존재가 경제성장을 저해할 수 있음을 보여주는 것으로 대표적인 것이 〈제시문 3〉에서 언급된 '네덜란드병(Dutch Disease)'이라고 일컬어지는 사례이다. 이는 1959년 북해에서 천연가스가 발견되면서 네덜란드의 국가수입이 크게 늘었으나 수출대금이 자국으로 대거 유입되자 달러 대비 자국 통화가치가 크게 상승해 수출업자들에게 악재로 작용하였으며 또한 달러의 유입으로 자국 통화도 과도하게 증가해 인플레이션이 발생하고 임금 상승을 주장하는 노조와 기업 간 대립이 심화되었다. 이후 네덜란드는 극심한 사회 불안과 기업들의 투자위축을 경험하였고, 이는 결국 경기 불황으로 이어졌다.
또 유사한 예로는 러시아가 1999년 이후 계속된 고유가의 영향으로 높은 경제성장률을 보였으나, 루블화 가치 상승으로 인한 수출경쟁력 약화, 인플레이션 등의 부정적인 영향을 받은 사례가 있다.

'무상 원조'가 '천연자원의 수출에서 획득하는 재원'에 비유되는 이유를 경제학적 관점에서 설명하자면 두 경우가 모두 '불로소득'에 기인해 국가자산이 증대된다는 점에서 동일하다는 것이다. 불로소득에 의해 국가재산이 증대하는 것은 이 재산의 귀속문제에 관해 분쟁을 발생할 수 있으며 수요와 공급에 따른 경쟁으로 인한 시장경제에 혼란을 초래하게 되어 인플레이션을 유발하고 국민들의 생산력을 저하시키는 원인이 될 수 있다.

2) 해외원조, 빈곤, 인권, 민주주의 간의 관계를 설명하고, 해외원조가 수혜국 국민에게 긍정적인 효과를 주기 위한 국제 정치적 방안에 대해 논하시오. (20점)

풀이

<제시문 4>의 <표>에 의하면 인권의 개선은 민주주의 수준과 1인당 국민소득의 변화에 긍정적이나 1인당 국민소득이 변화하는 것은 민주주의와 인권에 반드시 긍정적으로 작용하는 것이 아니라는 것을 나타내고 있다.

이와 같은 결론을 전제로 한다면 해외원조가 인권의 개선에 도움을 준다면 민주주의와 국민소득을 향상시키는 데 도움을 줄 수 있을 것이나 단순히 빈곤을 개선해 1인당 국민소득을 증가하는 데 영향을 미친다면 해외원조가 민주주의와 인권에 긍정적으로 작용하는 것이 아니라고 해석할 수 있다.

위의 결론에 따라 해외원조가 수혜국 국민에게 긍정적인 효과를 주기 위한 국제 정치적 방안으로 아래와 같은 점을 제시할 수 있다.

첫째, 해외원조를 공여국이 일방적으로 결정하지 않고 수혜국과 협의해 수혜국의 민간단체나 비정부기구와 같은 중립적인 기구와의 협의를 거쳐 수혜국의 인권과 민주주의의 발전에 도움이 될 수 있는 조건으로 원조를 하도록 공여국과 수혜국의 원조협의체를 구성한다.

둘째, 해외원조를 공여국의 입장에서 공여국에 유리한 조건으로 하지 않고 수혜국의 인권과 민주주의를 개선하는 데 도움이 되는 조건으로 제공하는가에 관해 국제기구가 관여해 평가하도록 한다.

셋째, 해외원조를 제공한 뒤, 일정한 기간 후에 원조에 대해 어떠한 효과가 발생하였는지를 수혜국과 국제기구가 이를 분석해 공표하는 제도를 마련한다.

제 3 문. 해외원조에서 발생하는 부패 및 그 대책에 관한 <제시문 5>와 <제시문 6>을 참고해 다음 물음에 답하시오.

(총 30점)

1) X국 담당자가 '뇌물을 받지 않는 경우'와 '뇌물을 받는 경우'의 조건을 제시하고 이를 그래프를 이용해 설명하시오[단, x축은 B, y축은 $C(B)+E(B)$]. (15점)

뇌물을 받지 않을 조건은 이윤이 0 이하일 때이고 뇌물을 받을 조건은 이윤이 0 이상일 때이다. 따라서 뇌물을 받을 조건은 문제의 식에서 B-C(B)-E(B) > 0이고 뇌물을 받지 않을 조건은 B-C(B)-E(B) < 0이 된다.

문제에서 C와 E의 도함수 C'(B) > 0이고 E'(B) > 0이라고 하였으므로 두 함수는 모두 그래프가 연속이고 미분 가능하며 두 그래프가 합쳐지더라도 연속된다는 것을 나타낸다. 또한 두 그래프 각각의 미분계수인 접선의 기울기가 양수이므로 두 그래프를 합한 그래프 접선의 기울기도 양수가 되어 두 그래프를 합한 그래프는 위쪽으로 볼록한 곡선이 된다.
이를 그래프로 나타내면,

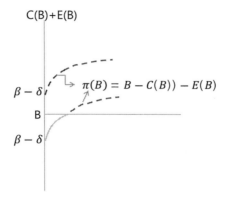

주어진 식이 C(B)=αB+β, E(B)=γB+δ 이므로 이를 π(B)=B-C(B)-E(B)에 대입해서 이를 풀면 π(B)=B(1-α-γ)+(β-δ)가 된다.

여기에서 X축을 B로 하고 Y축을 C(B)+E(B)로 하면 Y축의 절편은 B가 0일 때이므로 β-δ가 된다. 만약 β-δ가 B점 위에 있다면 C(B)+E(B)의 함수값은 항상 B보다 클 것이므로 뇌물을 받지 않게 된다. 그러나 만약 β-δ가 B점 아래에 있다면 C(B)+E(B)의 함수 값은 B의 아래에서 시작할 것이며 이 함수 값이 우상향하므로 B점에서 만날 때까지 뇌물을 받게 되고(위 그래프에서 실선으로 표시된 부분) 그 이후에는 뇌물을 받지 않게 된다.

2) 수혜국이 부패방지 정책을 수립하는 데 있어 UN 반부패 협약상의 의무를 이행하는 방안을 제시하시오. (15점)

수혜국이 부패방지 정책을 수립하는 데 있어 UN 반부패 협약상의 의무를 이행하기 위해서 아래의 조치를 취한다.

1) 유엔 반부패 협약 제13조의 이행을 위한 국내 입법 조치를 취한다.
2) 유엔 반부패 협약 제30조의 이행을 위한 부패 범죄에 대한 처벌을 위해 국내에 부패 범죄방지위원회를 설립한다.
3) 부패에 관련된 공무원들과 민간인들에 대한 형사처벌을 강화하기 위해 형법 등 관련 국내법을 정비한다.

2017년 시험

학제통합논술 Ⅰ

※ 다음 제시문을 읽고 물음에 답하시오.

〈제시문 1〉

(1) 다음은 개발원조위원회(Development Assistance Comittee, DAC)에 참여한 국가들의 공적 개발원조 총액과 미국 공적 개발원조의 비중을 나타낸 그림이다.

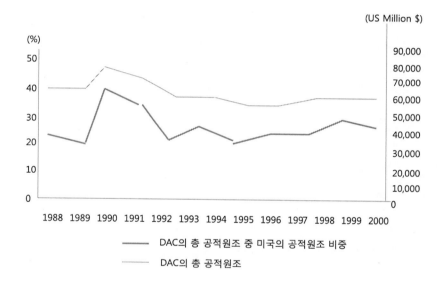

DAC의 총 공적원조 중 미국의 공적원조 비중
DAC의 총 공적원조

(2) 1990년대 제3세계의 많은 지역에서 정부가 국가영토의 상당 부분에 대한 통제력을 상실한 실패 국가가 등장했다. 2013년 16개 국가가 내전과 무정부 상태에 의해 붕괴될 위험이 매우 높았으며, 54개 국가는 실패 국가가 될 위험에 놓였다.

〈제시문 2〉

구성주의는 물질적, 주관적, 간주관적인 세계가 현실에서 상호작용하는 과정을 이해하려한다. 이 이론은 구조가 행위자의 정체성과 이익의 형성에 영향을 미치며, 행위자들이 구조의 형성과 변화에 영향을 미친다고 주장한다.

〈제시문 3〉

(1) A controversial issue in recent years id whether it is acceptable for states and international actors to use force (Or the threat of force) against a state that is abusing the human rights of its own citizens. This sis sometimes justified as humanitarian intervention by those taking the actions. However, the state that is the target of such an intervention can object that this is a clear violation of its sovereignty and hence of international law.

(2) 인도적 개입이란 한 국가 내에서 심각한 수준의 비인도적 사태가 발생하고 있음에도 불구하고 당사국이 이를 수습할 의사나 능력이 없는 경우, 타국이 무력을 동원해 그 사태를 종식하려는 행위를 말한다. 대상국의 영토적 단일성이나 정치적 독립성을 해치려는 의도에서 감행된 개입이 아닌 한, 이의 정당성은 대체로 긍정되고 있으나 유엔 헌장 체제하에서 인도적 개입이 허용되느냐에 대해서는 여전히 논란이 있다.

(3) 1998년 채택된 로마 규정에 따라 설립된 국제 형사 재판소(International Criminal Court, ICC)에 대해서는 논란이 많다. 한편에서는 ICC가 정의와 인권을 보장한다고 주장하지만, 다른 한편에서는 국가 주권 중심의 국제 질서와 평화를 위협한다고 한다.

<제시문 4>

C국은 정부군과 반군 사이의 내전으로 국민의 80%가 빈곤층으로 전락했고, 40만 명 이상이 사망했다. A국은 C국의 내전에 개입하지 않고 관망하고 있다. 그러나 B국은 C국의 정부군에 대한 지원을 지속하고 있다. A국의 전략은 내전에 개입해 반군을 지원하거나 개입하지 않는 것이고, B국의 전략은 C국의 정부군에 대한 지원을 강화하거나 협상을 통해 내전을 종식하는 것이다.

다음의 그림은 게임 나무(game tree) 형태로 나타난 전개형 게임이다. 먼저 A국이 내전에 개입 혹은 불개입을 결정하고, 다음으로 B국이 A국의 선택을 완전히 아는 상태에서 A국과 협상을 해 내전을 종식시킬 것인지, 혹은 정부군에 대한 지원을 강화할 것인지를 결정한다. 두 국가가 결정하는 경우 각각의 보수(payoff)는 다음의 그림과 같다.

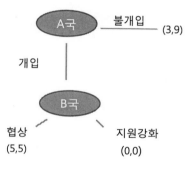

※ 각각의 보수(a, b)에서 a는 A국의 보수를 의미하고, b는 B국의 보수를 의미한다.

<제시문 5>

ICC 소추관 갑은 ICC 관할 범죄에 대한 수사 및 기소의 권한을 갖는다. 을은 20년 동안 대통령으로 X국을 통치하고 있다. 그런데, 소수민족의 반정부시위를 계기로 을은 광범위하고 조직적으로 자국의 소수민족을 살해하였다. X국의 소수민족은 이에 맞서 반정부 무장 세력을 조직하였고, 그 결과 내전에 직면하였다. 갑은 을을 기소할지 여부를 고민하고 있다.

다음의 그림은 게임 나무 형태로 나타낸 전개형 게임이다. 먼저 갑이 기소 또는 불기소를 결정하고, 다음으로 을이 갑의 선택을 완전히 아는 상태에서 망명하거나, 혹은 무장 세력을 진압해 정권을 유지할 것인지를 결정한다. 갑과 을이 결정을 하는 경우 각각의 보수는 아래 그림과 같다.

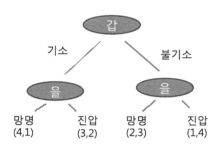

※ 각각의 보수(a, b)에서 a는 갑의 보수를 의미하고, b는 을의 보수를 의미한다.

제 1 문. 〈제시문 1〉을 참고해 1990년대 이후 실패 국가가 급증한 이유를 설명하시오. (22점)

풀이

1990년대는 제2차 세계대전 종전 이후 50년 이상 지속되었던 냉전 체제가 종식되어 국제 질서가 새로운 형태를 모색하게 된 시대이다.

이 시대에서 유일한 강대국의 지위를 유지하게 된 미국은 미국 주도의 새로운 국제 질서를 형성하려는 움직임을 보였지만 종교, 인종 간의 갈등이 있어 미국 주도의 국제 질서를 수용하는 것을 거부하는 일부 이슬람 국가들과 소수민족들의 현상 타파 움직임 등으로 인해 콩고 전쟁, 걸프전, 유고 내전, 체첸 사태, 보스니아 내전, 코소보 전쟁 등이 발발하였다.

1990년대는 또한 정보 통신기술이 급속도로 발전해 세계 전체가 하나의 정보망으로 연결됐으며 경제적으로는 세계화와 신자유주의 물결이 일어나 이러한 새로운 추세에 적응하는 국가들은 높은 경제성장을 이룩할 수 있었으나 적응이 어려운 국가들은 이러한 세계적 조류에 반대해 반세계화 운동이나 경제적 평등을 요구하는 불만 세력이 되었다.

1990년대에 실패한 국가들이 많이 생기게 된 이유는 국제 질서가 전반적인 변혁기를 맞이하게 되어 변혁을 추구하는 세력과 기성세력 간에 갈등이 유발되어 이러한 갈등을 해결하는 데 실패하는 국가가 다수 생겨났기 때문이다.

<제시문 1>에 나타난 바와 같이 미국은 새로운 국제 질서를 미국 주도의 평화 질서로 유도하기 위해 세계 전체의 공적 개발원조 중 1990년대 이후 미국이 차지하는 공적 원조가 20%에서 40%를 차지할 정도로 경제적 후진국을 지원하였으나 종교나 인종 간의 차이로 인한 갈등을 미국의 가치관에 따른 국제 질서에 포섭하지 못하였기 때문에 실패한 국가들이 급증하는 것을 방지하지는 못하였다.

제 2 문. <제시문 3>을 참고해 국제법상 국가 주권 원칙과 인권 보호 원칙의 관계를 유엔헌장의 해석 및 실제의 사례를 통해 설명하시오. (22점)

풀이

유엔헌장은 그 전문(前文)에서 "기본적 인권과 인간의 존엄과 가치, 남녀 간이나 큰 국가와 작은 국가 간의 동등한 권리" 등에 관한 믿음을 재확인한다고 하였고 제1조 제3항에서는 유엔의 목적의 하나로 "인종, 성별, 언어, 종교의 차별 없이 인권과 기본적 자유를 증진하고 장려한다."고 하였으며 제55조 c항에서는 국제적인 경제, 사회 분야 협력의 일환으로 "유엔은 인종, 성별, 언어, 종교에 따른 차별 없이 인권과 기본적 자유를 보편적으로 존중하고 준수하는 것을 증진한다."고 하였다.

그러나 유엔헌장은 또한 제2조 제7항에서 "유엔은 국가의 기본적으로 국내관할권에 속하는 문제에 관해 간섭하지 않는다."고 하였기 때문에 특정 국가가 공권력으로 자국에 거주하는 사람들의 기본적 인권을 침해하였을 경우에 다른 국가가 이에 관여할 수 있느냐의 문제에 관해 헌장의 해석만으로는 명백한 결론을 얻기가 어렵다.

국제사회는 특정 국가가 공권력으로 노예, 고문, 집단살해와 같이 개인의 기본적인 권리와 자유를 조직적으로 훼손하는 것은 단순한 국내 문제가 아니라 유엔과 같은 범세계적 국제기구에서의 결의를 통해 이에 간섭할 수 있다는 관행을 성립시켜 왔다. 그 대표적인 예가 과거 남아공에서 인정되었던 인종차별(apartheid) 정책에 대해 유엔 등 국제기구가 이를 규탄하고 국제사회 참여 보이콧 등 각종 불이익을 준 사실이 있으며 구 유고연방 내에서 세르비아계가 코소보의 알바니아계 주민들을 대량 학살한 사건에서 NATO가 무력으로 개입한 사실 등이다.

이러한 개입이 국내 문제 불간섭원칙에 비추어 봤을 때 부당하다는 견해도 있을 수 있으나 오늘날 일반적으로는 기본적 인권을 심하게 훼손하는 국가에 대해 국제사회가 각종 경제적 제재나 원조의 중단 등을 통해 대항 조치를 취할 수 있는 것으로 해석한다.

제 3 문. 〈제시문 4〉를 참고해 각 부분 내쉬 균형(Nash equilibrium)의 보수가 결정되는 과정을 단계적으로 설명하고, 부분 게임 완전 균형(subgame perfect Nash equilibrium)을 구하시오. 그리고 A국이 내전에 불개입하도록 하려면, A국이 불개입하는 보수가 어떻게 변해야 하는지 설명하시오. (22점)

풀이

내쉬 균형은 상대방의 전략을 주어진 것으로 보고 자신에게 가장 유리한 전략을 선택함으로써 이루어지는 것인데 이 게임 나무에서 부분 게임 완전 균형이 이루어지는 단계는 다음과 같다.

1. A국이 불개입 시의 보수 3을 선택해 B국에게 보수 9를 주고 만족하면 내쉬 균형이 이루어진다. 이 경우 보수(3, 9)는 A국의 자발적 불개입으로 이루어진다.
2. A국이 개입해 B국과 협상을 하는 것이 B국이 지원을 강화하는 것보다 상호 보수가 더 크다는 점을 인식하고 협상을 해 상호 보수(5, 5)에 만족하면 내쉬 균형이 이루어진다.
3. B국이 A국에게 A국이 개입을 한다면 B국은 반드시 지원을 강화한다는 믿음을 주어 A국으로 하여금 할 수 없이 불개입을 유도한다면 보수(3, 9)에서 부분 게임 완전 내쉬 균형이 이루어진다. 이 경우의 내쉬 균형은 A국의 비자발적 불개입으로 이루어진다. 이 경우의 균형은 내쉬 균형뿐만 아니라 A국이 개입하면 B국이 틀림없이 지원을 강화할 것이라고 A국이 믿어야 한다는 신빙성 조건도 충족되어야 한다. 이러한 조건이 충족될 경우의 내쉬 균형이 부분 게임 완전 균형이다.

이 게임 나무에서 A국이 불개입하면 얻을 수 있는 보수는 개입하고 협상해서 얻을 수 있는 보수보다 적으므로 A국은 불개입하는 것보다 개입해서 협상하는 것을 택하게 된다. 따라서 B국이 A국으로 하여금 불개입하도록 유도하려면 불개입 시의 보수(3, 9)에서의 A에 대한 보수(3)가 개입해 협상할 때의 보수(5, 5)에서의 A에 대한 보수(5)보다 더 커야 한다.

제 4 문. 〈제시문 2〉 및 〈제시문 3〉 및 〈제시문 5〉를 참고해 ICC의 등장을 구조와 행위자 간의 관계로 논하고, 제시된 국제법 원칙들이 ICC의 관할권 행사 원칙에 어떻게 반영되고 있는지를 설명하시오. 또한, ICC의 기소와 관련된 갑과 을의 부분 게임 완전 균형을 구하고 그 과정을 설명하시오. (34점)

풀이

ICC는 1998년 6월 이탈리아 로마에서 개최된 ICC 설립을 위한 UN 전권회의(UNCP)에서 채택된 로마 선언에 근거해 2002년 7월에 발족하였다.
ICC의 등장은 기존의 국제법 원칙에서 개인이 중대한 범죄를 범하더라도 그 죄를 범한 자가 소속된 국가가 책임을 지고 국가가 국제 사법 재판소의 당사자가 되는 국제법의 구조에 대해 중대한 범죄를 행한 개인 자신에 대해 형사책임을 지도록 해야 한다는 발상에 기인해 탄생한 것이다.

이러한 발상은 국제 관계에서 국가만이 정체성(identity)을 가지고 국가만이 행위자(actor)로서 국제법의 주체가 된다는 규범(norm)은 하나의 법적 의제(legal fiction)에 불과하며 사회구성원들이 필요에 의해 사회규범을 만들어나가는 것이라고 주장하는 구성주의(constructivism)의 이론에 부합한다.

ICC의 탄생은 제2차 세계대전 이후 전쟁 범죄자에 대해 뉴른 베르그 재판이나 도쿄 재판을 통해 처벌한 적이 있으나 그 당시 그러한 처벌이 국제법에 위반된다는 주장이 있었음에 비추어 ICC의 출현은 개인이 국제법의 주체가 될 수 있으며 개인에게 국제법상 책임을 지우는 것에 국제법적인 정당성을 부여하는 의미가 있다.

ICC가 성립하였다 하더라도 국가가 국제사회의 주된 행위자라는 기본 원칙은 유지되어 개인이 국제 형사 재판을 받을 수 있는 경우는 집단살해죄(genocide), 전쟁 범죄(war crimes), 반인도적 범죄(crimes against humanity), 침략 범죄(crimes of aggression), 적법절차 위반(offences against the administration of justice)에 한정시키고 재판소가 관할권을 행사하기 위해 범죄가 재판소의 영토적 관할권을 가지는 영역에서 발생하였거나 재판소가 재판관할권을 행사할 수 있는 국가의 국민이어야만 하게 되어 있다.

따라서 범죄가 로마협정 당사국이 아닌 지역에서 발생하고 범죄자가 로마협정의 당사국의 국민이 아닐 경우 재판관할권을 행사하지 못한다. 또한 재판소의 재판은 범죄 관련 국가가 재판을 거부하거나 재판할 능력이 없다고 판단될 때만 재판절차에 들어가도록 해 형사 재판에 있어서 국가 우선주의를 인정하고 있다.

<제시문 5>에서 나타난 게임 나무에서 부분 게임 완전 균형을 찾는 것은 역행 귀납법(backward induction)의 방법으로 가능하다.

즉, 을의 최종 보수는 갑이 기소하였을 경우, 진압할 경우의 보수(3, 2)가 망명하였을 경우의 보수(4, 1)보다 크므로 진압을 택할 것이며 불기소하였을 경우에는 망명 시의 보수(2, 3)보다 진압하였을 경우의 보수(1, 4)가 더 크므로 기소하면 진압하고 불기소해도 진압한다는 방안을 택할 것이다. 이러한 을의 행동을 아는 갑은 을의 두 가지 가능성 (3, 2)와 (1, 4) 중 자기에게 더 유리한 보수가 있는 쪽(3, 2)의 보수를 택하게 된다. 따라서 부분 게임 완전 균형은 갑이 기소하고 을이 진압하는 데 있으며, 이 점에서 게임은 끝난다.

※ 다음 제시문을 읽고 물음에 답하시오.

〈제시문 1〉

⑴ 대등하지 않은 동맹 관계에서는 일반적으로 경제 규모가 큰 국가가 더 큰 군사비 부담을 안게 된다. 즉, 동맹국 중 GDP가 큰 국가일수록 GDP가 방위비에서 차지하는 비율도 커진다.

⑵ A국의 동맹국 중에서도 상대적으로 경제 규모가 큰 국가가 작은 국가보다 A국의 방위비 증감에 더 민감하게 반응한다. 즉, A국의 방위비 분담 압력이 경제 규모가 작은 국가보다 큰 국가에 더욱 부담을 준다. A국이 동일한 정치적 비용을 가지고 방위비 분담을 줄일 방법은 아무래도 큰 국가에게 압력을 행사하는 것이다. GDP 대비 방위비 비율을 똑같이 1%씩 증가시키는 경우에 GDP가 작은 국가보다 큰 국가의 방위비 증가가 그 동맹의 총방위비 수준을 더 높인다. 더구나 큰 국가는 작은 국가보다 방위의 필요성이 더 크다. 차등세율의 원칙은 어떤 종류의 집단에도 적용된다고 볼 수 있다. 이것이 방위비 분담에 연관될 때에는 지불 능력의 원칙으로 나타난다.

⑶ 동맹국 갑국과 을국 간의 방위비 분담금 협상에서, 갑국의 방위비 분담금 증가분과 을국의 방위비 증감의 관계는 음(-)의 상관관계다. 이런 관계를 반응곡선으로 표시할 수 있다. 동맹국 갑국과 을국의 반응함수는 각각 'X갑 = a - bX을'과 'X을 = c - dX갑'이다. 여기에서 X갑과 X을은 갑국과 을국의 방위비 분담금이고 a, b, c, d는 양(+)의 상수이다.

〈제시문 2〉

(1) 자주국방은 한 국가가 스스로 군사력을 증강시켜 외부의 위협으로부터 자신의 국가 안보를 지키는 것이다. 따라서 자주국방은 가장 신뢰할 수 있는 안보수단이라고 할 수 있다. 하지만 자주국방을 강화하기 위해서는 그만큼 국가 재원을 투자해야 하는데, 외부 위협 수준에 따라 국방비 지출 부담이 과도해질 수도 있다. 자주국방의 한계를 보완하기 위해 우선적으로 고려하고 채택하는 것이 바로 동맹이다.

(2) A국과 B국은 동맹국으로 안보라는 효용을 얻고 있다. 두 국가의 안보에 대한 효용인 사회 후생함수를 SW=SW(UA, UB)로 표현할 수 있다. 여기서 UA와 UB는 A국과 B국의 안보에 대한 효용 수준이다. 사회 후생함수는 가치 판단의 성격에 따라 다양한 모습을 가질 수 있다. 예를 들면 안보라는 효용에 기초한 사회 후생함수는 공리주의적(utilitarian), 평등주의적, 롤즈(Rawls)적 가치 판단에 따라 서로 다른 형태를 가진다.

〈제시문 3〉

(1) 우리나라에서는 통상적인 조약 체결 절차를 거치지 않고 고시만으로 당사국 사이에 권리, 의무가 발생하는 경우, 이러한 조약을 고시류 조약이라고 한다. 고시류 조약이 국내법상 효력을 갖는지 그 여부가 문제가 될 수 있다. 우리 정부는 고시류 조약의 국내법적 효력 여부와 관계없이 국제법적으로는 당사국에 대한 조약의 준수 의무를 부담한다는 입장을 취하고 있다.

(2) 헌법 제6조 제1항에 따르면 헌법에 의해 체결, 공포된 조약은 국내법과 같은 효력을 갖는다. 그리고 헌법 제60조 제1항에 따르면 국회는 상호 원조 또는 안전 보장에 관한 조약, 중요한 국제조직에 관한 조약, 우호통상항해조약, 주권의 제약에 관한 조약, 강화조약, 국민에게 중대한 재정적 부담을 지우는 조약 또는 입법사항에 관한 조약에 대해서 동의권을 갖는다. 헌법에서 정하고 있는 조약에 대한 국회의 동의는 대외적으로 국가를 대표하는 대통령의 조약 체결·비준을 강제하기 위한 장치라기보다는 대통령의 이러한 권한 행사에 대한 정치적 견제 장치로 보아야 할 것이다.

<제시문 4>

(1) Mutual Defence Treaty between the Republic of Korea and the United States of America(한미상호방위조약)

Article 4

The Republic of Korea grants, and the United States of America accepts, the right to dispose United States land, air, sea forces in and about the territory of the Republic od Korea as determined by mutual agreement.

(2) Agreement under Article 4 of Mutual Defense Treaty between the Republic of Korea and the United States of America, Regarding Facilities and Areas and the Status of United States Armed Forces in the Republic of Korea(주한미군지위협정)

Article 5(Facilities and Areas- Cost and Maintenance)

1. It is agreed that the United States will bear for the duration of this Agreement without cost to the Republic of Korea all expenditures incident to the maintenance of the United States armed forces in Korea, except those to be borne by the Republic of Korea as provided in paragraph 2.

2. It is agreed that the Republic of Korea will furnish for the duration of this Agreement without cost to the United States and make compensation where appropriate to the owners and suppliers thereof all facilities and areas and the rights of way⋯.

Article 28(Joint Committee)

1. A Joint Committee shall be established as the means for consultation in determining the facilities and areas⋯.

(3) Umbrella Agreement between the Government of the Republic of Korea and the Government of the United States of America Concerning Wartime Host Nation Support(한미전시지원협정)

Article 3(Existing Support Agreement, Arrangement and Plans)

a, This Agreement will not affect the validity of existing agreements, arrangements and plans which provide WHNS and which were approved by authorized agents of the Parties prior to the effective date of this Agreement. Annex i lists existing agreements arrangements and plans which provide WHNS and are based a previously identified U.S. requirements···.

Article 4(Additional Support Agreements, Arrangements and Plans)

The Parties shall take all necessary measures to identify and required WHNS not included in existing support agreements, arrangements, or plans and shall develop and conclude additional support agreements, arrangements or plans will bearded to Annex I when concluded, as mutually agreed···.

Article 9(Entry into Force, Duration, and Termination)

This Agreement will enter into force upon completion of an Exchange of Notes confirming that ROK has ratified the Agreement in accordance with its domestic laws and that the U.S. has approved the Agreement in accordance with its constitutional processes···.

〈제시문 5〉

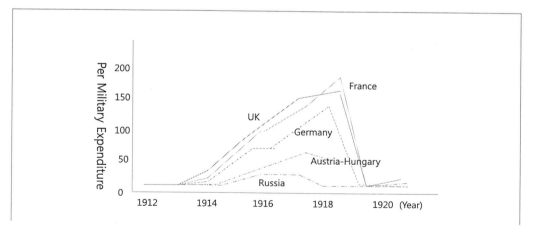

The above figure plots the military expenditures of the primary combatants in World War Ⅰ. On a per capita basis, Russia spent the least. Even with low capita expenditures, the cost of war became sufficiently unpalatable that the war effort, along with other considerations, provoked the October Revolution and Russian withdrawal from the war. Germany and Austria-Hungary, both non-democracies, made substantially smaller efforts than Britain and France, both democracies. While everyone spent more once the war began than they had been doing beforehand, from 1915 on when it was evident the war was not going to be short and easy for anyone, we see little ramping up by the non-democracies with the exception of Germany.

Democracies, unlike non-democracies, were surprised when victory proved elusive. As the war continued, they discovered that the war was harder than to win than they had expected, they had two choices: (1) bail out or (2) try harder. They chose to try harder by increasing military expenditures.

제 1 문.

1) 〈제시문 1〉을 참고해 동맹 관계인 갑국(경제 규모가 큰 국가)과 을국(경제 규모가 작은 국가)의 방위비 분담이 어떻게 결정되는지 반응곡선을 이용해 설명하시오. (20점)

풀이

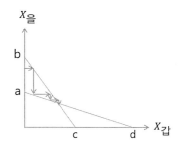

<제시문 1>의 (3)에서 X갑과 X을의 관계를 그래프로 나타내면 X축을 X갑이라고 하고 Y축을 X을이라 할 때 X을이 방위비 분담을 전연 하지 않을 경우 X갑은 0=c-dX갑에서 X갑은 $\frac{c}{d}$가 되고 마찬가지로 X갑이 방위비 분담을 전연 하지 않을 경우 X을은 $\frac{a}{b}$가 된다.

따라서 X갑이 방위비 부담을 X을과 분담하였을 때 최대 방위비가 d라고 한다면 X을이 방위비 부담을 전연 하지 않으면 X갑의 방위비 부담은 c가 되고, X을이 방위비 부담을 X갑과 분담하였을 때 최대 방위비가 b라고 한다면 X을이 방위비 부담을 전연 하지 않으면 X갑의 방위비 부담은 a가 되며 X갑과 X을이 모두 방위비 부담을 할 경우 X갑의 반응곡선은 X축의 d와 Y축의 c점을 연결하는 선이 된다. 같은 이유로 X을의 반응곡선은 Y축의 d점과 X축의 a점을 연결하는 선이 된다. 이 두 개의 반응곡선상의 특정한 점은 그래프에서와 같이 두 반응곡선에서 반응하면서 두 개의 반응곡선이 교차하는 점에서 균형을 가지게 된다.

2) 경제 규모가 작은 국가의 방위비 분담 감소를 가능하게 하는 국제 정치적 요인들을 <제시문 1>에 근거해 설명하시오. (15점)

> **풀이**
>
> 경제 규모가 작은 국가는 방위비 분담을 적게 하더라도 방위비의 절대 액수가 적기 때문에 동맹국에게 큰 부담이 되지 않는다. 또한 동맹국이 다른 동맹국에게 방위비 분담의 증액을 강력히 요구하면 그러한 요구를 받는 국가들로부터 반항을 초래할 수 있다. 국제사회에서는 주권 평등의 원칙이 적용되어 경제 규모가 작은 국가들도 유엔과 같은 국제기구에서 경제 규모가 큰 국가와 마찬가지로 하나의 투표권을 가지므로 이러한 나라에 대해 방위비 증액을 강요하는 것은 얻는 것보다 잃는 것이 더 클 수 있기 때문이다.

제 2 문. <제시문 2>, <제시문 3>, <제시문 4>를 참고해, 두 국가 간 동맹을 통한 안보와 방위비 분담이 어떻게 결정되는지 분석하고자 한다.

1) 공리주의적, 평등주의적, 롤즈(Rawls)적 가치 판단을 반영하는 사회 후생함수를 이용해, A국과 B국의 효용 수준에 대한 차이점을 설명하시오(단 A국과 B국 간의 한계효용 대체율은 양(+)이 아니다). (10점)

> **풀이**
>
> A국과 B국의 효용 수준에 대한 차이점은 효용 무차별 곡선이 효용 가능 곡선상의 가장 바깥쪽에서 만날 수 있도록 하는 방법상의 차이를 말하는데 효용 무차별 곡선은 효용을 극대화할 방법에 관한 가치 판단에 따라 달라진다.

공리주의적 가치 판단은 최대다수의 최대의 행복을 추구하는 가치관에 기반하고 있으므로 이를 수식으로는 후생함수는 SW=UA+UB로 나타낼 수 있고, 'UA^2+UB^2=상수'로 나타나기 때문에 이를 그래프로 나타내면 다음과 같다.

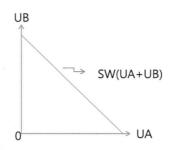

평등주의적 가치 판단은 효용의 극대화는 양국의 평등을 기반으로 각국의 능력이 반영되는 한계효용 대체율에 따른 후생의 차이를 인정하는 가치 판단이므로 이를 나타내는 후생함수는 SW=UA*UB로 나타낼 수 있다. 이때 A국과 B국 간의 한계효용 대체율은 양(+)이 아니라고 하였으므로 한계효용 대체율을 나타내는 접선의 기울기가 체감하는 것으로 나타나게 되어 이를 그래프로 나타내면 원점을 기준으로 할 때 오목한 아래와 같은 그래프가 된다.

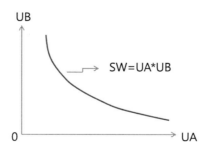

롤즈(Rawls)적 가치 판단은 효용을 변화시키는 것은 가장 낮은 효용을 가지는 자의 효용이 변할 경우에만 가능하다는 철학에 기반을 두고 있으므로 이를 반영하는 사회 후생함수는 SW=min(UA, UB)으로 표시할 수 있으며 낮은 효용이 변화되지 않는 한, 높은 효용이 변화될 수 없으므로 이를 그래프로 나타내면 다음과 같다.

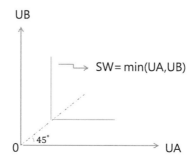

2) 한미 간의 방위비 분담을 위한 협의(consultation)의 근거와 절차를 설명하고, 합의 결과로 도출된 방위비 분담 합의 성격에 따라 그 합의가 우리나라에서 법적 기속력을 갖추기 위한 절차 및 효력에 관해 설명하시오. (20점)

풀이

한미 간의 방위비 분담을 위한 협의의 근거는 한미상호방위조약 제4조에 의거해 체결된 주한미군지위협정 제5조 2항을 근거로 한국이 제공하는 시설과 토지 이외에 주한미군의 유지에 수반되는 경비, 즉 미군이 한국에서 고용하는 근로자의 인건비, 군사건설 및 연합방위 증강사업, 군수지원비 등을 한국과 미국이 분담하는 특별협정(special measures agreement, SMA)을 1991년에 체결한 것에 있다. 그 절차는 주한미군지위협정 제28조에 규정된 협의를 위해 설치된 양측의 합동위원회(Joint Committee)를 통해 협의한다.

합의가 성립되면 한국과 미국은 이 합의를 발효시키기 위해 각각 자국의 국내법절차를 마쳐야 하는데 한국은 이 합의가 한미상호방위조약과 주한미군지위협정을 이행하는 과정에서 파생된 합의로 보아 국회의 동의절차를 거치지 않고 국무회의 의결을 거친 후 대통령의 재가를 받아 이러한 절차를 완료하였음을 미국에 알리는 공문을 작성해 이를 미국 측과 교환하고(exchange of note, 각서 교환) 그 내용을 관보에 게재한다. 교환 각서의 특성상 달리 특별히 규정된 경우가 아니면 그 효력은 일반적으로 각서를 교환하는 일자에 발효한다. 이 합의는 위와 같은 절차를 취하면 헌법 제6조 제1항의 조약과 같은 효력을 가지며 법적 기속력이 있다.

제 3 문.

1) 〈제시문 4〉의 (3)과, 〈제시문 5〉를 참고해 전쟁 발발 이후 민주국가들이 비민주국가들보다 더 많은 1인당 군사비를 지출하고, 전쟁을 그만두기 어려운 이유를 설명하시오. (20점)

풀이

민주국가들은 비민주국가들에 비해 전쟁에 이기기 어려운 상황이 되었다고 하더라도 정치지도자가 독단적으로 전쟁을 종식시키는 절차를 취할 수 없고 국민들에게 전쟁을 종식하려고 하는 명분과 설득을 해야 한다.

또한 제2차 세계대전에서 영국과 프랑스는 나치 독일에 대항해 연합해 전쟁을 수행하였으므로 전쟁이 어려운 상황에 돌입하였다고 독일의 나치 정권을 붕괴하지 못하는 가운데 전쟁을 종식시키려고 하는 것은 국민들을 이해시키기 어렵게 만든다.

독일 나치 정권과 독일과 연합한 국가와 끝까지 투쟁해야 한다고 국민들에게 설득해 전쟁을 끝까지 계속하고 승리하는 것이 지도자가 전후에도 정치적 입지를 유지할 수 있는 길이 된다. 이러한 점이 민주주의 국가가 함부로 전쟁을 종식시키지 못하는 이유이다. 또한 비민주국가인 소련은 국제 정치 변혁으로 전쟁 중도에서 이탈하였으나 민주국가들은 국내 정치 상황이 비교적 안정되고 법치주의가 실천되어 소련과 같은 국내 정치상의 급변을 겪을 가능성도 적다.

2) 한미 간 방위비 분담에 관한 재협상을 통해 기존 합의사항 내에 전시지원에 관한 특별 내용을 포함하고자 한다. 이러한 새로운 협의를 현재의 '한미지원협정' 부록(Annex) Ⅰ 에 추가한다고 가정한다면 해당 합의는 전시상태에서 어떠한 효력이 발생하는지 〈제시문 4〉와 〈제시문 5〉를 참고해 설명하시오. (15점)

풀이

한미전시지원협정 제3조 a항은 한미전시지원협정 이전에 존재하였던 한미전시지원에 관한 합의, 약정, 계획 등을 부속서 Ⅰ에 포함한다는 내용이다. 동 협정 제4조는 전시지원에 관한 새로운 내용을 양측이 합의해 필요한 절차를 거쳐 부속서 Ⅰ에 추가할 수 있다는 내용이므로 새로이 추가되는 내용이 부속서 Ⅰ에 추가될 경우 한국법에 따른 절차를 거쳐 재가를 받았다는 각서를 교환하면 전시상태에서 다른 조항과 같은 효력을 가진다.

2016년 시험

학제통합논술 Ⅰ

※ 다음 제시문을 읽고 물음에 답하시오.

〈제시문 1〉

(1) 빈곤은 다양한 인권의 박탈을 야기하고, 역으로 인권의 박탈은 빈곤 상태를 벗어나기 어렵게 만든다. 빈곤 상태에 놓인 사람들은 의식주를 포함하는 적절한 생활 수준에 대한 권리, 건강권, 교육권 등을 제대로 누릴 수 없을 뿐만 아니라, 취약한 상황에 노출될 가능성이 높으며 공적 의사 결정에 참여할 기회와 발언권도 상대적으로 제약된다. 이러한 상황은 빈곤이나 불평등이 지속되고 다음 세대로 재생산되는 악순환을 낳기 쉽다. 빈곤은 단순한 결핍 상태가 아니라 인권이 박탈된 상태이다. 국제인권 조약상 국가는 모든 사람이 적절한 생활 수준에 대한 권리, 건강권, 교육권, 사회보장에 대한 권리, 인간다운 조건하에서 일할 권리를 누릴 수 있도록 노력해야 한다. 그리고 위의 권리를 실질적으로 누리기 위해서 필수적 서비스의 충분한 공급, 지리적 접근 가능성의 확보, 성별, 연령, 장애, 경제. 문화적 차이에 대한 충분한 고려가 이루어져야 한다.

(2) 유엔(UN) 인권 최고대표 사무실은 '개발에 대한 인권기반 접근(human right-based approach to development)'을 다음과 같이 정의했다. "개발에 대한 인권기반 접근은 인간 개발의 과정에 필요한 개념적 틀이다. 이는 규범적으로 국제 인권 규범에 근거하고 있으며, 그 운영에 있어서는 인권을 촉진하고 보호하는 방향으로 나아간다." 이에 따르면 개발에 대한 인권기반 접근은 다음과 같은 요소를 포함한다.

* 참여(Participation) * 책무(Accountability)

* 비차별(Non-discrimination) * 권한 부여(Empowerment)

* 국제인권기준 및 메커니즘과 연계(Link to International Human Rights Standards and Mechanisms)

〈제시문 2〉

(1) 한국 정부는 「국제 개발 협력 기본법」을 정하고 '공적 개발원조(ODA) 선진화 방안'을 채택하였다. ODA 선진화 방안에 따라 한국은 ODA 규모를 점차 확대하고 ODA 시스템의 선진화도 지속적으로 추진해 나갈 예정이다. 또한, 한국 정부는 국제 개발 협력 선진화의 일환으로 ODA의 선택과 집중을 강화하고자 유·무상 원조를 통합해 중점협력대상국을 선정하고 해당국에 대한 국별협력전략(Country Partnership Strategy)을 수립해 나가고 있다.

유엔개발계획(UNDP), 세계식량계획(WFP), 유엔아동기금(UNiCEF) 등 주요 개발기구와의 협력 사업에 적극적으로 참여하고, 자연재해와 분쟁 등으로 인한 국제사회의 인도적 위기 해소와 피해자들의 기본 생존권 보호를 위한 기여도 확대하고 있다. 2007년 3월 「해외긴급구호에 관한 법률」 제정 및 2010년 5월 '해외긴급구호 선진화 방안' 마련을 통해 신속하고 효율적인 해외긴급구호 활동기반을 구축하는 한편, 국제사회의 각종 인도적 메커니즘 및 협의체에 지속적으로 참여해 국제사회의 인도적 지원 조율 및 원조 효과성 제고에 기여하고 있다.

(2) 일본은 중국에 많은 원조를 제공해 왔다. 초기에 일본의 대중국 원조는 연해 지역의 사회기반시설 건설에 중점을 두었으나 2000년부터 환경보호 및 내륙지역 주민의 생활 수준 향상, 사회개발, 제도개선, 기술 이전 등의 분야로 확대되었다. 일본의 대중국 원조는 주로 무상자금 지원과 기술 협력 및 엔화 차관 등 세 부분으로 이루어졌다.

〈제시문 3〉

> 아프리카의 유일한 모기장 제조업체 A사는 일주일에 약 500개의 모기장을 생산한다. A
> 사에 종사하는 10명의 직원은 다른 아프리카 사람들처럼 각각 15명 이상의 가족을 부양
> 해야 한다. 모기장 공급량은 현재 말라리아를 옮기는 모기를 퇴출할 만큼 충분한 양이
> 되지 못하는 상황이다. 그런데 할리우드 스타 B 씨가 이 지역에 수요를 충족할 수 있는 양
> 의 모기장을 원조하라고 서구의 정부들을 압박해 결국 이 지역 주민들에게 모기장이 무
> 상으로 배포된다. B 씨는 분명 '좋은' 일을 했다. 그러나 이 원조로 모기장이 공급되면서
> A사는 시장에서 즉각 퇴출당하고 A사에서 종사하던 10명의 직원은 더 이상 150명 이상
> 의 가족들을 부양할 수 없게 되었다.

〈제시문 4〉

> OECD에 의하면 ODA란 '정부를 비롯한 공공기관이 개발도상국의 경제 발전과 사회복지
> 증진을 목표로 제공하는 원조를 의미하며, 개발도상국 정부 및 지역, 또는 국제기구에 제
> 공되는 자금이나 기술 협력을 포함하는 개념'으로 정의된다. 이 정의에 따르면 한 국가(공
> 여국)가 다른 국가(수혜국), 특히 개발도상국에 원조를 주는 목적은 개발도상국의 경제 발
> 전과 사회복지의 증진에 있다. 그러나 경제 주체인 개인은 자신의 효용을 극대화하기 위
> 해 소비와 지출 등의 경제 활동을 하며 정부는 집합적인 개인의 효용을 극대화하기 위하
> 여 노력한다고 했을 때, 한 국가의 정부가 국민 세금으로 조성된 국가재정을 다른 국가의
> 발전과 복지를 위해 사용한다는 것은 그 자체만으로 충분한 이유가 되지 않는다. 개발도
> 상국의 경제 발전과 사회복지 증진이 원조를 제공한 국가와 그 국민에게 어떠한 효과도
> 가져오지 않는다면 원조를 제공한 국가와 국민이 합리적인 결정을 했다고 볼 수는 없을
> 것이다.

제 1 문. 〈제시문 1〉과 〈제시문 2〉를 참고해 공적 개발원조를 국제인권법의 측면에서 논하시오.

(25점)

풀이

공적 개발원조는 국제인권법의 외연(外延) 확장이라고 할 수 있다.

1948년 12월 10일 제3차 국제연합 총회는 18인의 인권위원회가 기초해 성안한 세계 인권선언문을 채택해 선포함으로써 기본적 인권을 국제적으로 보장하게 되었다.

세계 인권선언문은 전문(前文)에서 "국제연합총회는 모든 개인과 사회 각 기관이 이 선언을 항상 유념하면서 학습 및 교육을 통해 이러한 권리와 자유에 대한 존중을 증진하기 위해 노력하며, 국내적 그리고 국제적인 점진적 조치를 통해 회원국 국민들 자신과 그 관할 영토의 국민들 사이에서 이러한 권리와 자유가 보편적이고 효과적으로 인식되고 준수되도록 노력하기 위해, 모든 사람과 국가가 성취해야 할 공통의 기준으로 이 세계인권선언을 선포한다."고 하였다.

세계인권선언이 개인과 국가가 달성해야 할 공통의 기준으로 채택되어 도의적인 구속력은 지녔으나 법적 구속력이 없었던 것에 반해 체약국을 법적으로 구속하는 조약의 성격을 가지는 국제인권규약으로 1966년 12월 제21차 국제연합(UN) 총회에서 인권의 국제적 보장을 위해 채택된 것으로 '경제적·사회적·문화적 권리에 관한 규약(A규약)'과 '시민적·정치적 권리에 관한 규약(B규약)'이 있다(A규약은 1976년 1월에, B규약은 같은 해 3월에 각각 발효되었음).

A규약은 이른바 생존권적 기본권을 대상으로 노동기본권·사회보장권·생활향상·교육권 등을 각 체약국이 그들의 입법 조치로써 실현 달성할 것을 내용으로 하며, 이의 실시 상황을 UN에 보고할 것을 의무화하였다. B규약은 이른바 자유권적 기본권의 존재를 전제로 해, 체약국이 이를 존중할 것을 의무화하였다.

공적 개발원조는 특히 A규약의 시행범위를 국가 이외의 영역으로 확대한 것으로 해석할 수 있으며 구체적으로는 국가에게 이러한 의무를 부과한 규정이 경제협력개발기구(OECD)의 개발원조위원회(DAC)가 권고한 OECD 회원국이 자국의 국민 총수입(GNI)의 0.7% 이상을 후진국의 개발원조에 사용할 것을 권고한 것이 그 내용이다.

제 2 문. 〈제시문 1〉과 〈제시문 2〉를 참고해 공여국의 공적 개발원조 동기를 자유주의적 관점에서 설명하시오.

(25점)

자유주의는 국제 정치의 본질이 인류가 이성에 따라 자유와 정의(freedom and justice)를 실천하고 평화(peace)를 추구하는 데 있다고 보는 견해이다.

자유주의는 국제 정치도 국내 정치와 마찬가지로 선의의 통치(good governance)를 지향한다는 전제에서 출발한다.

자유주의자들은 현실주의자들과 달리 국제 관계를 무정부 상태로 보지 않고 질서, 자유, 정의, 관용과 같은 가치 지향적인 관계로 본다. 자유주의자들은 국제 관계를 형성하는 행위자가 반드시 국가여야 한다는 주장에 동조하지 않고 개인이나 비정부 기구(NGO)도 국제 관계 형성의 행위자로 본다. 이러한 자유주의적 관점에서는 공적 개발원조 동기가 국가의 이해관계 이전에 빈곤한 사람들이나 약자들에게 인간다운 생활을 할 수 있도록 도와주는 것이 세계의 평화를 유지하고 자유와 정의를 실천하는 방법의 하나이기 때문이라고 설명한다.

제 3 문. 〈제시문 3〉에 나타난 '모기장 원조'의 효과를 모기장 시장의 수요와 공급을 기초로 설명하시오. 그리고 〈제시문 3〉에서 지적하고 있는 '모기장 원조'의 문제점을 해결하기 위한 방안을 모기장 시장의 수요와 공급을 기초로 제시하시오.   (25점)

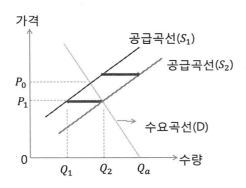

모기장 원조의 시장의 수요와 공급을 기초로 설명하면 원래 시장의 모기장 가격이 균형가격(P_0)보다 낮게 형성(P_1)되어 있어서 공급 부족 Q_2-Q_1에 상당하는 공급 부족이 생기고 있었다. 그런데 모기장의 무상 원조로 가격이 0에서 수요를 만족시키는 Q_a량이 공급되어 모기장 제조회사가 더 이상 모기장을 제작할 수 없게 되었다. 이러한 문제를 해결하려면 모기장 현물을 무상으로 제공해 모기장 제조업체를 파산하게 하는 방안 대신에 자금을 지원해 모기장 회사를 늘려 공급을 늘림으로써(공급곡선이 S_1에서 S_2로 이동) 종전가격으로 수요와 공급을 일치하도록 하는 방법을 택하면 된다.

제 4 문. 〈제시문 1〉, 〈제시문 2〉, 〈제시문 3〉, 〈제시문 4〉를 참고해 공여국의 공적 개발원조 정책이 수혜국에게 주는 영향을 국제법적 관점에서 논하시오. 그리고 공여국의 공적 개발원조 정책을 자국의 정치적·경제적 이익 실현의 관점에서 논하시오. (25점)

풀이

공여국의 공적 개발원조 정책은 공여국이 개별적으로 수혜국에게 직접 공여하는 방법을 택하는 정책과 수혜국을 지원할 수 있는 국제기구에 참여해 그 국제기구에 지원함으로써 국제기구가 공적 원조를 제공하도록 하는 간접적 방법을 택하는 정책이 있다. 또한 공적 원조를 제공하는 형태로 차관의 방법을 택하는 정책과 무상 원조의 형태로 할 것인지를 정책적으로 선택해야 한다.

공여국이 직접 수혜국에게 원조를 제공할 경우 무상 원조의 경우에는 공여국 일방의 의무가 발생할 뿐이나 차관의 경우에는 차관 계약에 따라 공여국과 수혜국 사이에 원조에 관한 채무 및 채권이 발생하며 원조 이행 후에는 공여국과 수혜국 사이에 차관 상환에 관한 채권 및 채무가 발생한다. 국제기구를 통한 공적 개발원조는 국제법적으로 원조를 주는 국제기구와 수혜국 간의 권리 의무가 발생한다.

특정 국가가 경제협력개발기구(OECD)의 선진 공여국 모임인 개발원조위원회(DAC)에 가입해 그 기구의 회원국이 될 경우, 동 기구가 정하는 조건에 따라 공적 개발원조를 해야 할 국제적 책임이 발생한다. 이 책임을 이행하지 않을 경우 국제법상의 책임을 물을 수는 없으나 국제사회로부터 책임을 소홀히 한다는 정치적 비난을 받게 된다.

공여국이 공적 개발원조 정책을 택하는 것은 정치적 측면에서는 공여국의 국제적 위상을 높일 수 있으며 수혜국과의 관계에서 외교적 유대를 강화할 수 있다는 이점이 있다. 경제적 측면에서는 공적 개발원조를 통해 자국과의 경제적 유대를 강화해 공여국의 상품을 수혜국으로 수출하는 데 유리한 기반을 마련할 수 있으며 공여를 차관으로 할 경우 장기저리 차관을 제공해 수혜국을 안전한 투자처로 만들 수 있다. 또한 프로젝트를 공여할 경우 공여국의 물품과 공여국의 인력을 지원해 공여 액수의 상당 부분을 자국이 회수하는 효과를 얻을 수도 있다.

※ 다음 제시문을 읽고 물음에 답하시오.

〈제시문 1〉

일반특혜 관세 제도를 통한 특혜 공여는 정부 간 원조나 다른 기타 원조보다 더 효과적으로 개도국의 경제 발전을 자극해 무역을 촉진함으로써 개도국의 경제 발전에 기여한 것으로 평가받고 있다. 개도국을 위한 우호적인 시장접근(preferential market access) 제공에 대한 논의는 1963년 GATT 각료회의에서 최초로 시작되어, 1964년 제1차 UNCTAD 총회에서 더욱 구체적으로 진행되었다. 이후 선진국과 개도국 간 협의를 거쳐 1968년 제2차 UNCTAD 총회에서 일반특혜 관세 제도가 채택되었다. 또한 GATT에서는 1966년 '제4부: 무역 및 개발'이 신설된 이후, 1979년에 이르러서는 'Decision 0f 28 Nov. 1979(L/4903): Differential and more favorable treatment reciprocity and fuller participation of developing countries'가 채택되었다.

〈제시문 2〉

Differential and more favorable treatment reciprocity and fuller participation of developing countries
Decision of 28 November 1979(L/4903)

Following negotiations within the framework of the Multilateral Trade Negotiations, CONTRACTING PARTIES decide as follows:

1. Notwithstanding the provisions of Article 1 of GATT, contracting parties may accord differential and more favorable treatment to developing countries, without according such treatment to other contracting parties.

2. The provisions of paragraph 1 apply to the following:

a) Preferential tariff treatment accorded by developed contracting parties to products originating in developing countries in accordance with the Generalized System of Preferences⋯.

〈제시문 3〉

1983년 미국의 모터사이클 제조업체인 할리데이비슨(Harley-Davidson)은 누적된 생산성 악화와 일본 회사들과의 치열한 경쟁으로 큰 적자를 겪고 있었다. 1989년대 초반, 일본 회사인 혼다(Honda), 가와사키(KawasakI), 스즈키(SuzukI), 야마하(Yamaha)가 가격 전쟁에 돌입한 이후, 미국 시장에서 미국산 중대형 모터사이클의 수입 증가에 직면해 미국의 국제무역위원회(ITC)에 보호 조치를 요구하였다. 이에 따라 레이건 미국 대통령이 중대형 모터사이클 산업에 대한 긴급 수입 제한 조치를 승인해 관세가 부과되었다.

〈제시문 4〉

반덤핑관세는 수입국에 의해 부과되지만, 외국기업의 수출가격 조정에 따라 변화될 수 있다. 예를 들어, 미국 기업이 판매하는 상품의 자국 내 가격이 10달러이고 수입국 시장으로서 수출가격이 6달러라고 가정하면, 수입국은 가격 차인 4달러에 대해 반덤핑관세를 부과할 수 있다. 만일 외국기업이 6달러가 아닌 8달러로 수출가격을 책정한다면, 수입국은 가격 차인 2달러에 대해 반덤핑관세를 부과할 수 있다. 또는 외국기업이 자국 내 가격과 동일하게 수출가격을 10달러로 책정한다면, 반덤핑관세를 완전히 회피할 수도 있다.

<제시문 5>

A국의 X기업과 B국의 Y기업만이 어떤 재화를 생산할 수 있다. 그중 한 기업만이 이 재화를 생산하면 큰 이득을 남길 수 있지만, 두 기업이 모두 생산하면 두 기업 모두 손해를 본다. X기업과 Y기업의 이 재화를 생산할 것인가 말 것인가를 결정해야 한다.

다음 표는 X기업과 Y기업의 보수 행렬표이다. 각 기업이 단독으로 생산하면 20만큼의 이익을 얻지만, 두 기업이 함께 생산하면 두 기업 모두 10만큼의 손해를 본다.

<X기업과 Y기업의 보수행렬표>

		Y기업	
		생산	생산하지 않음
X기업	생산	-10, -10	20, 0
	생산하지 않음	0, 20	0, 0

<제시문 6>

무역자유화의 확산에도 불구하고 국가들은 치열한 무역전쟁으로 인해 1980년대 중반 이후 다양한 중상주의 정책을 도입하였다. 이러한 중상주의 정책은 '근린 궁핍화 정책(beggar-thy neighbour)'의 특징을 가지고 있다. 중상주의 정책 중 대표적인 예가 '전략적 무역 정책'이다. 이는 과점적 국제시장에서 자국 산업에 정부 보조금을 지급해 경쟁력을 높이려는 것을 목표로 한다. 또 다른 중상주의 정책은 외국기업이 자국 내 판매가격보다 낮게 상품을 수출하는 데 대해 반덤핑관세를 부과하는 것이다. 반덤핑관세를 부과함으로써 수입품의 가격경쟁력을 약화시키는 정책이다.

제 1 문.

1) 1960~1970년대 미국은 일반특혜관세 제도의 도입과 제도화를 용인한 반면, 1980년대 중반 이후부터는 전략적 무역 정책을 이전보다 더 많이 채택하는 경향을 보였다. 〈제시문 1〉과 〈제시문 6〉을 참고해, 두 시기 간 미국의 무역 정책이 변화한 이유를 국제 정치 측면에서 설명하시오. (15점)

> 풀이

1980년대 이후 미국의 무역 정책이 변화한 근본적인 이유는 1980년대 이후 미국의 무역 적자가 대폭 늘어나고 종전의 무역 정책이 자유무역주의와 행정부 주도인 것에 비해 그 후부터는 상호주의와 무역 정책에 대한 의회의 관여가 큰 미국 내부의 변화와 함께 국제 정치 측면에서 아래와 같은 변화가 일어난 것에 기인한다.

1. 1980년대 이후 냉전 체제의 변화 조짐이 나타남에 따라 미국이 냉전 체제하에서 안보적 이유로 개도국에게 특혜관세를 용인하였으나 그 후 안보적 고려를 배제하고 미국의 경제적 이익을 추구하는 것이 더 중요하게 인식되었다.

2. 1980년대에는 중국 대미 무역에서 경상수지 흑자가 커지게 되는 세계적 불균형(global imbalance) 현상이 나타나 미국이 개도국에 대해 더 이상 관대한 여유를 가지지 못하게 되었다.

3. 종전 미국이 압도적으로 우월하였던 기술집약적 산업과 중간기술 분야에서의 산업이, 다수 개도국의 학습 효과로 인해 미국과의 기술 격차가 좁혀져서 미국과 서로 무역 경쟁을 하게 되었다.

2) 〈제시문 1〉과 〈제시문 2〉를 참고해, 일반특혜관세 제도가 WTO 법체계하에서 GATT 제1조의 예외로 인정되는 의의와 법적 근거를 제시하시오. (15점)

> 풀이

1947년 체결된 GATT 협정은 '무조건 최혜국대우 공여 원칙'에 의거해 비차별성의 원칙을 다자간 교역 규범의 기본으로 삼았다. 이는 가장 혜택을 입는 국가에 적용되는 조건(즉, 가장 낮은 수준의 제한)이 모든 다른 국가에도 적용되어야 한다는 것을 의미하였다.

그러나 1960년대에 다수의 신생독립국가가 생기고 이들이 정치적인 비동맹그룹(NAM)이나 경제적인 77그룹(G77)을 형성해 국제사회에 그들의 권리를 주장하는 목소리를 내게 되고 1964년에는 유엔에서 '무역과 개발에 관한 유엔회의(UNCTAD)'를 조직하고 개도국 약 190개국이 참여하였다. 이들은 이 기구를 통해 선진국들이 개도국의 개발을 위해 지원할 의무가 있음을 강조하고 무역에 대한 특혜를 부여할 것을 주장하였다.

이러한 움직임에 따라 1966년 GATT 협약에 '무역과 개발'이라는 새로운 분야가 설정되고 1968년 제2차 UNCTAD 총회에서 채택된 것이 일반특혜관세 제도이다. 이러한 과정을 거쳐 설치된 일반특혜관세 제도는 GATT의 무역에 관한 비차별성의 원칙에 대해 개도국에게 호의적인 차별적인 대우를 용인한다는 데 가장 큰 의의가 있다.

이 제도의 법적 근거는 1964년 채택한 UNCTAD 총회 결의, 1966년에 새로 추가한 GATT의 제4부 '무역과 개발' 부분의 제36조 제4항에서 "개도국의 제한된 범위 내에서의 기초생산품이 국제시장에 접근하는 것을 용이하게 할 수 있도록 이 상품의 수출에 대해 가능한 범위 내에서 더 우호적이고 수용할 수 있는 조건을 부과할 필요가 있다."고 규정한 것에 있다.

이러한 규정을 근거로 WTO 회원국들의 1979년 11월 '다자간 무역협상(MTN)' 각료 회의에서 채택한 '차별적이고 우호적인 상호 대우와 개도국의 더 많은 참여에 관한 결정' 제1항에서 개도국에 대한 차별적이고 우호적인 대우가 GATT 제1조의 적용을 받지 않는다고 명시하였는데 이것 또한 일반특혜관세 제도의 법적 근거가 된다.

제 2 문.

1) (1) 〈제시문 5〉의 보수 행렬표의 상황에서 Y기업만이 생산하고 있다고 가정해 보자. A국 정부가 〈제시문 6〉에서 언급된 전략적 무역 정책 수단으로 X기업에 15만큼의 생산 보조금을 지급할 때, 새로운 보수 행렬표를 작성하고 이에 근거해 양국의 해당 재화 생산에 어떠한 영향을 미치는지 설명하시오. (5점)

풀이

A국 정부가 X기업에 15만큼의 생산 보조금을 지급할 때, 새로운 보수 행렬표는 다음과 같다.

		Y기업	
		생산	생산하지 않음
X기업	생산	5, -10	35, 0
	생산하지 않음	0, 20	0, 0

새로운 보수 행렬표에서 보면 X기업이 15만큼의 생산 보조금을 정부로부터 지원받음으로써 Y기업이 생산하지 않을 경우에는 35라는 보수를 받게 되며, Y기업이 생산하더라도 보조금을 받지 않았을 때 보수기 음수(-)로 나타난 것과 달리 양수로 나타난다. 이러한 결과는 X기업이 보조금을 받는다면 Y기업의 생산 여부와 관계없이 생산하는 것이 유리하다는 판단을 하게 만든다.

(2) 이후 B국 정부도 Y기업에 15만큼의 생산 보조금을 지급할 때, 새로운 보수 행렬표를 작성하고 이에 근거해 양국의 재화 생산에 어떠한 영향을 미치는지 설명하시오. (5점)

풀이

A국 정부가 X기업에 15만큼의 생산 보조금을 지급하고, 이후 B국 정부도 Y기업에 15만큼의 생산 보조금을 지급할 때, 새로운 보수 행렬표는 아래와 같다.

		Y기업	
		생산	생산하지 않음
X기업	생산	5, 5	0, 35
	생산하지 않음	35, 0	0, 0

이러한 보수 행렬표에서 알 수 있는 것은 X기업과 Y기업이 모두 정부로부터 15의 보조금을 받는다면 어느 한 기업만이 재화를 생산한다면 보조금을 받지 않았을 때보다 훨씬 더 큰 보수를 받게 되며 또한 두 기업이 모두 다 재화를 생산할 경우 보수가 전에는 음수(-)였던 것에 비해 지금은 양수로 나타난다는 것이다.

이는 결국 X기업과 Y기업이 모두 재화 생산을 하더라도 손실을 보지 않는다는 것을 의미하므로 두 기업은 모두 다른 기업이 생산하는 것과 관계없이 재화를 생산하는 것이 이익이라고 보고 재화를 생산하게 된다.

2) 〈제시문 6〉에서 언급된 전략적 무역 정책 수단인 보조금 지급으로 인해 발생할 수 있는 결과를 국제 정치와 국내 정치의 측면에서 각각 논하시오. (20점)

풀이

제2차 세계대전 이후 오늘날 국제무역 질서는 1948년부터 발효한 GATT와 1995년 출범한 WTO 규정을 기본으로 한다. 이들 규정은 전문(前文)에 무역에서의 관세와 기타 장벽을 실질적으로 줄이고 국제 통상에서 차별적 대우를 제거하는 것이라고 하여 무역자유화를 지향하고 있다. 정부가 특정 생산품에 대해 수출 보조금을 지급하는 것은 차별적 대우를 하는 것이므로 보조금에 관해서는 GATT 제16조와 WTO 규정의 일부인 '보조금과 상계관세에 관한 협약'을 통해 예외적인 경우에 한해서만 보조금 지급을 인정하고 있다. 전략적 무역 정책으로서의 보조금은 WTO 규정상 허용되지 않는 수출 보조금을 지급하는 것을 의미한다.

따라서 이러한 보조금을 지급하면 국제 정치적으로 우선 이 상품을 수입하는 나라와 무역 분쟁을 야기할 수 있다. 이러한 무역 분쟁은 WTO에 규정된 분쟁 해결 절차를 통해 해결될 수도 있으나 수출 보조금을 지급해 수출되는 상품을 수입하는 나라의 보복 조치를 야기해 그 나라도 수출 상품에 대해 보조금을 지급하는 등 전략적 무역 정책으로 대응할 수도 있다. 이러한 상황으로의 발전은 결국 무역 분쟁 국가 간의 정치적 갈등을 초래할 수도 있다.

보조금 지급으로 발생하는 결과를 국내 정치 측면에서 본다면 정부가 특정 기업의 상품 수출에 보조금을 지급하는 것이 정치적 고려에 의할 경우 결국 그 상품을 생산하는 기업에 대한 특혜 조치가 되어 정부와 그 기업 간의 정경유착이 될 수 있다. 또한 특정 기업에 대한 보조금 지급은 정부가 특정 기업을 보호하는 결과가 되어 국가가 자원 배분의 왜곡을 초래하게 된다는 점과 보조금의 재원은 국민의 세금이므로 정부가 예산 집행을 적절하게 하였느냐의 문제가 되므로 결국 국내 정치이슈가 될 수 있다.

제 3 문.

1) 〈제시문 3〉과 〈제시문 4〉를 참고해, 수입국이 WTO 법체계하에서 긴급 수입 제한 조치와 반덤핑관세 부과 조치를 취하기 위한 법적 요건이 어떻게 다른지와 그 이유를 설명하시오. (20점)

> **풀이**

WTO 법체계하에서 긴급 수입 제한 조치를 취하는 법적 요건은 GATT 제19조에서 규정하고 있고 반덤핑관세 부과 조치를 취하기 위한 법적 요건은 GATT 제6조에서 규정하고 있다.

긴급 수입 제한 조치는 특정 품목의 수입이 급증해 국내 업체에 심각한 피해가 발생하거나 발생할 우려가 있을 경우 수입국이 관세 인상이나 수입량 제한 등을 통해 수입 규제를 할 수 있는 제도인 것에 비해 반덤핑관세 부과 조치는 외국 물품이 정상가격(수출국 국내시장 가격) 이하로 판매됨으로써 국내 산업이 실질적으로 피해를 받거나 받을 우려가 있을 때나 국내 산업의 발전을 지연시킬 때 관세를 부과할 수 있도록 하는 제도이다.

긴급 수입 제한 조치와 반덤핑관세 부과 조치를 취하기 위한 법적 요건과 반덤핑관세를 부과할 수 있는 법적 요건이 근본적으로 다른 점은 긴급 수입 제한 조치의 요건이 특정 품목의 수입이 국내업체에 '심각한 피해를 발생하거나 우려가 있을 경우'인 것에 비해 반덤핑관세 부과는 외국 물품이 정상가격(수출국 국내시장 가격) 이하로 판매됨으로써 국내 산업이 실질적으로 피해를 받거나 받을 우려가 있을 때 또는 국내 산업의 발전을 지연시킬 때 관세를 부과할 수 있다는 점이다.

이와 같이 두 조치를 취할 수 있는 요건이 다른 이유는 긴급 수입 제한 조치는 국내 산업을 보호하기 위한 것인데 비해 반덤핑관세 부과 조치는 그 목적이 공정한 가격 경쟁을 하도록 하는 데 있기 때문이다.

2) 〈제시문 3〉과 〈제시문 4〉를 참고해, 수입국의 긴급 수입 제한 조치와 반덤핑관세 부과 조치가 초래하는 경제적 효과를 소비자 잉여, 관세수입, 교역 조건 이득 측면에서 비교해서 설명하시오(단, 두 경우 모두 관세는 t만큼 부여되며, 외국기업은 독점기업으로 한계비용이 일정하고 반덤핑관세를 완전히 회피한다고 가정한다). (20점)

풀이

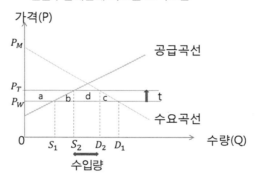

긴급수입제한에 따르는 교역조건

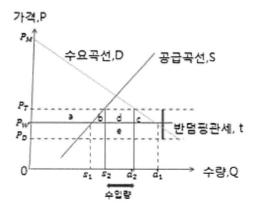

반덤핑관세부과에 따른 교역조건

긴급 수입 제한에 따른 관세 부과로 인한 교역 조건과 반덤핑관세 부과로 인한 교역 조건이 다른 점은 위의 두 그래프에서 나타나는 바와 같다. 긴급 수입 제한으로 인한 관세 부과는 수입가격인 국제가격에서 관세 t만큼 가격이 상승하는 데 비해 반덤핑관세를 부과할 경우는 국제가격보다 낮은 덤핑가격에서 관세만큼 가격이 상승한다는 점이다. 두 경우 소비자 잉여는 긴급 수입 제한 조치로 관세가 t만큼 부과됨으로써 수입가격은 P_T가 되어 소비자잉여는 관세가 부과되기 전에는 당초 P_M과 Y축이 만나는 점과 국제가격 P_W가 Y축과 만나는 점 이 두 점이 국내수요 곡선과 만나는 점의 3점으로 이루어진 삼각형 크기만큼이었으나 관세 부과만큼의 가격 인상으로 인해 소비자 잉여는 P_M과 Y축이 만나는 점과 P_T가 Y축과 만나는 점과 이 두 점이 국내 소비곡선과 만나는 삼각형의 크기로 줄어들게 되었다.

두 번째 그래프인 반덤핑관세 부과의 경우, 소비자 잉여는 덤핑가격 P_D에서 t의 관세 부과로 인해 가격이 상승해 P_T 가격으로 상승되어 당초 P_M이 Y축이 만나는 점과 덤핑가격 P_D가 Y축과 만나는 점과 이 두 점이 국내수요 곡선과 만나는 점으로 연결된 삼각형의 크기만큼이었으나 관세 부과로 수입가격이 P_T로 상승한 후의 소비자 잉여는 P_M이 Y축이 만나는 점과 상승한 가격 P_T가 Y축과 만나는 점과 이 두 점이 국내 소비곡선과 만나는 3개의 점으로 연결된 삼각형의 크기로 줄어들게 되었다.

관세수입은 긴급 수입 제한에 따른 관세 부과 시 관세 부과로 인해 수요량이 D_2에서 D_1으로 줄어들고 공급량도 S_1에서 S_2로 줄어들게 되어 수입량이 D_2와 S_2 사이의 거리만큼 된다. 이 수입량에 관세의 크기 t를 곱한 사각형의 면적에 해당하는 d 부분이 된다. 반덤핑에 다른 관세 부과 시의 관세수입은 두 번째 그래프에서 d_2와 S_2 사이의 거리인 수입량에 관세의 크기 t를 곱한 사각형의 면적 부분의 크기인 d와 e를 합한 크기만큼이다.

교역 조건 이득은 긴급 수입 제한에 따른 관세 부과의 경우에는 소비자 잉여의 축소부분인 a, b, c, d에서 a 부분은 생산자 잉여에도 속하므로 교역 조건 이득에서 제외되고 d 부분은 관세수입이므로 소비자 잉여 손실에서 제외되어 결국 b와 c를 합한 부분이 교역 조건 손실로 나타난다. 반덤핑관세 부과의 경우에는 b와 c를 합한 부분이 교역 조건 손실로 나타나는 점은 같으나 관세수입이 d와 e를 합한 크기만큼이므로 소비자 잉여 축소 부분에 포함되는 d 부분을 제외한 e 부분이 교역 조건 이득이 된다.

학제통합논술 Ⅰ

※ 다음 제시문을 읽고 물음에 답하시오.

〈제시문 1〉

(1) 유엔총회는 1949년 유엔난민기구(UNHCR)를 설치하고 1951년 「난민의 지위에 관한 협약」(난민 협약)을 체결해 난민의 개념을 제시하였다. 난민 문제를 유럽에 국한하지 않고 다른 지역에서 발생하는 난민 문제도 다루기 위해 1967년 「난민의 지위에 관한 의정서」(난민 의정서)를 제정하면서, 오늘날의 국제난민레짐의 틀을 갖추게 되었다. 국가들이 UNHCR과 난민 협약 및 난민 의정서에 참여함으로써 국제난민레짐은 난민을 보호하고 난민 문제를 해결하며, 그와 관련한 다양한 행위자들의 활동 방식을 규제하는 것이 가능하게 되었다.

(2) 난민 보호는 한 국가가 국제난민레짐의 일원으로서 규범을 준수할 책임과 의무를 이행한다는 정책적 의미를 가진다. 국제레짐은 '국제 관계의 주어진 영역에서 행위자들의 기대가 수렴되는 암묵적 또는 명시적 원칙, 규범, 규칙 및 의사결정 절차'로써, 난민의 보호와 영구적 해결을 보장할 수 있도록 국제적 협력을 촉진하는 역할을 한다. 오늘날 국제난민레짐은 난민 협약을 유지하고 그 이행을 감독하는 기관인 UNHCR의 활동에 기반을 두고 있다. 아울러 1951년 난민 협약과 1967년 난민 의정서도 첫째, 난민 및 비보호신청자에 대응하는 국가의 지침 기준 설정, 둘째, 국가의 비호 제공에 있어 균일한 방식 권장, 셋째, 난민의 지위 인정에 대한 보편적 정의 등의 실현을 위한 가이드라인을 제공한다. 국제난민레짐의 일원으로서 난민 협약의 체약국은 이러한 목적을 실현하기 위한 규범을 준수하고 협력할 책임과 의무를 가진다.

(3) Refugee influx in the territory of the host state poses a great security problem and endangers the sacredness od the state. Thus, the state must build up its

security against unauthorized border crossing. To the host government, refugees themselves can be a real or perceived threat. They can arrive with armsand form an armed community. Refugee camps can also be a threat if rebel groups reside in them, possibly even engaging in military operations. Hence the host government tightly controls the movement of refugees in and out of refugee camps to prohibit the spill-over effects of these threats to the host society.

〈제시문 2〉

(1) 난민 문제가 국제적 관심사로 부상한 이후 오늘날에도 인종, 종교, 국적, 정치적 의견 또는 특정 사회집단의 구성원 신분 등을 이유로 박해받는 사람들이 늘고 있고, 이들은 박해를 피해 결국 자신의 국적국이나 상주국 밖에서 머무를 수밖에 없다. 이러한 난민을 보호하는 조약으로는 1951년 「난민의 지위에 관한 협약」(난민 협약) 등이 있다. 난민 협약은 난민의 권리를 직접 규정하고 있는 것이 아니라 난민에 대한 보호를 제공할 의무를 체약국에 부과하는 형식으로 규정하고 있다. 체약국이 인종, 종교 또는 출신국에 대한 차별 없이 난민에게 제공할 보호의 내용으로는 첫째, 종교의 자유, 둘째, 재산권, 셋째, 결사의 권리 넷째, 재판을 받을 권리, 다섯째, 유급직업·자영업·자유업에 종사할 권리, 여섯째, 배급·주거·공공교육·공공구제·노동법제 및 사회 보장에서 내국민과 동일한 대우, 일곱째, 자유로이 이동할 권리 등이 있다. 또한 이 협약은 난민을 추방하거나 송환하지 아니할 의무를 체약국에 부과하고 있다. 우리나라는 1992년 12월 3일 난민 협약과 난민 의정서에 대한 가입서를 기탁하였고, 난민 협약은 1993년 3월 3일, 난민 의정서는 1992년 12월 3일 각각 발효되었다.

(2) 이집트에는 다수의 이슬람교도와 소수의 기독교도가 있으며, 신분증에 종교를 기재하도록 하고 있다. 또한 기독교도가 이슬람교도로 개종하는 것에는 제한이 없으나, 이슬람교도가 기독교도로 개종하는 경우 이를 처벌하기도 한다. '갑'은 1992년 기독교도인 필리핀인과 결혼해 슬하에 2남 1녀를 두고 있다. '갑'은 이슬람교에서 기독교로 개종하였는데, 이 사실을 알게 된 무슬림 형제단원들이 2005년 5월 '갑'에게 다시 이슬람교로

개종하라며 협박하였다. 무슬림 형제단원들이 2005년 5월 '갑'이 운영하던 문방구에 자주 찾아와서 협박하자, '갑'은 2005년 6월 문방구점을 폐점하였다. 이후에도 '갑'이 개종을 하지 아니하자, 무슬림 형제단원들은 2005년 5월 '갑'을 납치해 고문하면서 이슬람교로 개종하도록 요구하였다. '갑'은 무슬림 형제단원들이 기도하는 틈에 창문을 통해 도망친 후, 카이로에 있는 여동생의 집으로 갔다. 그곳에서 '갑'은 한국의 지게차 판매회사와 연락을 해 사업 목적으로 한국을 방문한다는 이유로 비자를 발급받아 2005년 9월 27일 한국에 입국하였고, 2005년 10월 20일 난민 인정신청을 하였다(서울행정법원 2007. 1. 9. 선고, 2006구합28345 판결(발췌·수정)).

〈제시문 3〉

(1) 노동시장에 차별이 존재해 고급 인력시장에는 남성만 취업할 수 있다고 가정해 보자. 그렇게 되면 고급 인력시장에 취업하려던 여성들은 보통 인력시장으로 진입하게 되고, 이에 따라 고급 인력시장에는 노동의 공급이 줄어드는 한편, 보통 인력시장에는 공급이 늘어나게 된다. 평균 이상의 생산성을 가진 남성만이 취업할 수 있는 고급 인력시장은 노동의 공급이 감소한 결과 임금이 더욱 높아지게 된다. 반면에 여성 노동력이 대거 유입되어 공급이 늘어난 보통 인력시장에서는 임금의 하락이 불가피해진다. 그 결과 차별을 받는 여성의 경제적 지위가 약화되는 것은 물론, 남성 중 보통 인력시장에서 취업한 사람들도 함께 손해를 입게 된다. 이 경우 두 시장 사이의 분배의 평등을 심화시킬 것이다.

(2) 노동조합의 활성화에 의해 야기되는 실업은 서로 다른 노동자 집단, 즉 내부노동자(insider)와 외부노동자(outsider) 간 이해 충돌의 한 예이다. 이미 취업한 노조원만으로 구성된 노동자, 즉 내부노동자는 임금을 높게 유지하려고 하는 반면에 실업자, 즉 외부노동자들은 낮은 임금하에서도 취업할 수 있기 때문에 높은 임금에 수반되는 비용을 부담하고 있다고 볼 수 있다.

제 1 문. A국 외교부 장관은 유엔 총회에서 유엔난민기구(UNHCR)의 활동 강화와 국제협력의 필요성을 주장하는 연설을 준비하고 있다. 〈제시문 1〉을 참고해 정책담당관으로서 자유주의적 관점에서 연설문에 포함될 핵심적인 내용을 작성하시오. (20점)

> **풀이**
>
> 1. A국은 유엔에서 1949년 유엔난민기구(UNHCR)를 설치하고 1951년 「난민의 지위에 관한 협약」, 1967년 「난민의 지위에 관한 의정서」를 제정해 난민 보호에 관해 지속적인 노력을 해 온 것을 높이 평가하고 A국은 유엔의 이러한 활동을 적극적으로 지지하고 이에 동참하려고 함.
> 2. 난민은 인종, 종교, 국적 정치적 의견 또는 특정 사회집단의 구성원 신분 등을 이유로 박해를 받아 자신들의 생활 본거지를 떠날 수밖에 없었던 사람들이므로 이들을 보호하는 것은 인간의 존엄과 가치를 보존하게 하고 기본적 인권을 보장하는 것이므로 국가뿐만 아니라 전 세계 모든 인민의 책무임.
> 3. A국은 오늘날에도 난민이 늘어나고 있는 현실에 비추어 유엔난민기구(UNHCR)의 활동이 더욱 강화되어야 하고 난민 보호를 위한 국제협력이 더욱 필요하다는 사실을 충분히 인식하고 이러한 인식을 바탕으로 국제사회에서 응분의 노력을 다할 것임.

제 2 문 〈제시문 1〉과 〈제시문 2〉를 참고해 1951년 「난민의 지위에 관한 협약」 및 1967년 「난민의 지위에 관한 의정서」가 정한 난민의 요건에 따라 '갑'이 난민 지위를 인정받을 수 있는 근거를 제시하시오. (20점)

> **풀이**
>
> 우리나라는 1992년 12월 난민 협약과 난민 의정서에 대한 가입서를 기탁했다. 난민 협약은 1993년 3월 3일, 난민 의정서는 1992년 12월 3일 각각 발효되었고 이 협약과 의정서는 헌법 제6조에 따라 국내법과 동일한 효력을 가지므로 한국 정부는 이들 협약의 내용에 기속된다. 난민 협약에는 난민에게 제공할 보호의 내용으로 종교의 자유와 유급직에 종사할 권리를 열거하고 있음에 비추어 한국은 '갑'을 보호할 의무를 지게 되므로 '갑'은 난민 지위를 인정받을 수 있다.

제 3 문. 난민의 유입은 난민 수용국의 노동시장에 영향을 미치게 된다. 〈제시문 3〉을 참고해 다음 물음에 답하시오. (총 20점)

1) 난민이 난민 수용국의 노동시장에 유입될 경우, 노동시장의 평균임금과 노동소득에 미치는 영향을 노동수요가 탄력적일 경우와 비탄력적일 경우로 구분해 설명하시오. (10점)

풀이

노동수요가 탄력적일 경우에는 임금의 변화량보다 고용의 변화량이 더 크므로 노동수요 곡선의 기울기가 작은 반면에 노동수요가 비탄력적일 경우에는 임금의 변화량에 비해 고용의 변화량이 적게 되므로 노동수요 곡선의 기울기가 커지게 된다. 이러한 관계를 그래프로 나타내면 다음과 같다.

노동수요가 탄력적일 경우

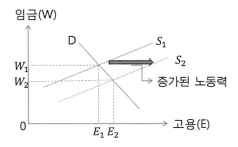

노동수요가 비탄력적일 경우

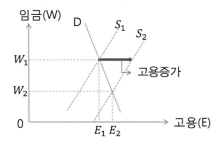

난민이 노동시장에 유입될 경우, 노동시장의 노동수요의 탄력성이 클 경우에는 탄력성이 적을 경우에 비해 평균임금이 내려가는 정도보다 고용으로 흡수되는 부분이 더 커지는 반면에, 탄력성이 적을 경우에는 노동시장에 흡수되려면 평균임금이 낮아지는 정도가 커야 한다.

노동소득의 규모는 탄력성이 클 경우 난민이 고용시장에 유입되기 전의 고용소득이 앞의 그래프 상에서 W_1이 Y축과 만나는 점과 수요 곡선과 만나는 점 E_1점과 원점으로 연결되는 사각형의 크기만큼이었으나 난민이 고용시장에 유입된 이후에는 W_2가 Y축과 만나는 점과 수요 곡선과 만나는 점과 E_2점과 원점으로 연결되는 사각형의 크기와 같아지므로 노동소득의 규모가 더 커진다. 그러나 노동수요가 비탄력적일 경우에는 앞의 그래프에서 나타나는 바와 같이 노동소득이 난민유입 전보다 더 작아질 수 있다.

2) 위의 결과가 실업률에 미치는 영향을 보통 인력시장과 고급 인력시장으로 나누어 설명하고, 각각의 시장을 대표하는 노동조합의 반응을 비교하시오. 또한, 보통 인력시장과 고급 인력시장에 속한 노동자 간의 분배 구조는 어떻게 변할지에 관해 설명하시오. (10점)

풀이

보통 인력시장은 고급 인력시장에 비해 새로운 노동 인력의 진입이 용이하고 저임금이기 때문에 노동수요 곡선이 탄력적이다. 이와는 달리 고급 인력시장은 고급인력만이 시장에 진입할 수 있기 때문에 노동수요 곡선이 비탄력적이다.

이와 같은 상황을 그래프로 나타내면 다음과 같다.

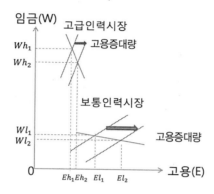

보통 인력시장에서는 노동수요 곡선이 탄력적이므로 임금이 Wl_1에서 Wl_2로 소폭으로 감소하는데도 고용효과는 El_1에서 El_2로 크게 증가한다. 이는 임금감소의 크기에 비해 새로운 노동력이 용이하게 노동시장에 진입한다는 것을 의미하므로 실업률에 미치는 영향이 크다. 그러나 고급 인력시장은 고급인력만이 진입할 수 있으므로 새로운 노동력이 진입하더라도 노동시장의 실업률을 크게 변화시키지 않는다.

이와 같은 결과로 난민이 유입될 경우 대부분 진입이 용이한 보통 인력시장에 새로운 노동력으로 흡수되어 실업률을 증대시킬 우려가 커진다.

보통 인력시장을 대표하는 노동조합은 이민자의 노동시장 진출로 인해 기존 노동자의 임금 감소에 비해 고용효과가 크기 때문에 이민자의 노동시장 진입을 억제하거나, 노동시장 진입에 제한을 둘 것을 주장하거나, 기존 노동자의 실업 문제에 대한 대책을 요구할 필요성이 커진다.

고급 인력시장의 노동조합은 이민자의 노동시장 진출로 실업 문제는 큰 영향을 받지 않으나 이민자 중 고급 인력시장에 진입할 수 있는 능력이 있는 자가 있을 경우 이들의 진입으로 임금이 저하되는 폭이 크기 때문에 이민자의 고급 인력시장 진출 시 차별임금제와 같이 임금 저하에 대한 대책 마련을 요구할 필요성이 생긴다.

이민자들이 보통 인력시장에 진입할 경우 노동자 간의 분배 구조는 위의 그래프에서 나타나는 바와 같이 임금이 감소되는 폭보다 노동 인력이 증가되는 폭이 더 커져 분배구조가 Wl_1과 El_1을 곱한 값(앞의 그래프에서 Wl_1이 y축과 만나는 점, 수요 곡선이 만나는 점, El_1점 및 원점을 연결하는 사각형의 크기)에서 Wl_2와 El_2를 곱한 값(앞의 그래프에서 Wl_2가 Y축과 만나는 점, 수요 곡선과 만나는 점, El_2점 및 원점을 연결하는 사각형의 크기)으로 변화하였다.

고급 인력시장에서의 분배구조는 Wh_1과 Eh_1을 곱한 값(앞의 그래프에서 Wh_1이 Y축과 만나는 점, 수요 곡선과 만나는 점, Eh_1점 및 원점을 연결하는 사각형의 크기)에서 Wh_2와 Eh_2를 곱한 값(앞의 그래프에서 Wh_2가 Y축과 만나는 점과 수요 곡선과 만나는 점, Eh_2점과 원점을 연결하는 사각형의 크기)로 변하였다.

제 4 문. 2014년 6월 발표된 유엔난민기구(UNHCR) '글로벌동향보고서'에 따르면 전 세계에서 보호 대상이 되는 난민의 수는 11,703,179명에 달한다. 이와 관련해 난민의 보호를 위해 UNHCR에 기여할 수 있는 역할과 한계를 국제법적, 국제정치학적 관점에서 논하고, 난민 수용국의 공공재 공급 확대에 따른 경제적 이득과 손실을 설명하시오.   (40점)

> **풀이**

UNHCR(유엔 난민고등판무관)의 법적 성격은 '난민 지위에 관한 협약(또는 의정서)'의 실행을 위해 운영되는 유엔의 보조기구이다. UNHCR이 설치된 법적 근거는 1950년 12월 유엔총회에서 유엔난민고등판무관실 규약(Statute of the Office of the UN High Commissioner for Refugees)을 채택한 데에 있다. 이 규약은 1951년 1월 1일 규정이 발효되었고 본래 3년을 기한으로 하는 임시기구였으나, 현재는 5년마다 임기를 연장하고 있으며 2003년 난민 문제가 완전히 해결될 때까지 계속 업무를 수행하도록 승인을 받았다.

UNHCR의 역할은 인도주의에 입각해 난민(강제적으로 거주지를 이탈하게 된 자를 포함)에 대한 법적·물질적 구호사업, 강제적 송환 방지, 난민의 귀국, 재정착, 이산가족 상봉 지원, 난민 문제 해결을 위한 국제협력사업 등 난민의 안전 확보와 정착을 지원하는 것을 그 임무로 하고 있다.

UNHCR이 난민 보호에 관한 업무를 수행할 수 있는 가장 큰 장점은 보호 대상이 되는 세계전체 난민 약 1,100만 명에 대한 개인신상자료를 포함한 기초자료(data-base)를 구비하고 있다는 점이다. UNHCR은 이러한 자료 확보를 기초로 난민 보호 활동을 하고 있기 때문에 난민 원인 제공국이나 난민 수용국들이 UNHCR의 활동에 협조하지 않을 경우 국제 정치적으로 부담을 갖게 된다.

UNHCR이 난민 보호 역할을 하는 데 대한 한계점으로는 법적으로 이 기구가 독자적인 집행 능력을 갖추지 않았다는 것과 정치적으로 난민 보호를 위해 유엔의 다른 기구와 다른 국가들의 협조를 받아야 한다는 점이다. UNHCR은 경제사회이사회를 통해 유엔총회에 연차 보고를 해야 하고 UNHCR 업무계획 집행위원회의 감독을 받고 원조사업의 승인을 받아야 한다.

또한 UNHCR의 활동을 위한 경비가 거의 모두 정부, 민간단체 및 개인의 자발적 기부금으로 조성되며 총운영비는 각국에서 내는 기부금이 93%를 차지한다는 점은 이 기구가 정치적으로 독자적인 활동을 하는 데에 한계점으로 작용한다.

난민 수용국이 난민들을 위해 공공재의 공급을 확대하는 것은 난민을 위해 수용시설이나 위생시설, 오락시설 등을 확충한다거나 도서관을 건립하고, 교육시설 등을 제공하는 경우인데 이러한 공공재를 공급하면 경제적으로 이득이 될 수 있는 부분은 이러한 공공재 공급 확충에 수반해 고용이 증대되고 소비를 진작시켜 국민소득이 증가될 수 있다는 점이다.

경제적으로 손실을 초래하는 것은 세금을 납부하지 않는 난민을 위해 국민의 세금을 지출하는 행위이므로 국가재정이 줄어들고 난민들에게 무임승차(Free-riding)의 기회를 제공해 추후 새로운 난민들이 유입되는 계기가 되어 국고의 추가 손실을 초래할 가능성이 있다는 점이다.

※ 다음 제시문을 읽고 물음에 답하시오.

〈제시문 1〉

프리드만(Friedman)은 자본주의의 미래를 국가권력의 제한과 시장경쟁 논리로 설명하면서 시장경제의 원칙이 국방 정책에도 적용될 수 있다고 믿었다. 크라만(Krahmann)은 전투, 병참, 훈련, 지원 등을 포함하는 군사적 기능의 아웃소싱이 민간 군사계약자 모델이라는 제3의 군인 모델에서 사회(국가)와 민간 군사기업(Private Military and Security Companies, PMSCs) 사이의 관계는 계약에 의한 관계가 되고, 민간 군사기업의 군사적 활동 동기는 계약에 기초한 물질적 보상이라고 하였다. 민간 군사계약자는 출신 국가 혹은 사회가 아닌 전혀 관계없는 국가나 집단을 위해서도 서비스를 제공할 수 있다.

〈제시문 2〉

국민의 대리자는 국민과 한 약속을 지켜야 한다. 정치적 인사의 전문적 공직자로 구성된 국가기관을 정치적으로 통제하는 데에도 상당한 수고와 노력이 따르는데, 민간 계약자들을 감독하고 통제하기란 쉬운 일이 아니다. 외국에서 활동하는 민간 계약자들의 경우 보안 문제와 지리적 제약으로 인해 더욱 통제하기가 힘들다. 군사력과 관련된 시장에서 군은 독점적 영향력을 발휘해 시장 상황을 변화시킬 수 있다. 정부는 민간 계약자들의 직무 수행평가를 다른 민간 계약자가 담당할 수 있다는 현실을 직시해야 한다.

<제시문 3>

The Montreux Document on PMSCs(2008)

"24. The status of the personnel of PMSCs is determined by international law on a case-by-case basis, in particular according to the nature and circumstances of the function in which they are involved. [···]

26 The personnel of PMSCs: [···]

b) are protected as civilians under international humanitarian law, unless they are incorporated into the regular armed forces of a State or are members of organized armed forces, groups or units under a command responsible to the State;

c) are entitled to prisoner-of-war status in international armed conflict if they are persons accompanying the armed forces meeting the requirements of Article 4A(4) of the Third Geneva Convention*;"

※ Article 4A(4) of the Third Geneva Convention

"A. 본 협약에서 포로라 함은 다음 부류의 하나에 속하는 자로서 적의 수중에 들어간 자를 말한다. [···]

(4) 실제로 군대의 구성원은 아니나 군대에서 임무를 수행하는 자, 즉, 군용기의 민간인 승무원, 종군기자, 납품업자, 노무대원 또는 군대의 복지를 담당하는 부대의 구성원을 이른다. 단, 이들은 이들이 수행하는 군대로부터 인가를 받은 경우에 한하며, 이를 위해 당해 군대는 이들에게 부속서의 양식과 유사한 신분 증명서를 발급해야 한다."

<제시문 4>

On all these fronts, America leads from a position of strength. But, this does not mean we can or should attempt to dictate the trajectory of all unfolding events around the world. As powerful as we are and will remain, our resources and influence are not infinite.

And in a complex world, many of the security problems we face do not lend themselves to quick and easy fixes. The United States will always defend our interests and uphold our commitment to allies partners. But, we have to make hard choices among many competing priorities, and we must always resist the over-reach that a smart national security strategy does not rely solely on military power. indeed, in the long-term, our efforts to work with other countries to counter the ideology and not causes of violent extremism will be more important than our capacity to remove terrorists from the battlefield.

<제시문 5>

'테러와의 전쟁' 과정에서 미국과 그 동맹국들은 심각한 인권 침해의 혐의가 있다고 2002년 유엔의 고문에 관한 특별 보고서에서 언급된 우즈베키스탄과 같은 여러 국가와 협력했다. 안보적 필요가 인권을 대체하게 된 것이다. 이는 많은 독재정권이 자국 내 인권 침해를 정당화하는 구실을 확보하는 계기가 되었다. 또한, 자유민주주의 국가들은 테러리스트 용의자에게서 정보를 얻어 내기 위해 특정 고문을 수행할 수 있는지에 대해서도 논의하고 있다.

<제시문 6>

9·11사태와 관련된 2001년 유엔 안전보장이사회 결의 제1368호와 제1373호는 미국에게 자위권을 행사할 수 있는 권한을 부여한 것으로 평가된다. 이 결의문은 미국에 대한 알카에다의 테러 행위를 유엔헌장 제51조에서 규정하는 자위권 행사의 전제조건인 무력 공격으로 간주했다.

알카에다와 같은 비국가 행위자가 자위권 행사의 전제조건인 무력행사의 주체가 될 수 있다면, 무력 공격에 해당하는 테러 행위에 피해를 입은 국가는 비국가 행위자를 대상으로 개별적 또는 집단적 자위권을 행사할 수 있다.

제 1 문. 〈제시문 1〉과 〈제시문 2〉를 참고해 국가안보 차원에서 민간 군사기업(PMSCs)의 장단점을 설명하시오. 그리고 국방이라는 재화의 경제적 특성과 최적 공급량에 관해 설명하시오.

(30점)

풀이

　민간 군사기업(PMSCs)은 사적 계약으로 국가의 안보를 위해 일정한 임무를 수행할 것을 위탁받는 기업이므로 이러한 업무를 수행하는 기업의 장점은 국가로부터 위임받은 범위와 그 위임의 실패와 성공의 결과에 따른 보수문제가 계약에 명백하게 나타날 것이므로 임무 처리에 따른 처리가 간편하고 예측이 가능하다는 점이 있다.

　그러나 이러한 기업이 가지는 단점으로는 이 기업이 행한 행위가 계약의 범위를 벗어나 인권 침해나 불필요한 사상자를 발생하였을 때 국제적으로 국가 책임을 물을 방법이 명확하지 않게 될 가능성이 커 국제적으로 복잡한 문제를 야기할 가능성이 있다는 점이다.

　국방이라는 재화는 국가의 생존을 위해 필수적으로 공공기관을 통해 지출되어야 하는 특수한 공공재이다. 국방이라는 재화는 공공재이기 때문에 공공재가 가지는 특성인 한 개인이 소비에 참여함으로써 얻는 이익이 다른 모든 개인이 얻는 이익을 감소시키지 않는다는 비경합성(non-rivalry)과 특정 집단의 사람들을 소비에서 얻는 혜택으로부터 배제할 수 없다는 배제 불가능성(non-excludability)이라는 특성을 갖는다. 국방은 공원이나 일반도로와 같이 일부 배제가 가능한 공공재와 달리 비경합성과 배제 불가능성이 완벽하게 갖추어진 순수공공재(pure public goods)이다.

　국방이라는 재화는 또한 국가의 생존에 필요한 군사력을 확보하기 위해 반드시 지출해야 할 재화라는 점에서 불가피성(unavoidability)을 가지며 국제사회에서 국익을 수호하고 증진하는 데 필요하고도 충분한 적정성을 가져야 한다(adequacy-requirement)는 특성을 가진다.

이 재화의 최적 공급량은 아래의 그래프로 설명할 수 있다.

재화의 최적 공급량

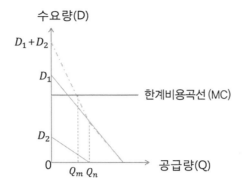

이 그래프에서 국방이라는 재화는 사회구성원의 한계사회가치(Marginal Social Value, MSV) 또는 한계사회편익(Marginal Social Benefit, MSB) 곡선과 한계사회비용(Marginal Social Cost, MSC) 곡선이 만나는 점에서 균형을 이루어 최적 공급량이 결정된다. 한계사회가치 또는 한계사회편익은 결국 수요자의 요구에 의해 결정되므로 이는 사회구성원 전체의 한계수요 곡선과 일치한다. 사회 전체의 수요 곡선인 집단적 수요 곡선(collective demand curve)을 도출하기 위해 편의상 사회의 구성원을 2명이라고 하고 한 사람의 국방에 대한 수요 곡선을 D_1, 다른 사람의 수요 곡선을 D_2라고 할 때, 전체 수요 곡선은 D_1과 D_2를 합한 것이 되는데 이 곡선은 D_2의 수요가 0이 되는 점에서 D_1의 수요 곡선과 일치한다.

국방이라는 재화의 최적 공급량은 집단수요 곡선이 국가가 국방을 위해 지출할 수 있는 한계비용 곡선(MC)과 만나는 점에서의 공급량이며 위의 그래프에서는 Q_m이 된다.

제 2 문. 〈제시문 2〉를 참고해 주인—대리인 관계에서 정부가 민간 군사기업의 효율성을 최대화할 수 있는 방안에 대해 설명하시오. 그리고 〈제시문 3〉을 참고해 민간 군사기업의 무장한 피고용인의 국제인도법(International Humanitarian Law)상 지위를 설명하시오.

(30점)

풀이

정부가 민간 군사기업의 효율성을 최대화할 수 있는 방안은 다음과 같다.

첫째, 민간 군사기업과의 계약에서 특정 업무를 수행하는 지도자 선발에 정부의 승인을 받게 하고 정부가 동인의 업무 능력이 부족하다고 판단할 경우, 동인에 대한 교체를 민간 군사기업에 요청할 수 있는 권리를 유보한다.

둘째, 민간 군사기업의 업무수행 능력을 평가할 수 있는 전문기관과 별도의 계약을 체결해 전문기관이 업무 능력을 평가하게 한다.

셋째, 민간 군사기업으로 하여금 정기적으로 업무 활동에 대한 보고서를 제출하도록 해 정부가 수시로 동 기업을 감독할 수 있게 한다.

민간 군사기업 피고용인의 국제법상 지위는 2008년 채택된 몽트루 문서(The Montreux Document)가 규정하고 있는바, 동 문서에 의하면 민간 군사기업 피고용자의 국제인도법상 지위는 그들이 속한 기능의 성격과 환경에 따라 상황별로 결정된다고 하였다. 동 문서는 또한 민간 군사기업의 피고용인이 국가의 정규군이나 조직된 무력단체의 구성원이거나 국가에 대해 책임을 지는 지휘체계 아래에 있는 그룹이나 조직에 속하지 않는 한, 국제인도법상 민간인으로서 보호된다고 하였다. 그들이 군대에서 임무를 수행한다면 제네바 제3 협약 제4조 A(4)에 규정된 조건에 합당할 경우 포로의 대우를 받는다고 하였다.

제네바 제3 협약 제4조 A(4)의 규정은 군대에서 임무를 수행하는 자는 군대가 이들에게 부속서의 양식과 유사한 신분 증명서를 발급해야 한다는 것이다.

이와 같은 규정에 비추어 볼 때 민간 군사기업의 무장한 피고용인은 무장을 하였기 때문에 국제인도법상 민간인으로 대우받을 수 없을 것이며 또한 군대에서 임무를 수행하면서 신분 증명서를 발급받은 자도 아닐 것이기 때문에 민간 군사기업이 계약에 의해 다른 단체와 교전해 그 단체에 사로잡힌다면 국제인도법상 포로의 지위를 부여받지 못할 것이다. 따라서 그 단체는 민간 군사기업의 민간인을 그 단체가 속한 국내법에 따라 형사처벌할 수 있을 것이다.

제 3 문. 9·11 테러 및 그에 대한 미국의 대응은 주권 국가 중심의 기존 국제안보 질서에 대한 도전이었다. 〈제시문 4〉와 〈제시문 5〉를 참고해 미국의 대테러 전략을 설명하고, 이에 대한 국제 정치적 쟁점을 논하시오. 그리고 〈제시문 5〉와 〈제시문 6〉을 참고해 대테러 조치의 국제법적 쟁점에 대해 논하시오. (40점)

풀이

제시문에 나타난 미국의 대테러 전략은 다음과 같이 요약할 수 있다.

1) 미국은 국가 이익을 수호하고 동맹과 우호 국가에 대한 공약을 준수할 것이다. 그러나 미국의 능력에 제한이 있기 때문에 우선순위를 결정하는 데 어려움이 있지만 두려움으로 결정하는 것을 배격한다.

2) 미국은 테러 행위에 대항하는 것을 정규전에 대항하는 것보다 더 중요시하고 다른 국가와 연대해 폭력적인 극단주의에 대항한다.

3) 미국은 국가안보전략에 군사력에만 의존하지 않고 다양한 안보전략을 수립한다.

미국의 이와 같은 대테러 전략에 대해 국제 정치적으로 논란이 될 수 있는 쟁점으로는 첫째, 미국의 안보가 인권 등 국제적으로 중요시되는 다른 가치에 우선해서 보호되어야 하는가 하는 문제와, 둘째, 미국이 미국에 대한 테러의 원인을 규명해 그 원인을 근본적으로 제거하려는 노력보다 테러에 대한 보복조치를 중요시한다면 테러가 되풀이되어 테러 방지를 위한 근본적인 해결이 어렵게 된다는 점을 들 수 있다.

대테러 조치가 국제법적으로 쟁점이 될 수 있는 점은 테러 행위자의 국제법적 성격과 테러 관련 유엔 결의의 국제법적 효력문제가 그 대상이 될 수 있다. 첫째, 테러 행위자의 국제법적 성격으로서 테러 행위가 무력을 동반하더라도 테러 대상 국가와 전쟁을 선포한 것이 아니므로 교전단체로 인정받을 가능성이 없을 것인바, 테러 행위자 개인 또는 단체가 국제법상 주체가 될 수 있느냐가 문제가 될 수 있다.

2002년 국제 형사 재판소 설립에 관한 로마 협약에서 개인이 인도에 관한 죄, 전쟁 범죄 침략죄 등을 범할 경우 국제법상 주체가 되어 국제 형사 재판에 회부될 수 있다고 규정하고 있다. 만약 테러 행위자가 이러한 범죄를 범하였을 경우 동 협약에 따라 그러한 행위가 행해진 장소의 국가와 그러한 범죄자가 속한 국가가 이 협약의 당사국이라면 그 행위자를 체포해 국제 형사 재판에 회부할 수 있다. 그러나 테러 행위 관련국이 로마 협약의 당사국이 아니라면 테러 행위자나 단체를 체포해 국내법에 따라서 처벌할 수 있을 것이다.

둘째, 테러 행위와 관련해 유엔 결의의 성격 문제가 쟁점이 될 수 있을 것인바, 유엔총회 또는 안보리가 테러 관련 결의를 하였을 경우 유엔회원국이 이 결의를 이행해야 할 국제법적 책임을 부담할 것인가가 문제 될 수 있다. 국제법의 연원에 관해서는 국제 사법 재판소 제38조에서 규정하고 있는데 동 규정에는 유엔 결의를 국제법 법원으로 인정하고 있지 않다. 따라서 테러 관련 유엔 결의가 있다 하더라도 회원국은 그 결의 내용을 이행할 법적 책임은 부담하지 않으며 다만 정치적 책임을 부담할 뿐이라고 해석해야 한다.

2014년 시험

학제통합논술 Ⅰ

※ 다음 제시문을 읽고 물음에 답하시오.

〈제시문 1〉

1985년 9월 22일 미국 뉴욕시 플라자호텔에서 독일, 미국, 영국, 일본, 프랑스로 구성된 G5 재무장관과 중앙은행 총재는 미국의 무역수지 개선을 위해 외환시장에 개입할 것을 결정하였다. 이들 국가의 재무장관과 중앙은행 총재는 미국의 무역수지 개선을 위해 엔화와 마르크화를 평가절상하기로 했다. 이 합의는 플라자 호텔에서 이루어졌다고 해서 '플라자합의(Plaza Accord)'라고 불린다. 1980년대 초에 개인의 소득세 감세 조치와 재정 지출 유지를 주요 내용으로 하는 레이건 행정부의 경제 정책이었다. 이른바 '레거노믹스(Reganomics)'로 불렸던 이 경제 정책으로 인해 미국 정부는 대규모 재정 적자를 기록하였다. 또한 높아진 달러화의 가치 때문에 무역 적자까지 심각해지자 주요 선진국으로 이루어진 G5가 플라자합의를 이끌어내게 되었다. 이에 따라 독일의 마르크화가 1주일 만에 약 7%, 일본의 엔화는 약 8% 평가절상되었고, 달러 가치는 계속 떨어져 30% 이상 평가절하되었다.

1985-1990년 엔/달러환율 추이
단위 1달러당 엔

<그림 1>

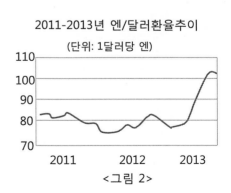

2011-2013년 엔/달러환율추이
(단위: 1달러당 엔)

<그림 2>

<제시문 2>

Plaza Accord, September 22, 1985

[…]

12. The Finance Ministers and Governors affirmed that each of their countries remains firmly committed to its international responsibilities and obligations as leading industrial nations. […]

16. The Ministers agreed that they would monitor progress in achieving a sustained non inflationary expansion and intensify their individual and cooperative efforts to accomplish this objective. […]

18. […] The French Government intends to pursue its policy aimed at reducing inflation, moderating income growth, and achieving continued improvements in external accounts. it will further intensify its efforts to speed up structural adjustment and modernization and thus lay basis for job creating growth. […]

in particular the Government of Federal Republic of Germany will implement policies with following explicit intentions: 1. The priority objective of fiscal policy is to encourage private initiative and productive investments and maintain price stability. […]

in particular, the Government of Japan will implement policies with the following explicit intentions: 1. Resistance of protections and steady implementation of the Action Program announced on July 30 for the further opening up of Japan's domestic market to foreign goods and services. 2. Full utilization of private sector vitality through the implementation and of the yen rate. 4. intensified implementation of financial market liberalization and of the yen, so that the yen fully reflects the underlying strength of the Japanese economy. […]

The United Kingdom Government, noting that the British economy has been experiencing steady growth of output and domestic demand over the past four years, will continue to pursue policies designed to reduce inflation. […]

The United State Government is firmly committed to policies designed to ensure steady non inflationary growth. […]

<제시문 3>

This time the pressure for adjustment came from the United States. By 1985 the long dollar produced a record U.S. trade deficits, and that sparked a broad protectionist backlash from U.S. industry and Congress. The strong dollar also helped to cause and exacerbate the Latin American debt crisis of 1982-85, a crisis that depressed U.S. export markets and jeopardized what Reagan officials were touting as a transition to democracy in the Western hemisphere. Europe's problem was now America's problem, and the Reagan administration abruptly shifted from ignoring pleas for policy coordination to demanding it of its allies, particulary Japan and West Germany. The Plaza Accord of September 1985 reflected a successful, coordinated efforts by governments to intervene in currency markets to ease the dollar down and the yen up. Between September 1985 and February 1987 the dollar value of the yen appreciated from 240 to 150, and of the mark, from 2.85 to 1.85. The adjustment was particularly painful for Japan, and by the late 1980s the challenge of the high yen helped precipitate Japan's bubble economy, deep recession, and decade-long stagnation, Japanese cooperation was driven by its economic and security dependence on the United States. Excessive reliance on the U.S. market meant that protection in the United States was as significant a three to Japan economically as to the Reagan administration ideologically; cooperation with the executive on exchange rate to manage the problem was preferable to leaving its solution in the hands of a not so friendly Congress. Japan also perceived a growing security threat from the soviet Union during the 1980s. The Soviets built up in Northeast Asia and in the disputed Northern Territory, shot down a Korean airliner over the Pacific and operated nuclear submarines with great regularity in proximity to Japan. in response, Prime Minister Nakasone embraced the Reagan administration's objective of transforming Japan from a reluctant ally into a more strategic one. Japan increased defense spending, accepted responsibilities to defend its sea lanes to a distance of one thousand nautical miles, and increased economic aid to countries such as Egypt and Turkey deemed critical by the United States. Having committed to a closer bilateral partnership as America's "unsinkable aircraft carrier," Japan was hardly in a position to resist exchange rate cooperation.

〈제시문 4〉

미국 기업과 노동조합이 미국 상무부에 외국 정부의 환율조작 의혹 조사를 요구해 저평가된 환율을 부당한 보조금으로 간주해 보복 관세를 부과할 수 있도록 하는 것을 골자로 하는 '환율감시개혁법안'이 2011년 10월 11일 미국 상원에서 찬성 63표, 반대 35표로 통과되었다. 중국은 이 법안이 국제무역 규범에 어긋날 뿐만 아니라 양국 간 무역전쟁을 촉발할 수 있다며 강력히 반발했다. 중국 외교부는 법안 통과 직후 "해당 법안은 환율 불균형이란 명분 아래 보호주의를 실행하는 것으로 세계무역기구(WTO) 규정을 심각하게 위반하는 것이다."라고 비난하면서, "미국 정부, 의회, 및 각계에 국내 입법 형식으로 위안화 환율 문제에 압력을 행사하는 것을 반대하고 보호주의를 억제해 줄 것과 경제 문제를 정치화하지 않도록 요청한다."고 하였다. 중국 상무부도 위 법안은 "국제규범에 위배될 뿐 아니라 미·중 간 경제무역 관계의 안정적 발전을 위협하는 동시에 경제 위기에 대응하려는 세계 각국의 공동노력과 보호주의 억제 노력에도 배치되는 것이다."라고 주장하였다. 중국은 그동안 위안화 환율이 미·중 간 무역 불균형의 원인이 아니라며 미국이 위안화 환율을 문제 삼는 것은 중국에 대한 미국의 내정간섭이라고 주장했다.

제 1 문. 〈제시문 1〉과 〈제시문 2〉를 참조해 '플라자합의'의 국제법적 성격을 논하시오. (25점)

풀이

　'플라자합의'는 미국, 영국, 프랑스, 독일, 일본 정부의 재무장관과 중앙은행장들이 국가 대표 자격으로 모여 미국산 상품의 수출이 증가되어 미국의 수지가 개선될 수 있도록 일본화(엔)와 독일화(도이치 마르크)의 가치를 평가절상할 것을 합의(agreement)한 것이다. 이는 정부 간 합의를 공식문서로 확인한 것이므로 국제법상 합의서(Agreement)와 같은 효력을 가진다.

제 2 문. <제시문 1>과 <제시문 2>를 참조해 <그림 1>과 <그림 2> 간의 환율변동 차이를 가져온 주요 경제 정책을 비교하고, 그 정책의 전달 경로를 각각 설명하시오.　(25점)

> **풀이**
>
> <그림1>의 환율변동은 1985년 플라자합의의 이행에 따른 통화 정책의 결과이다. 일본이 엔화를 평가절상하기 위해 일본 재무성이 외환시장에 개입해 통화안정채권 발행 등으로 정부가 엔화를 회수해 환율이 급속도로 내려가서 엔화의 평가절상이 이루어진 것이다.
>
> <그림2>의 환율변동은 일본이 플라자합의 이후 엔화 절상과 저금리 정책으로 불경기가 장기화됨에 따라 이러한 불경기로부터 탈출하기 위해 정부가 경기부양책을 쓴 재정 정책의 결과이다. 이 경우 일본 정부는 통화안정채권을 매수해 엔화를 시중에 방출해 국민들이 소비를 진작시키고 한편으로는 대규모 공공투자를 통해 시중에 엔화 공급을 늘리는 정책을 채택하였기 때문이다.
>
> 이러한 정책이 전달된 경로는 다음과 같다. 통화 정책의 경우 일본 재무성이 총리의 재가를 받아 일본 중앙은행으로 하여금 외환시장에 개입하도록 하였으며 재정 정책은 재무성이 총리의 재가를 받고 다른 관련 부서와 협의 절차를 거쳐 중앙은행이 시중은행을 통해 자금을 방출하게 함으로써 이루어졌다.

제 3 문. <제시문 1>과 <제시문 3>을 참조해 미국과 일본이 '플라자합의'에 동의한 정치적 배경을 국내적, 국제적 측면에서 논하시오.　(25점)

> **풀이**
>
> 미국과 일본이 '플라자합의'에 동의한 미국의 정치적 배경을 국내적 측면에서 본다면 다음과 같다. 당시 미국은 막대한 국제수지의 적자와 재정 적자를 해결할 방법을 찾고 있었는데 보호무역 정책을 택할 경우 국제무역이 전반적으로 위축될 우려가 있었을 뿐만 아니라 당시 하원에서 우세한 세력을 가지고 있던 민주당의 지원을 얻는 것이 용이하지 않은 점을 고려해 미국은 결국 달러화의 평가절하를 통해 무역수지 적자를 해소하는 것이 가장 합리적인 방법이라고 생각하게 되었다.
>
> 한편 일본은 당시 국내적으로 1950년 이래 지속된 경제 발전 속도가 매우 빨라 국제수지면에서 달러화의 비축이 매우 커 일본인들이 미국을 비롯한 세계 도처에 부동산 투자를 하고 과소비를 해 이를 진정시킬 필요가 있다고 생각하였다.
>
> 또한 일본은 당시 전자제품과 자동차를 중심으로 미국에 대규모로 수출하고 미국에서 수입하는 물품들은 농산물과 원자재가 중심이었으므로 미국의 달러화가 평가절하되고 엔화가 평가절상되면 일본의 기업이 자동차와 전자제품의 공장을 미국에 건설해 미국에서 이들 상품을 값싸게 역수입할 수 있을 것이며 미국산 농산물과 원자재를 값싸게 수입할 수 있다는 이점이 생긴다고 생각하였다.
>
> 이와 함께 당시 일본의 정계에서는 미국과의 유대 관계를 강화하는 것이 일본의 안보에 절대적으로 필요하다고 생각해 미국이 요구하는 환율 변경을 받아들여 미국과의 유대를 강화하는 것이 일본에 유리하다고 생각하였다.

미국이 '플라자합의'를 제의한 결정적 동기를 국제적 측면에서 살펴보면 다음과 같다. 당시의 국제정세는 남미의 부채위기로 인해 정치적으로 불안한 정세를 보여서 미국이 경제적으로 이들 국가를 지원해 민주주의로 정치적 안정을 도모하도록 지원할 필요가 있었으며 레이건 대통령은 당시 국제적으로 소련에 대한 강한 압력을 행사하려면 서방의 경제 강국들이 상호 대립하지 않고 협력하면서 미국이 바라는 국제수지를 개선할 수 있는 방법이 환율시장의 개입이라고 생각하였다.

한편 일본은 당시 소련이 동북아에서의 군사력을 증대시키고 일본이 바라는 소련으로부터의 북방영토 반환을 위한 교섭이 잘 되지 않고 있음을 고려해 미국의 요구를 들어주고 미국과 안보를 강화하는 것이 일본이 국제적으로 유리한 위치를 점할 수 있는 길이라고 생각하였다.

제 4 문. '환율감시개혁법안'의 미국 상원 통과에 대한 중국의 주장 및 대응방안을 국제법적으로 설명하시오. 현재와 같이 위안화 평가절상이 지연될 경우 중국이 부담하게 되는 경제적 비용을 설명하시오. 또한, 평가절상이 이루어졌을 때 예상되는 중국의 정치적 비용을 국내적, 국제적 측면에서 설명하시오.   (25점)

풀이

미국 상원이 '환율감시개혁법안'을 통과시킨 데 대해 중국의 외교부는 "미국의 조치가 환율 불균형이라는 명분 아래 보호주의를 실행하는 것으로 이는 WTO 규정에 위배된다."고 하고 미국 정부, 의회, 및 각계에 국내 입법 형식으로 위안화 환율문제에 압력을 행사하는 것을 반대하고 보호주의를 억제해 줄 것과 경제 문제를 정치화하지 않도록 요청한다고 하였다.

이와 같은 중국의 반응을 국제법적으로 분석할 때 아래와 같은 두 가지 문제점을 검토할 필요가 있다. 첫째, 미국의 환율감시개혁법안 통과가 과연 보호주의를 실행하는 것으로 WTO 규정을 위반하는 것인가와, 둘째, 중국이 미국 정부, 의회 및 각계에 국내 입법을 통해 환율문제에 압력을 행사하는 것을 반대하도록 요청하는 것이 법적으로 타당한 것인가이다.

첫째 문제의 경우 미국과 중국 간의 환율문제에 관한 분쟁의 근본은 중국이 환율을 시장의 자율에 맡기지 않고 정부가 환율의 결정에 개입할 수 있는 여지가 크다는 점에서 나온다. 중국의 환율제도는 1978년 개방 정책을 도입한 이후 1993년까지는 이중환율제도, 1994년부터는 중국화를 미국 달러화에 연동시키는 관리변동환율제도, 2005년 이래로는 복수통화 바스켓 관리변동환율제도, 2008년부터는 중국화를 미국화에 연동시키는 관리변동환율제도, 2010년부터는 복수통화 바스켓 제도로 복귀하는 등 정부가 수시로 편의에 따라 환율을 조정하는 제도를 변경해 왔다. 이에 비추어 볼 때 중국의 환율제도 자체가 자유무역을 지향하는 WTO 취지에 어긋난다고 할 수 있다.

따라서 중국이 미국이 입법을 통해 중국 정부가 환율에 개입하는 것을 감시하겠다고 하는 것이 WTO

규정을 위반한다고 주장하는 것은 국제법적으로 정당화되기 어려운 주장이다.

둘째 문제인 중국이 미국의 정부, 의회 및 각계에 입법을 통해 환율에 대한 압력을 행사하는 것을 반대하도록 요청하는 것은 하나의 정치적 행위로 해석할 수 있으나 중국이 미국의 국내기관에게 중국의 입장을 지지해 줄 것을 요청하는 것은 미국 국내 문제 간섭이라고 해석할 수 있다.

중국의 위안화 절상이 지연될 경우 중국이 부담하게 될 경제적 비용으로 생각할 수 있는 것은 첫째로 미국이 1992년 5월에 단행하였던 것처럼 중국을 환율조작국으로 지정할 가능성이다. 중국이 2001년 WTO에 가입해 미국이 중국에 대한 무역수지 불균형의 문제는 WTO 체제 내에서 해결해야 한다는 부담이 있지만, 만약 중국 정부가 환율에 대한 개입을 통해 위안화의 평가절하를 유지하려고 한다면 중국을 환율조작국으로 재지정할 수 있을 것이다.

미국이 객관적 근거를 가지고 중국을 환율조작국으로 지정한다면 미국은 중국에 대해 국제통화기금(IMF)에 판결을 요청, 통상과 투자 부문 등에서 직접적 제재를 가할 수 있을 것이기 때문에 중국은 경제적 손실을 입게 된다.

다음으로 중국이 위안화 절상을 지연시킴으로써 지속적으로 무역 흑자폭을 증가시켜 나간다면 중국 환율제도 자체에 대한 국제적 압력을 받아 환율을 시장의 자율에 맡기는 변동환율 제도를 채택하지 않을 수 없는 상황으로 발전할 수도 있다. 이러한 상황이 도래한다면 중국의 무역 흑자는 대규모로 축소될 수 있고 중국 경제 전체가 커다란 타격을 받을 수 있다.

중국이 외부의 압력에 의해 위안화의 평가절상이 이루어졌을 때 중국이 부담하게 될 정치적 비용을 국내적 측면에서 본다면 우선 중국이 외부 압력에 굴복하였다는 인상을 국민들에게 주게 될 뿐만 아니라 중국 수출상품의 가격이 상승해 대외수지가 악화되고 기업과 노동자의 실질소득이 줄어들고 실업자가 늘어나 중국 지도자들의 정치적 부담으로 작용하게 될 것이다.

중국 위안화의 평가절상으로 인한 중국의 정치적 비용을 국제적 측면에서 본다면 중국의 위안화 평가절상은 1985년 플라자합의로 일본과 서독의 환율 절상을 가져온 효과와 유사한 효과를 가져오게 될 것이다. 이는 1985년 당시 일본과 서독이 미국의 우방으로 미국의 요청에 협조한다는 명분이 있었던 것과는 달리 미국과 대립해 새로운 국제 질서를 수립하는 데 주도적 역할을 하려고 하는 중국의 국제적 위상을 저하하는 부담을 가져오게 된다.

※ 다음 제시문을 읽고 물음에 답하시오.

〈제시문 1〉

□ 제네바 협약 제1 추가의정서(일부 발췌)

채택일자 1977년 06월 08일, 발효일자 1978년 12월 07일, 당사국 수 174개국 (2014년 5월 1일 현재)

제48조(기본규칙)

민간주민과 민간물자의 존중 및 보호를 보장하기 위해 충돌 당사국은 항시 민간주민과 전투원, 민간물자와 군사목표를 구별하며 따라서 그들의 작전은 군사목표물에 대해서만 행해지도록 해야 한다.

제51조(민간주민의 보호)

4. 무차별 공격은 금지된다. 무차별 공격이라 함은

가. 특정한 군사목표물을 표적으로 하지 아니하는 공격,

나. 특정한 군사목표물을 표적으로 할 수 없는 전투의 방법 또는 수단을 사용하는 공격 또는,

다. 그것의 영향이 본 의정서가 요구하는 바와 같이 제한될 수 없는 전투의 방법 또는 수단을 사용하는 방법을 말하며, 그 결과 개개의 경우에 있어서 군사목표물과 민간인 도는 민간물자를 무차별적으로 타격하는 성질의 것을 말한다.

제52조(민간물자의 일반적 보호)

1. 민간물자는 공격 또는 보복의 대상이 되지 아니한다. 민간물자라 함은 제2항에 정의한 군사목표물이 아닌 모든 물건을 말한다.

2. 공격의 대상은 엄격히 군사목표물에 한정된다. 물건에 관한 군사목표물은 그 성질·위치·목적·용도상 군사적 행동에 유효한 기여를 하고, 당시의 지배적 상황에 있어 그것들이 전부 또는 일부의 파괴, 포획 또는 무용화가 명백한 군사적 이익을 제공하는 물건에 한정된다.

<제시문 2>

정보통신 기술의 발달과 함께 다양한 국내의 사안들이 사이버 공간에 활발하게 등장하고 있다. 이러한 변화는 많은 혜택도 제공하지만, 개인정보 유출에서부터 사이버테러에 이르기까지 심각한 피해를 주기도 한다. 사이버 공간은 '컴퓨터의 네트워크화로 컴퓨터 내에 번져 나가는 정보 세계이며, 정보화 사회를 상징하는 개념으로써 물리적인 실체와 떨어진 가상공간'으로 정의된다.

사이버 공간을 안보의 측면에서 보면 사이버 안보(cyber security)라는 용어로 집약되며 이는 비전통적 안보에 포함된다. 이 안보 영역에서는 정치, 경제, 사회에 걸쳐서 모든 요소가 사이버 공격의 대상이 될 수 있다. 예를 들어, 스턱스넷(Stuxnet) 웜바이러스의 이란 핵시설 공격, 우리나라의 2009년 분산서비스거부(DDos) 공격, 2011년 농협 전산망 마비 사태 등과 같은 사이버 공격은 단순히 공간에만 한정된 문제가 아니라 직접적으로 국가, 기업, 개인에게 영향을 미치고 있다.

<제시문 3>

□ Tallinn Manual on the international Law to Cyber Warfare

○ 규칙 2(관할권)

적용 가능한 국제의무를 침해함이 없이, 국가는 다음 사항에 대해 관할권을 행사한다.

(a) 자국의 영토 내에서 사이버 활동을 행하는 자

(b) 자국의 영토 내에 소재하는 사이버 기반시설

(c) 국제법에 따른 역외 사항

○ 규칙 6(국가의 법적 책임)

국가는 자신에게 귀속 가능하며 국제의무 위반을 구성하는 사이버 작전에 대해 국제법적 책임을 진다.

○ 규칙 7(정부의 사이버 기반시설에서 착수된 사이버 작전)

사이버 작전이 정부의 사이버 기반시설에서 착수되었거나 또는 그로부터 비롯되었다는 사실만으로는 당해 작전을 그 국가에 귀속시키는 충분한 증거가 될 수 없고, 다만 문제의 국가가 그 작전과 관련되어 있음을 보여 준다.

○ 규칙 8(어떤 국가를 경유한 사이버 작전)

사이버 작전이 어떤 국가에 소재한 사이버 기반시설을 경유해 이루어졌다는 사실은 당해 작전을 그 국가에 귀속시키기 위한 충분한 증거가 되지 못한다.

○ 규칙 39

민간 및 군사적 목적 모두를 위해 사용되는 물건(컴퓨터, 컴퓨터네트워크 및 사이버 기반시설)은 군사목표물이 된다. (이상 일부 발췌)

The Tallinn Manual, prepared by international Group of Experts at the invitation of the NATO Cooperative Cyber Defence Centre of Excellence in 2013, was designed to produce a non-binding document applying existing law to cyber warfare. The group was composed of twenty renowned international law scholars and practitioners.

The Manual "identifies the international law applicable to cyber warfare and sets out ninety-five 'black letter rules' governing such conflicts. it addresses topics including sovereignty. State responsibility, the jus ad bellum, international humanitarian law, explains how the Group od Experts interpreted applicable norms in the cyber context, and outlines any disagreements within the group as to application."

〈제시문 4〉

사회적으로 최적 수준의 사이버 안보는 사회적 한계 편익이 사회적 한계비용과 일치하는 수준에서 결정된다. 그러나 만약 사이버 안보의 공급을 시장에 맡긴다면, 민간 소비자들 간에 무임승차의 문제가 발생할 것이다. 이와 같은 상황에서는 사회적 한계 편익이 사적 한계편익을 초과하기 때문에, 민간 공급자들이 사회적으로 최적 수준의 사이버 안보 서비스를 제공할 충분한 금전적 유인을 얻지 못하게 된다. 정부는 이러한 문제를 개선하기 위해 정책적 개입을 추구할 수 있다.

〈제시문 5〉

미국은 사이버 공격으로 유출되고 있는 기밀이 중국의 군사 및 경제적 경쟁력을 빠르게 신장시키고 있고, 이러한 위협이 계속된다면 군사적 우위와 지배력이 급격하게 약화될 것을 우려한다. 오바마 행정부는 중국의 사이버 위협이 한계를 넘어서고 있다고 보고, 사이버 안보 문제를 중국과의 정상회담에서 정식의제로 설정하였다. 오바마 대통령은 중국의 사이버 위협이 미·중 관계를 약화시킬 것이라고 중국을 압박했고, 중국은 자국도 사이버 공격의 피해자라고 주장하기도 했다. 중앙정부가 존재하지 않는 국제 체제에서 미국과 중국은 사이버 영역에서 기선을 잡기 위해 적극적인 탐색전에 돌입했다. 미국은 현재의 사이버 우위를 유지하기 위해 사이버 안보에 있어서 국제법과 레짐의 조성을 선점하고, 중국이 이 국제규범을 수용하도록 만들 필요성이 있다고 보고 있다. 한편, 중국은 미국 주도의 국제규범을 지키면서 미국과 경쟁해서는 세력 균형에 도달하기 어렵다고 보면서 자국에 유리한 방안을 모색하고 있다.

제 1 문. 〈제시문 1〉과 〈제시문 2〉를 참조해 전통적인 안보와 사이버 안보의 차이를 서술한
후 〈제시문 3〉의 문서가 〈제시문 1〉과의 관계에서 어떠한 규범적 지위와 가치를 갖
는지를 설명하고, 이 문서가 사이버 안보를 둘러싼 국제레짐의 확산에 있어서 어떻게
기여하고 영향을 줄 수 있는지에 대해 논하시오.   (총 35점)

풀이

전통적인 안보와 사이버 안보는 아래와 같은 차이가 있다.

1) 전통적 안보는 적으로부터의 물리적 공격에 대비해 안전을 유지하기 위한 조치이므로 적의 군사력
과 공격 수단을 사전에 파악해 공격력을 인지하는 것이 비교적 용이하나 사이버 안보는 가상적인
사이버 공간을 통해 공격하는 데 대해 안전을 유지하는 것이므로 적을 사전에 파악하기 어렵고 적
의 공격력 규모를 사전에 파악해 대처하기가 어렵다.

2) 전통적 안보는 적으로부터의 공격행위가 국제적 규범에 따를 것으로 예상하고 민간인 보호를 규
범에 따라 대처할 수 있으나 사이버 안보는 공격대상에 차별을 두지 않는 무차별 공격이 이루어질
가능성이 크기 때문에 전면적인 안보대책을 마련해야 한다.

탈린 매뉴얼(Tallinn Manual)은 2007년 당시 소련으로부터 독립한 에스토니아가 수도인 탈린(Tallinn)에
있던 러시아 군인 동상을 군인묘지로 옮긴 데 대해 전 세계 러시아계 주민들로부터 대규모 사이버 공격
을 받은 사실에 기초해 2013년 4월 케임브리지 대학교에서 발표한 사이버전에 관한 국제법 규범의 하
나로 제시된 내용에서 유래했다.

동 문서는 아직 국제법으로 인정된 것은 아니나 각국이 사이버 공격의 심각성을 인정하고 동 규범을
국내법으로 수용하거나 국제 관계에서 사이버 공격에 대한 규범으로 적용한다면 동 문서의 내용이 국
제 관습법으로 발전되거나 동 문서를 기초로 새로운 전쟁법(Jus ad bellum)의 내용에 포함되는 국제법으
로 발전될 가능성이 있다. 이러한 점에서 동 문서는 사이버 안보의 국제레짐으로 영향을 미칠 수 있다.

제 2 문. 〈제시문 4〉와 〈제시문 5〉는 사이버 위협에 대처하고 있는 안보를 확보하기 위한 노
력을 보여주고 있다. 〈제시문 4〉에서 서술하고 있는 사회적으로 최적 수준의 사이버
안보의 결정을 사회적 편익과 한계비용이라는 개념을 적용해 정부 개입의 근거를 설명
하시오. 그리고 이러한 정부의 기능이 국제 관계에서는 제한적일 수 있음을 국제 정치
이론을 사용해 논하시오.   (총 35점)

풀이

사회적으로 최적 수준의 사이버 안보의 결정을 사회적 편익과 한계비용이라는 개념으로 설명하는데

는 아래와 같은 그래프가 유용하다.

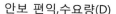

최적수준의 안보

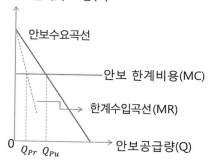

이 그래프에서 사회의 안보 편익은 사회구성원들의 안보 수요로 나타나고 국가가가 이를 만족시키려면 국가가 지급할 수 있는 한계비용의 범위 내에 있어야 한다. 결국 이는 안보 수요 곡선과 안보한계비용 곡선이 만나는 점에서 결정된다.

만약 안보를 국가가 아닌 사적 기업에 맡긴다면 사적 기업은 안보한계비용이 한계수입 곡선(MR)과 만나는 점에서 안보공급량을 결정할 것이고 한계수입 곡선은 국가가 지급하는 안보수입곡선 이내에 있게 될 것이므로 사적 기업이 안보를 공급할 경우에는 공급량이 Q_{pr}이 되어 국가가 공급할 경우의 Q_{pu}보다 적어지게 된다.

사이버 위협에 대처하고 있는 안보를 확보하기 위한 정부의 기능이 국제 관계에서 제한적일 수 있음은 국제 정치 이론에서 현실주의가 상정하는 국제 체제가 무정부 상태에 있다는 것을 전제로 하는 이론으로 설명할 수 있다.

국가를 단위로 하는 국제 질서를 무정부 상태로 본다면 기본적으로 익명의 개인과 개인을 노드(node)로 하는 네트워크(network)로 이루어진 사이버공간은 더욱 무정부적이다. 따라서 국가가 사이버 공간을 통해 오는 위협에 개입해 이를 차단하는 것은 하나의 국가가 다른 국가에서 오는 현실적 위협에 대처하는 것보다 위협의 존재를 파악하기도 더 어렵고 이를 해결할 수 있는 방안을 강구하는 것도 더 어렵다.

제 3 문. 〈제시문 4〉에 따라 사이버 안보 서비스의 시장공급량이 사회적으로 바람직한 수준에 미치지 못한다고 가정해 보자. 정부는 이를 해결하고자 경쟁력 있는 해외 업체에게 사이버 안보 시장을 개방하는 방안을 고려하고 있다. 그러나 안보 서비스의 특성상 해외 업체에 대한 정부 규제의 어려움이 가중될 우려가 제기된다. 먼저, 사이버 안보 서비스 시장을 해외 업체에게 개방하였을 경우 경제적 관점에서 장단점을 논하시오. 그리고 <제시문 3>에 기초해, 위법한 행위를 한 해외 사이버 업체에 대한 국가의 관할권 행사의 근거 및 한계를 논하시오.   (총 30점)

풀이

안보서비스 시장을 해외 업체에 개방하였을 경우의 경제적 장점은 단기적으로 보았을 때 사이버 안보를 해결할 수 있는 경제적으로 가장 우수한 업체를 발굴해 안보서비스를 맡길 수 있다는 점이다. 그러나 단점은 장기적으로 볼 때 사이버 안보를 해외 업체에 맡기는 것은 사이버 안보에 관한 정보를 이 업체에 제공해야 한다는 것이다. 그러나 이러한 정보 제공이 외부에 유출될 경우 새로운 안보위협이 발생해 이를 해결하는 데 더 많은 경제적 부담을 지게 될 위험이 있다는 점이다.

위법한 행위를 한 해외 사이버 업체에 대한 국가관할권의 근거는 <제시문 3>의 탈린 매뉴얼 규칙 2(C)에서 언급된 국제법에 따른 역외사항에서 찾을 수 있다. 국제법상 위법 행위의 결과발생지인 국가는 그 위법 행위에 대한 관할권을 가진다는 것이 국제법 일반원칙이다. 그러나 이러한 국가 관할권 행사가 제한될 수밖에 없는 것은 국가가 특정 사이버의 위법 행위를 밝혀낼 수 있는 증거를 그 국가 자신이 제시해야 한다는 입증 책임을 부담하는 데 있어 그 위법 행위에 관한 명백한 증거 자료를 수집하기가 어렵다는 데 있다.

2013년 시험

학제통합논술 Ⅰ

※ 다음 제시문을 읽고 물음에 답하시오.

〈제시문 1〉

Ⅰ. 1944년 GATT 제24조는 최혜국대우(MFN)에 대한 예외로써 자유무역지역(FTA)을 규정하고 있다. 특히 FTA 설립을 위해 제24조 제8항 (b)는 실질적으로 모든 무역에 관한 "관세 및 그 밖에 제한적 상거래 규정을 철폐해야 한다."는 대내적 요건을 규정하고 있다. '제한적 상거래 규정'의 해석에 관해서는 동 조항에 적시되어 있는 예외 조항들(아래 Ⅱ-(2) 참조)이 '한정적(exhaustive)'이라는 견해와 '예시적(illustrative)'이라는 견해가 대립된다. '한정적'이라는 입장에 따르면 세이프가드 조치의 경우 동 조치가 예외로 포함되어 있지 않기 때문에 제한적 상거래 규정으로 철폐되어야 한다고 해석된다. 이러한 해석적 접근은 1969년 조약법에 관한 비엔나 협약의 해석 방법과도 관련된다.

Ⅱ. 관련 조문

(1) 조약법에 관한 비엔나 협약 제31조 제1항: 조약은 조약문의 문맥 및 조약의 대상과 목적으로 보아 그 조약의 용어에 부여되는 통상적 의미에 따라 성실하게 해석해야 한다.

(2) 1944년 GATT 제24조 제8항 (b): 자유무역지역이란 구성영토를 원산지로 하는 상품의 구성영토 간에 이루어지는 실질적으로 모든 무역에 대해 관세 및 그 밖에 제한적 상거래 규정을 철폐하는 것(필요한 경우 제11조, 제12조, 제13조, 제14조, 제15조 및 제20조는 제외)들 또는 그 이상의 일군(一群)의 관세영역을 의미한다.

<제시문 2>

The Doha Development Agenda negotiations are to be suspended because gaps between key players remain too wide. Heads of delegations, speaking in an informal meeting of the Trade Negotiations Committee on 24 July 2006, agreed with WTO Director-General Pascal Lamy that this will be a setback for all members.

Mr. Lamy reached the conclusion to suspend the negotiations after talks among six major members broke down on Sunday 23 July.

Ministers from Australia, Brazil, the European Union, India, Japan, and the United States had met in Geneva to try to follow up on instructions from the St. Petersburg Summit on 17 July. The main blockage is in two agriculture legs of the triangle of issues, market access and domestic support, he said. The six did not even move on to the third leg, non-agricultural market, accesses, he observed.

Mr. Lamy warned of the dangers: a possible lost opportunity to intergrate more vulnerable members into international trade, "the best hope for growth and poverty alleviation"; a negative signal on the world economy with the possible resurgence of protectionism. "If the political will really exists, there must be a way." he said. "But it is not here today. And let me clear: there are no winners and losers in this assembly. Today there are only losers."

Members shared the disappointment and frustration. Some blamed the deadlock on inadequate offers to make significant cuts in domestic support in agriculture. Some blamed it on market access offers that would not produce genuine increases in trade.

Some blamed it on rich countries' demands for improved market access that would put subsistence farmers in poor countries at risk instead of the rich countries tackling the distortions of its own subsidies. Several developing countries said failure to conclude the round would deprive them of outcome that would benefit development, from the reduction of agricultural distortions, to duty-free, quota-free package for least-developed countries' exports and "aid for trade."

More generally, these countries said they had unilaterally liberalized under programmed of the World Bank and IMF only to face increases in subsidized imports from richer countries. They had hoped the negotiations would redress the balance. "We realize we are now taken hostage by larger developed countries," one of them said. Speakers stressed their commitment to preserving the multilateral system. One warned that some sections of public opinion, which do not understand the benefits, could celebrate the suspension. Another said the multilateral system is on trial. Others warned that disputes could increase.

〈제시문 3〉

제2차 세계대전 이후 국제무역 질서의 근간이 되어온 다자간 무역 질서가 지역무역협정 (RTA)의 지속적인 증가로 인해 흔들리고 있다. 2012년 현재 WTO에 통보되어 발효 중인 RTA는 누계기준으로 총 340건이며, 그 가운데 FTA는 197건으로 가장 많은 비중을 차지하고 있다.

무역자유화를 추구하는 데 있어 특혜 대우에 근거한 RTA는 회원국(역내국)들과 비회원국 (역외국)들, 그리고 전 세계 국가들의 경제적 후생에 다양한 방식으로 영향을 미친다. RTA 가 낳은 경제적 파급효과는 통상 다음과 같은 수요 공급 분석을 통해 이루어진다.

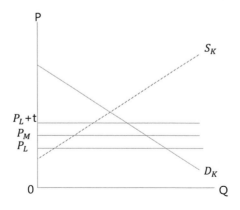

이 그림은 K국 국내시장을 나타낸다. L국은 RTA 비회원국, M국은 회원국이다. 위 그림에서 D_k, S_k는 각각 K국의 수요, 공급 곡선이며, P_L은 비회원국의 가격, P_M은 회원국의 가격을 나타낸다. 또한 t는 K국의 수입재에 부과하는 관세를 의미한다.

제 1 문. 국내 철강산업의 심각한 피해를 방지하기 위해 세이프가드 조치를 취하는 경우에도 FTA 회원국에서 수입되는 철강에 대해서는 세이프가드 조치를 적용할 수 없다는 논리를 <제시문 1>을 참조해 기술하시오. (30점)

풀이

세이프가드 조치는 특정 품목의 수입이 급증해 국내 업체에 심각한 피해가 발생하거나 발생할 우려가 있을 경우 수입국이 관세 인상이나 수입량 제한 등을 통해 수입 규제를 취하는 조치를 말하는데 일명 긴급 수입 제한 조치라고도 한다. 세이프가드 조치를 취하는 법적 요건은 GATT 제19조에서 규정하고 있다. 1944년 GATT 제24조 제8항 (b)는 자유무역지역에서 관세 및 그밖에 제한적 상거래 규정을 철폐하는 것에 대한 예외조항을 GATT 제11조, 제12조, 제13조, 제14조, 제15조, 및 제20조로 해 제19조를 제외하였다. 1944년 GATT 제24조 제8항 (b)에서 언급한 내용은 예시적인 것이 아니라 한정적으로 해석하는 것이 조약법에 관한 비엔나 협약 제31조 제1항의 규정에 합당한 해석으로 볼 수 있다. 따라서 이러한 GATT 규정은 자유무역지역에서 세이프가드 조치를 철폐하도록 권유한 것으로 해석이 된다. 다만 이 조항은 강행 규범에 속하는 것은 아니므로 이 조항에도 불구하고 특정한 국가나 국가군이 FTA에서 세이프가드 조항을 삽입하였다면 그 조약은 당사자들 간에는 유효하다고 보아야 할 것이다. 이러한 특별 규정이 없을 경우 FTA 회원국에서 수입되는 철강에 대해서는 세이프가드 조치를 적용할 수 없다.

제 2 문. 국제경제 체제에 관한 킨들버거(Charles Kindleberger)의 패권안정 이론을 설명하고, 그의 주장에 기초해 <제시문 2>에 나타난 교착상태를 해결하기 위한 패권 국가의 역할을 기술하시오. (20점)

풀이

킨들버거는 1973년도 출판한 그의 저서 「1929-1939 기간 침체 속의 세계(The World in Depression; 1929-1939)」에서 제1차 세계대전과 제2차 세계대전 사이에 경제적 패권을 가지고 세계를 영도하는 국가가 없어서 결국 세계가 대공황으로 연결되었다고 주장하였다. 이러한 그의 패권안정론(Hegemonic Stability Theory)에서 패권(hegemon)이라고 하는 것은 경제뿐만 아니라 정치나 국제법 분야를 통틀어 세계를 영도할 수 있는 힘을 가진 국가를 의미한다. 그에 의하면 이러한 국가가 존재할 때 국제 체제는 이 국가에 의존해 안정을 유지하면서 체제의 규범을 지키기 때문에 국제사회가 발전할 수 있다는 것이다. 도하 개발 의제(The Doha Development Agenda) 협상에서 가장 해결하기 어려운 분야는 농업 보조금 지급과 관련해 이를 철폐해야 한다는 국가와 존속을 주장하는 국가 간의 대립이다.

만약 패권 국가가 나타나 이를 해결하려고 한다면 농업 보조금을 지급해야 한다고 주장하는 국가에게 농업 보조금 철폐에 상응하는 대가를 주고 이를 철폐하도록 하거나 이를 철폐하지 않을 경우 이를 주장하는 국가들에게 철폐할 경우보다 더 큰 불이익을 주어 농업 보조금 문제를 해결할 수 있을 것이며 다른 의견 불일치 부분도 패권 국가가 해결할 경우의 이익이 해결되지 않을 경우의 불이익보다 더 큰 조치를 마련하는 방식으로 적극적으로 개입함으로써 이 문제를 해결할 수 있을 것이다.

제 3 문. 지역주의 경제통합의 후생효과는 다양한 경제적 요인에 의존한다. 〈제시문 3〉을 참고해 경제통합의 정태적 효과를 설명하시오. 이 설명을 바탕으로 참여국 간 통합 전 교역 비중, 통합 전 관세율, 지리적 거리에 따라 후생수준이 어떻게 변화하는지를 각각 분석하시오. (20점)

풀이

지역무역협정(RTA)을 체결할 경우, 발생하는 정태적 효과는 무역 창출의 효과(trade creating effect)와 무역 전환 효과(trade diverting effect)가 있다.

무역 창출효과는 지역 협정으로 비회원국의 가격(P_L)이 관세가 부과된 가격($P_L + t$)에서 관세가 없어짐으로써 지역 내 국가의 가격(P_M)으로 내려가는 것이다. 따라서 종전에 지역 내 국가에서 수입하지 못하던 물품이 지역 내 국가로 수출할 수 있게 되는 효과이다.

무역 전환 효과는 통합 전 비지역국에서 수입하던 물품이 지역 내 국가 중 가격이 가장 낮은 나라의 물품이 수입되어 수입대상국이 바뀌는 효과이다.

통합 전 교역 비중, 통합 전 관세율, 지리적 거리에 따라 후생수준이 어떻게 변하는지에 대해서는 다음의 그래프로 설명할 수 있다.

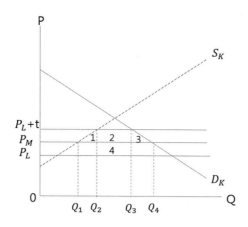

이 그래프에서 관세율 변화로 인한 후생수준을 비교하면 다음과 같다. 통합으로 인해 가격이 P_L에서 P_M으로 내려감으로써 교역량은 $Q_3 - Q_2$에서 $Q_4 - Q_1$으로 늘어났다. 따라서 소비자 잉여에서 생산자 잉여를 제외한 1, 2, 3 부분의 후생증대가 발생하였는데 2+4 부분은 관세수입의 손실이므로 순전한 후생증대는 (1+3)-(2+4)가 된다. 통합 전 교역 비중이 클수록 통합으로 인한 영향을 많이 받을 것이므로 후생증대가 커지고 거리가 가까울수록 교역에 따른 물류비용이 줄어들 것이므로 후생증대가 커진다.

제 4 문. FTA의 확산이 WTO 체제 발전에 기여할 것이라는 주장과 장애가 될 것이라는 주장이 대립하고 있다. 이와 관련해 우선 FTA가 WTO 체제에 비해 최선이 될 수 없음을 경제학적 관점에서 설명하시오. 그리고 WTO 체제 발전이 지체되고 있는 국제 정치적 요인을 설명하시오. 이런 배경에서 '서비스 무역'의 FTA를 추진할 경우 WTO/GATS와 충돌하지 않도록 하기 위한 두 가지 법적 요건을 기술하시오. (30점)

풀이

1. FTA가 WTO체제에 비하여 최선이 될 수 없음을 경제학적 관점에서 설명한다면 FTA가 특정지역 내에서 적용되는 자유무역 협정인데 비하여 WTO는 범세계적 자유무역 협정이라는 점에서 WTO가 FTA에 비하여 시장경제원리를 더 잘 반영할 수 있기 때문이라고 할 수 있다. WTO 가입국가들이 모두 무역자유화에 관한 원칙을 지킨다면 자유시장 경제원리가 더 효율적으로 지배하게 된다는 점을 들 수 있다. 즉 특정지역에 한정된 자유무역보다 더 광범한 세계전체의 자유무역이 이루어진다면 수요공급의 법칙에 의하여 WTO가 FTA보다 수요와 공급의 가격탄력성이 더 커지게 되어 수요곡선과 공급곡선의 기울기 각도가 커져서 서비스의 소비자 잉여(consumer's surplus)와 생산자 잉여(producer's surplus)가 모두 더 커지게 된다.

2. WTO 체제 발전이 지체되고 있는 국제 정치적 요인은 2001년 도하(Doha)에서 개최된 제4차 WTO 각료회의에서 결정된 도하발전의제(Doha Development Agenda)를 설정하고 지적재산권 관련 무역(TRIPs) 문제와 농업보조금(agricultural subsidies)지급 문제에 관한 새로운 합의를 이루도록 하였으나 현재까지 이 문제의 타결을 위한 이해관계국의 이견이 해소되지 않아 진척을 이루지 못하고 있기 때문이다. 지적재산권 관련 무역에서는 선진국과 개도국의 입장이 첨예하게 대립하고 농산물 보조금 문제는 농산품 수출국과 수입국간의 대립이 첨예화하여 합의점을 찾지 못하고 있다.
현재의 국제체제로서는 주권을 가진 국가가 상호 대립할 경우 이를 통제할 수 있는 세계정부가 없다는 것이 국제정치의 현실이기 때문에 WTO 체제의 발전이 지연되고 있다고 할 수 있다.

3. '서비스 무역'의 FTA를 추진할 경우 WTO/GATS와 충돌하지 않도록 하기 위한 두 가지 법적 요건은 WTO/GATS 제5조가 규정하고 있는데 이는 첫째, '서비스 무역'의 FTA에서 서비스의 분야와 교역 규모, 공급형태를 명시하여야하고 둘째, WTO/GATS 제17조에 규정된 내국민대우와 관련하여 FTA 협약 당사국 간에 기존의 내국민과의 차별이 있었다면 이를 철폐하고 차별이 없었을 경우 새로운 차별을 둘 수 없다는 것이다.

※ 다음 제시문을 읽고 물음에 답하시오.

⟨제시문 1⟩

기후변화 문제에 대응하기 위해서는 전 세계적인 범위에서 어느 정도로, 어떤 제도와 방법에 의해서 온실가스 배출량을 감축할지를 결정해야 한다. 온실가스 감축과 관련해서 예민한 문제는 각국의 온실가스 배출을 어떻게 억제할 것인지에 관한 것이다.

1992년 기후변화 협약과 1997년 교토 의정서를 포함한 현재의 기후변화 협약 체제는 전통적인 규제적 접근 방식에 의해 온실가스를 감축하기보다는 시장원리에 의해 온실가스 배출을 억제하는 방법을 취하고 있다.

오늘날 분권화된 국제사회의 주권 국가들은 기후변화의 원인에 대한 인식, 대응 능력이나 의지, 그리고 그 책임에 대한 입장이 서로 다르기 때문에 이를 조정하기가 어렵다. 특히 대부분의 개발도상국은 온실가스를 감축하기보다 자국의 경제 발전을 도모하고, 지구온난화로 인한 피해에 대응하는 것이 더 시급한 실정이다.

우리나라는 아직 기후변화 협약에 따른 온실가스 감축 의무를 부담하지 않고 있지만, 최근 제정·공포된 법률에 따라 2015년 1월 1일부터 교토 의정서에 따른 배출권 거래 제도를 국내에서 시행할 예정이다.

⟨제시문 2⟩

1992년 브라질에서 개최된 유엔(UN) 환경개발 회의는 약 150개 국가의 정상이 참여한 최대 규모의 세계 환경회의였다. 정부 대표단, 관련 국제기구 종사자들, 1만 명의 언론인, 1,500여 개의 NGO 대표단, 기업대표, 과학자 등을 포함해 참가 인원은 총 4만 5천 명에 달했다. 지구 환경 문제 해결 과정에서는 각국 정부와 더불어 UN과 같은 정부 기구, 그린피스와 같은 초국적 기업, 시민단체, 과학자들이 모두 중요한 역할을 한다. 환경 문제는 중층적이고 복합적인 접근법이 필요하며, 다양한 행위자 및 이들 간의 상호작용에 기반하여 해결책이 모색되어야 한다. 또한 환경 문제는 개별 이슈의 독특성이 강할 뿐만 아니라 정보 및 지식의 흐름이 매우 중요한 변수가 되기도 한다. 따라서 이를 제대로 파악하기 위해서는 지구 거버넌스 차원에서의 접근이 필요하다.

〈제시문 3〉

IPCC(Intergovernmental Panel on Climate Change)는 세계기상기구(WMO)와 유엔 환경계획(UNEP) 산하로 1988년에 설립되었으며, 세계과학자들이 모여 기후변화와 관련된 과학적 증거, 영향, 경제, 사회적 이슈 등 세 주제에 관한 보고서를 발표해 왔다.

2007년 출간된 제4차 평가보고서는 "기후체계의 온난화는 명백하다. 지구 대기 및 대양의 평균 온도의 상승, 눈과 얼음의 광범위한 해빙, 해수면 상승 등이 관찰되는 것이 그 증거."라고 언급했다. 또한, 대부분의 온도 상승은 "인위적인 온실가스 농도 상승 때문일 가능성이 매우 높다."고 밝혔다.

〈제시문 4〉

사례 1) A시에 있는 종이공장과 철강공장이 오염 물질을 강에 버리고 있다. 이에 대해 정부가 두 공장 모두에게 오염 물질 배출량을 연간 일정 수준 이내로 줄이도록 직접적인 규제를 가했다. 그 결과 두 공장은 규정대로 오염 물질 배출량을 감축했다. 그런데 어느 날, 두 공장의 당사자들이 자발적으로 합의해, 철강공장이 배출량을 늘리는 대신 종이공장이 배출량을 줄이고 그 대가로 철강공장은 종이공장에게 일정 금액을 지불하겠다는 건의서를 정부에 제출했다.

사례 2) B시로 통하는 강의 상류에 비누공장이 들어섰다. 이 비누공장에서 나오는 오염 물질로 인해 B시 하구의 갯벌에서 조개 등이 폐사하게 되어 어민의 월 소득이 줄어들었다. 어민들은 비누공장에 발생시킨 외부비경제의 효과(negative external effect)에 따른 보상을 요구하였다. 그러나 비누공장은 자신에게 하천을 오염시킬 권리가 있음을 주장했다. 정도의 차이는 있겠지만 어느 공장이든 약간의 오염 발생은 불가피하며, 공장 설립 시에는 그러한 오염의 권리가 어느 정도 보장되어야 한다는 것이다.

〈제시문 5〉

어떤 제품을 생산하는 과정에서 오염 물질이 배출되어 외부비경제 효과가 발생한다고 하자. 외부비경제 효과가 존재하면 제품 생산을 위해 사회가 치르는 비용은 이 제품의 제조 회사가 치르는 사적 비용보다 크다. 제품 한 단위를 생산하기 위해 치르는 사회적 비용은 사적 비용과 제3자가 부담하는 비용을 합한 것이다. 사회적 비용 곡선과 사적 비용 곡선의 차이는 오염으로 인한 사회적 비용을 나타낸다. 시장 균형은 사적 비용만 반영하기 때문에 외부비경제 효과가 있을 경우에는 시장의 비효율성이 발생한다. 이때 정부는 외부비경제 효과를 교정하기 위해 조세를 부과하는 방안을 강구할 수 있을 것이다.

제 1 문. 지구 환경 문제 해결을 위해서는 국가중심적 접근법에서 벗어나 다양한 영역을 아우르는 복합적이고 중층적인 지구 환경 거버넌스를 발전시켜야 한다는 주장이 제기되고 있다. 또한 전통적인 규제적 접근법에서 벗어나 시장원리에 기초한 접근법이 시도되고 있다.

(총 50점)

1) 〈제시문 2〉와 〈제시문 3〉을 참조해 온실가스 감축을 목표로 다양한 행위자가 참여하는 지구 환경 거버넌스의 주요 내용을 국가(정부 기구 포함)와 비국가 행위자의 역할로 나누어 서술하시오. (25점)

> 풀이

1) 국가(정부 기구 포함) 행위자의 역할

가. 국제기구(UN 등)와 협력해 세계 다수 국가와 정부 기구가 참석하는 국제회의를 개최해 온실가스가 지구 온난화에 미치는 영향에 대한 국제적 관심을 고조시킨다(1972년 스톡홀름회의, 1992년 리우회의, 2002년 요하네스버그회의 등).
나. 환경 문제를 협의, 협조하는 국제기구를 창설한다(UNEP).
다. 온실가스 감축에 관한 국제적인 규범을 만든다(1997년 교토 의정서).

2) 비국가 행위자의 역할
가. 온실가스 감축의 필요성에 관한 국제여론을 환기하고 전문가들로 하여금 이에 관한 보고서를 작성하도록 하여 전 세계에 알린다[1987년 노르웨이 전 수상 브룬트란트(Bruntland)가 이끄는 환경

과 개발에 관한 세계위원회(The World Commission on Environment and Development)가 '지속 가능한 개발(sustainable development)'을 요구하는 보고서를 발간한 것이 그 예다].

나. 온실가스 감축의 필요성에 대해 관심 있는 개인들이 비정부 기구를 창설해 온실가스 감축에 대한 세계의 관심을 유도하고 온실가스 감축 노력에 반하는 행위를 고발해 세계 여론에 호소한다(Greenpeace의 예).

다. 시민단체, 과학자, 언론, 기업들도 온실가스 감축의 필요성과 중요성에 대한 여론을 조성하고 온실가스 감축 실행 방안을 제시한다.

2) 〈제시문 1〉과 〈제시문 4〉를 참조해 시장원리에 기초한 접근법의 장점과 한계를 논하시오. (25점)

풀이

시장원리에 기초한 접근법의 장점은 온실가스를 배출하는 기업의 상호 거래를 통해 조절하게 함으로써 온실가스 배출량을 총체적으로 관리하기가 편리하다는 데 있다. 그러니 이 제도의 단점은 세계 각국이 온실가스 배출에 대한 인식, 대응 능력, 의지, 책임을 달리하기 때문에 온실가스 배출의 할당량을 정하고 이를 관리·통제하는 데 어려움이 따른다는 것이며 이것이 이 제도의 한계점이다.

제 2 문. 온실가스 감축이라는 목표를 달성하기 위해 교토 의정서에서는 이행 메커니즘을 제시하고 있다. 한편 동일한 목표를 달성하기 위해 탄소세와 같은 교정적 조세를 도입할 수 있다. (총 50점)

1) 〈제시문 1〉과 〈제시문 5〉를 참조해 교토 의정서의 이행 메커니즘의 주요 내용과 교정적 조세의 개념을 설명하고, 배출권 거래제도와 교정적 조세를 비교·평가하시오. (25점)

풀이

교토 의정서의 이행 메커니즘의 주요 내용은 다음과 같다.

1. 온실가스 배출권 거래제도(Emissions Trading)
이는 교토 의정서에서 국가 별로 온실가스 배출권을 할당하고 할당받은 국가가 그 할당량보다 적게 온실가스를 배출하였을 경우 잔여분에 해당하는 분량에 대해 허가(licences)를 받아 이 허가를 국제시장에 경매 형식으로 매도할 수 있도록 한 제도이다.

2. 공동이행제도(Joint implementation)

이는 2개국이 교토 의정서에 따라 할당받은 배출권을 공동으로 이행한다는 계획하에 한나라가 다른 나라에서 온실가스 배출권을 감축하는 행위를 하였을 경우 자국의 배출 할당량에서 이를 감축해 준다는 제도이다.

3. 청정개발제도(Clean Development Mechanism)

이는 온실가스 배출 할당을 받은 선진국이 온실가스 배출 할당을 받지 않은 후진국에서 온실가스 배출량을 감축할 수 있는 방안을 마련해 이 방안에 대한 인증(Certified Emission Reductions, CERs)을 받으면 그 인증을 받은 분량에 대해 자국의 온실가스 배출 할당량에서 감축시켜 주는 제도이다.

교정적 조세는 온실가스의 배출로 인해 외부비경제 효과를 발생시킨 자에 대해 외부비경제 효과를 교정하기 위해 정부가 세금을 부과하는 것이다.

배출권 제도와 교정적 조세를 비교할 때 배출권 제도의 경우, 온실가스 배출이 온실가스를 배출하는 자의 사적 비용과 사회적 비용을 포함하는 것임에도 불구하고 온실가스 배출을 억제하기 위해 배출권 거래라는 시장원리에 의존하기 때문에 온실가스 발생으로 인한 사적 비용을 조절하는 데는 유용하나 온실가스 발생에 따른 사회적 비용을 충분히 반영하지 못한다는 단점이 있다. 이 제도는 온실가스 거래를 위해 온실가스 할당량을 정하는 과정에서 공정성과 형평성에 대한 논란이 야기될 수 있다는 단점도 있다. 예를 들어 실제 중국과 인도에서는 온실가스 배출 할당량을 받아 이를 판매하기 위해 고의로 온실가스를 발생시키는 기업도 출현하였다.

한편 교정적 조세의 경우는 온실가스 배출을 규제하기 위해 부과하는 세금으로 국가가 온실 감축에 필요한 재원을 마련할 수 있다는 장점이 있으나 조세 부과에 따른 국가의 행정비용이 필요하고 세금 부과로 인해 산업생산 시설이 과세가 적은 곳으로 이동해 산업생산의 이동이 발생하고 조세 부담에 따라 생산품의 가격을 인상시킴으로써 조세 부담을 소비자에게 전가시키게 된다는 단점이 있다.

2) 온실가스 감축 이행을 둘러싼 선진국과 개도국의 입장 차이를 서술하고, 현재의 기후 변화 협약 체제를 참조해 이 문제를 해결하기 위한 방안과 한국의 입장 및 역할을 제 시하시오. (25점)

풀이

온실가스 감축 이행을 둘러싸고 선진국 모임인 OECD 국가들은 비OECD 국가들인 중국과 인도, 러시아 등의 온실가스 배출량이 많음에 비추어 이들 국가의 온실가스 감축이 필요하다고 주장한다. 이에 대해 비OECD 국가들은 온실가스 배출이 과거 선진국들의 책임이 큰데도 불구하고 후발 산업 국가의 온실가스 배출을 선진국과 동일하게 규제하는 것은 형평에 맞지 않는다고 주장한다.

1992년 기후변화 협약과 1997년 교토 의정서는 모두 온실가스 감축 의무를 부과하는 국가를 구분해 대체로 선진국과 개도국으로 나누어 선진국을 'Annex Ⅰ' 국가로 규정하고 특별한 책임을 부과하였다. 기후변화 협약은 Annex Ⅰ 국가를 '선진국과 기타 Annex에 포함된 국가'라고 규정하였고 교토 의정서는 '기후변화 협약상 Annex Ⅰ 국가와 non-Annex Ⅰ 국가 중 협약 제4조 제2항 (G)에 따라 의무부담 의사를 통보한 국가'를 Annex Ⅰ 국가로 하였다.

기후변화 협약은 온실가스 배출량을 정하는 데 있어서 Annex Ⅰ 국가는 온실가스 배출량을 2000년까지 1990년 수준으로 복구할 것을 요구하고 있었으나 이는 비구속적이었기 때문에 현실적이지 못하였다. 반면, 1997년 교토 의정서는 의정서 회원국 중 Annex Ⅰ 국가에 대해 2008년에서 2012년에 이르는 기간 동안 1990년 수준의 50%로 감축할 것을 요구하고 이러한 요구는 구속적이었다.

온실가스 감축 이행에 따른 문제점을 극복하려면 선진국과 개도국 간의 타협이 가장 중요하다. 즉, 개도국도 온실가스 감축을 위한 적극적인 태도를 보여야 할 것이며 선진국은 개도국의 온실가스 감축에 필요한 재정과 기술 지원에 적극적이어야 한다.

우리나라는 1996년 OECD에 가입해 1992 기후변화 협약상의 Annex Ⅰ 국가의 범주에는 포함되지 않았으며 따라서 교토 의정서에도 Annex B에 따른 감축 의무를 부담하고 있지 않다. 그러나 우리나라는 1990년에서 2005년 사이 약 2배가량 온실가스 배출량이 증가하였으며 현재 온실가스 배출량이 세계 전체의 10위권 안에 있는 현실에 비추어 온실가스 배출에 관한 국제적 압력을 받고 있다. 이러한 경향에 따라 우리나라는 다른 선진국과 달리 2005년 대비 감축 목표를 기준연도로 제시하고 2015년에는 2030년 국가 온실가스 감축 목표를 배출 전망치인 8억 5천 1백만 톤의 37% 정도 감축하겠다고 발표하였다.

한국은 비교적 바른 시기에 경제 건설을 달성해 OECD 그룹에 참여한 국가인 만큼 한국이 온실가스 감축을 위한 국제적 노력에 적극적으로 동참해 모범을 보임으로써 온실가스 배출을 둘러싼 선진국과 개도국과의 입장 차이를 좁힐 수 있는 중개자 역할을 할 수 있다.

2. 출제 경향 분석과 준비 방안

　학제통합논술의 출제 경향은 '학제통합'이라는 명칭에도 불구하고 특정 주제에 치우친 문제가 자주 출제되는 경향이 있다.

　2013년의 경우, 학제통합논술 I에서는 다자간 무역협정에 관한 내용이 주로 출제되었고 학제통합논술 II에서는 환경 문제와 기후변화에 관한 문제가 중심이 되었다.

　2014년의 경우, 학제통합논술 I에서는 국제무역과 환율에 관한 내용이 주로 출제되었고 학제통합논술 II에서는 사이버테러에 관한 문제가 중심이 되었다.

　2015년의 경우, 학제통합논술 I에서는 난민에 관한 내용이 주로 출제되었고 학제통합논술 II에서는 민간 군사기업과 국제테러에 관한 문제가 출제되었다.

　2016년의 경우, 학제통합논술 I에서는 공적 개발원조에 관한 내용이 주로 출제되었고 학제통합논술 II에서는 무역과 관련해 특혜관세, 보조금, 긴급 수입 제한 조치와 반덤핑에 관한 문제이었다.

　2017년의 경우, 학제통합논술 I에서는 제3세계 정치, 국제인권, 게임 이론, 국제형사재판 등 국제정치학, 경제학, 국제법 영역이 혼합되어 출제되었고 학제통합논술 II에서는 반응곡선, 사회효용함수, 동맹국 간의 방위비 분담에 관한 문제가 출제되었다.

　2018년의 경우, 학제통합논술 I에서는 EU의 안보 통합과 통화통합과 관련하여 국제정치, 경제, 국제법 체계문제를 종합하여 해석하는 문제가 출제되었고 학제통합논술 II에서는 해외원조와 관련하여 공여국과 수혜국에 발생하는 문제점에 관한 문제가 출제되었다.

　이러한 출제 내용을 종합해 그 경향을 살펴본다면 전체적으로 특정한 주제에 한정해 출제하는 경향에서 경제학, 국제정치학, 국제법을 종합해 해결하도록 유도하는 경향으로 바뀌고 있다고 할 수 있다. 그러나 이 세 과목을 모두 연결해 출제하는 것은 사실상 쉽지 않을 것이기 때문에 앞으로도 특정 주제가 중심이 되어 출제될 가능성이 크다. 출제될 특정 주제는 경제학과 관련되는 문제가 가장 많고 교과서에 잘 나오지 않는 시사성 있는 문제를 중심으로 상식으로 해결할 수밖에 없는 문제가 출제되는 경향이 있다.

학제통합논술 문제는 질문에 비해 제시문이 매우 길기 때문에 제시문을 다 읽고 문제를 해결하려고 하면 시간이 부족할 우려가 있다. 또한 제시문의 내용 전부가 문제를 해결하는 데 필요한 것도 아니기 때문에 먼저 문제가 무엇인지를 파악하고 난 후 제시문의 어떤 내용이 문제 해결에 도움을 줄 것인지를 생각하면서 제시문을 읽는 것이 좋은 답안을 작성하는 데 효율적이다.

V.

외교관 후보자 선발 시험 제2차 시험 연습 문제

외교관 후보자 선발 시험 제2차 시험을 준비하거나 외교부에서 근무하게
될 때 필요한 기초 지식에 해당하는 문제를 예시한다.

국제법

1. 1982년 유엔해양법 협약상의 해양관할권

1. 1982년 유엔해양법 성립 과정

해양법은 인류가 해양에서 어업과 통상을 하면서 국가 간에 해양을 사용할 권리의 범위를 정할 필요가 생겼기 때문에 발달한 국제법이다.

해양법에서는 해양의 사용이 자유로워야 한다는 입장과 해양 연안국이 특별한 권리를 가지고 있다는 주장을 조정하는 문제가 가장 중요한 문제로 부각되었는데, 해양 연안 국가의 해양에 대한 특별한 권리가 해양관할권이다.

국제사회는 해양관할권에 관해 성문법전을 만들려고 노력했으며 1947년 유엔에서 국제법 위원회가 창설되자 이 기구의 협조를 얻어 국제 해양법 회의를 통해 해양법의 성문화 작업을 추진하였다.

이러한 연유로 1956년 국제법 위원회가 마련한 해양법 초안을 기초로 제1차 해양법 회의가 1958년 제네바에서 개최되었다. 이 회의는 4개의 분과 위원회로 나누어 진행되어 각 분과 위원회별로 결실을 본 것이 1958년 4월 29일 유엔 해양법 회의에서 채택된 해양법(The Law of the Sea)이다. 동 해양법은, 첫째, 영해와 접속 수역((The Territorial Sea and Contiguous Zone), 둘째, 공해(High Seas), 셋째, 어업 및 공해의 생물자원 보존(Fishing and Conservation of the Living Resources of the High Seas), 넷째, 대륙붕(The Continental Shelf) 등 4개의 협약으로 이루어져 있다.

이 협약은 개발이 가능한 심해저를 대륙붕의 범위로 정하였다. 그 후 심해저의 개발이 가능하게 됨에 따라, 심해저의 개발 능력이 있는 국가가 대륙붕을 독점하는 근거가 되는 것을 방지하기 위해 1970년 유엔에서 심해저 국가관할권의 범위를 초월하는 해저(海底), 해상(海床)과 그 하층토(subsoil)를 규율하는 원칙 선언(Declaration of the Principles Governing the Sea-bed and the Ocean floor and the Subsoil thereof, beyond the Limits of National Jurisdiction)을 채택해 이 선언을 해양법의 일부로 포함했다.

이 선언의 주된 내용은 이 구역이 인류 공동의 재산(common heritage of mankind)으로 이 구역의 자원 개발은 인류 전체의 이익을 위한 것이 되어야 한다는 것, 연안이 없는 국가(land-locked countries)와 개도국(developing countries)에게도 이 구역에서의 권리에 대한 배려를 해야 한다는 것과 1973년에 유엔해양법 회의를 다시 개최할 것 등이다.

이 기간 사이에 1958년에 열린 제1차 유엔해양법 회의에서 결론을 보지 못해서 영해의 범위에 관한 규정을 두지 못한 것을 해결하기 위해 1960년 제2차 유엔해양법(이하 편의상 동 해양법을 '제네바 해양법'이라고도 한다) 회의가 제네바에서 열렸다. 동 회의에서도 3해리를 주장하는 선진국과 12해리를 주장하는 개도국의 의견이 대립되어 영해의 범위에 관한 합의가 이루어지지 못하였다.

유엔 총회결의에 의해 개최된 제3차 유엔해양법 회의는 1973년 12월 유엔 본부에서 시작한 이래 뉴욕과 제네바에서 11차례의 회의를 거친 결과 1982년 9월 뉴욕 유엔본부에서 320개 조문과 8개의 부속서 및 최종의정서(Final Act)상에 포함한 4개의 결의로 된 최종안을 마련해 동년 12월 자메이카의 킹스턴에서 회의에 참여한 각국의 서명을 위해 개방됨으로써 새로운 해양법이 탄생하였다. 이것이 유엔해양법 협약인데 동 협약의 308조에 따라 60개국의 비준이나 가입이 있고난 뒤 12개월 이후에 발효한다는 규정에 따라 1994년 11월 16일부터 효력이 발생하게 되었다.

이에 따라 유엔해양법협약이 1958년의 해양법에 대신해 해양에 관한 기본법이 되었으며(이하 편의상 이 해양법을 '유엔해양법'이라 한다), 국가의 해양에 대한 관할권의 내용도 동 법의 규정에 따르게 되었다.

2. 유엔해양법상 관할권 제도의 특색

가. 국가의 해양관할권 범위의 확대

유엔해양법은 제네바 해양법이 명문화하지 못하였던 영해의 범위를 12해리로 명문화하고 제네바 해양법에서 존재하지 않았던 '배타적 경제수역(exclusive economic zone)'이라는 제도를 두어 영해 밖 공해상에 영해기준선으로부터 200해리까지를 연안국에게 특별한 권리를 인정하는 해역으로 정하였다.

또한 영해에 접속되는 공해 해역에서 외국 선박이 특정 국내법령을 이행하는 것을 확보하는 데 필요한 규제를 할 수 있는 접속수역(contiguous zone)의 범위도 정하였다. 기존의 제네바 해양법은 이를 영해기준선으로부터 12해리로 하였으나 유엔해양법은 24해리로 확대하였다(유엔해양법 제33조).

나. 해양의 이용 목적에 따른 관할권 주체의 구분

유엔해양법은 해양관할권을 해양의 이용 목적에 따라 연안국관할권에 복종하도록 하는 해역(내수, 군도수역, 영해, 대륙붕, 배타적 경제수역) 이용의 자유를 보장하고 상호조정이 필요할 경우 기국주의에 따라 선박의 국적에 의해 해결하도록 한 해역(공해), 자원의 개발과 이용에 관 국제기구의 조직적인 관리와 조정에 복종하도록 한 해역(심해저) 등으로 구별하였다.

다. 연안국의 법익과 해양국의 항행이익과의 형평

유엔해양법은 이 법 제정 전에 공해 일부였던 해역에서 연안국의 주권 또는 우선적 권능을 확대하는 한편, 통항의 자유를 확보할 의무와 책임을 강화해 연안국의 법익과 해양국의 항행이익이 형평적인 균형을 이루도록 하였다.

라. 연안국의 권리와 내륙국, 지리적 불이익국과의 균형

유엔해양법은 배타적 경제수역에서의 해양 자원 개발에 관해 연안국에게 주권적 권리, 관할권을 인정하는 한편, 생물자원이 적정 이용, 보존이라든가 내륙국·지리적 불이익국의 이익확보 등 권리와 의무의 배분과 균형을 이루도록 하고 있다(유엔해양법 제61조, 제69조, 제70조, 제125조).

마. 해양자원 관리와 해양 환경의 보호, 보존에 관한 규제 강화

오늘날 해양 분야의 기술 혁신으로 어선과 어업시설이 근대화, 대형화되어 남획으로 인한 어족자원이 고갈될 우려가 생기고 해저자원 개발 기술이 발전하며 국가 간 경제적 격차가 더욱 확대될 우려가 커짐에 따라 해양자원의 개발, 관리, 배분 자체에 관해 국제법 또는 국제기구에 의한 실효적이며 형평적인 규제와 함께 개발도상국의 권익을 고려하는 각종의 규제를 하게 되었다. 또한 해양 환경오염을 감소하고 관리하는 데 국제적 협력의 필요성이 증대됨에 따라 해양환경의 보호와 보존에 관해 특별한 규제를 하게 되었다(유엔해양법 제137조, 제148조, 제194조).

3. 1982년 유엔해양법상 관할권의 내용

가. 연안국의 관할권

(1) 내수(또는 군도 수역)와 영해에 대한 주권(sovereignty)

〈관할권이 미치는 범위〉

연안국은 내수(internal waters)와 군도 국가(archipelagic State)의 경우 군도 수역(archipelagic waters)은 영해(territorial waters)와 함께 그 상공과 해저 및 그 하층토에 대한 주권(sovereignty)을 가진다(유엔해양법 제2조).

여기에서 내수란 영해기선 육지 쪽에 있는 모든 해역으로 만(灣), 하구(河口), 내해(內海) 등을 포함한다.

〈영해의 범위와 영해기선〉

유엔해양법은 영해의 폭을 영해의 기준선으로부터 12해리까지라고 규정하고(유엔해양법 제3조) 영해기준선을 정하는 구체적 방법을 제시하였다(유엔해양법 제4조 또는 제7조). 즉, 통상기선은 해안이 저조선(低潮線)을 기준으로 이와 평행하게 그어지도록 하고 연안 지역의 사정에 따라서 저조선상의 특정한 점을 연결하는 직선기선을 허용하되, 직선기선이 해안의 일반적인 방향을 현저하게 벗어나지 못하게 하는 등 제한을 가하고 있다.

두 국가의 해안이 서로 마주 보고 있거나 인접해 해양 범위가 중복되는 경우에 그 경계는 이들 국가 간에 특별한 합의가 없는 한 등거리 중간선에 의해 정한다. 그러나 역사적 권원이나 그 밖의 특별한 사정이 있어서 이와 다른 방법에 의할 필요가 있는 경우에는 예외로 하였다(유엔해양법 제12조).

국가가 하나 또는 둘 이상의 군도로 이루어진 군도 국가의 경우, 군도의 가장 바깥쪽의 섬과 항시 수면 위에 있는 초(礁, reefs)의 가장 바깥쪽을 연결하는 직선기선을 긋는 것을 엄격한 조건 하에 허용하고 있다(유엔해양법 제47조).

〈영해에서의 외국 선박에 대한 무해 통항권 인정의무〉

영해에서의 주권은 절대적인 것이 아니고 유엔해양법과 다른 국제법 규칙에 따라 이를 행사하도록 규정하고 있다(유엔해양법 제2조 제3항). 영해 사용에서 제한을 받는 대표적인 것이 영해 내에서 다른 나라 선박의 통항권을 인정해야 하는 것이다.

유엔해양법은 영해 내에서 다른 나라 선박의 통항권을 인정하되 이 통항은 그 영해가 귀속되는 국가에 해를 끼치지 않도록 하는 무해 통항권(innocent passage)이어야 한다는 것을 규정하고 있다. 이 무해 통항권의 요건이 충족되는 조건을 다른 나라의 모든 선박에 공통 적용되는 통항(passage)의 요건과 무해 통항(innocent passage)의 요건으로 구별하고, 상선이나 상업적 목적에 사용되는 외국 정부 선박에 적용되는 것과 군함이나 비상업적 목적의 외국 정부 선박에 적용되는 것으로 나누어 특별 규정을 두고 있다(유엔해양법 제17조 또는 제34조).

유엔해양법의 이와 같은 규정을 좀 더 상세하게 설명하자면 다음과 같다.

첫째, 통항의 개념은 무해 통항의 개념보다 상위의 개념이므로 유엔해양법 협약 제18조의 통항 개념의 요건을 충족하지 못하면 무해성 요건의 충족 여부와 무관하게 그 영해를 항행할 수 없다.

둘째, 무해성의 기준으로 유엔해양법 제19조 제1항은 연안국의 평화, 질서, 안전을 해치지 않는 것을 무해성이라고 하고, 동 제2항에서는 외국 선박이 연안국의 평화, 질서, 안전을 침해하는 것으로 간주되는(be considered) 행위로써 무력에 의한 위협과 무력행사, 무기 사용에 의한 연습과 훈련, 군사정보의 수집, 연안국의 방위나 안전에 영향을 주는 선전, 항공기의 발착, 군사기기의 발착, 연안국 법령을 위반한 상품, 통화, 사람의 적재·승선·적하·하선, 고의이며 중대한 오염, 어로 활동, 탐색·조사, 연안국의 통신 장비나 시설의 교란, 기타 항행 목적이 아닌 활동 등 12가지의 활동에 종사하는 행위를 열거하였다.

여기에 열거된 내용은 무해성에 관한 간주규정(看做規定)이기 때문에 입증 책임의 전환, 즉 연안국이 열거된 사항의 유해성을 입증할 책임이 없다. 또한, 제2항에 열거되지 않는 사항이라도 연안국이 특히 자국에 유해하다는 것을 입증한다면 제1항 내용의 원칙적 성격에 비추어 추가로 무해 통항의 요건이 충족되지 못하였음을 주장할 수 있다고 해석된다.

<무해 통항과 관련된 연안국의 법령제정권 및 관할권 행사 방법>

연안국은 또한 외국 선박 항행의 안전, 시설과 설비의 보호, 자원의 보존·재정·통관·출입국 관리·위생상의 법령 위반 방지 등, 무해 통항의 방법·기준·조건에 관한 법령을 제정할 수 있으나 외국 선박의 설계·구조·승무원의 배치·설비 등에 관한 국제규칙과 기준을 상회하는 무거운 규제를 추가로 적용할 수 없도록 하였다.

연안국은 영해를 통과하는 외국 선박이 행한 법령 위반 행위에 대해 행정관할권(감시, 정선, 임검, 나포, 억류, 금지 품목의 몰수 등) 및 형사관할권(벌금, 체형 등)을 가지나 이러한 관할권을 행사하더라도 유해하다고 인정되는 통항을 제외하고는 통항권 자체를 부인하거나 실질적으로 저해하는 행위를 해서는 안 된다(유엔해양법 제24조). 연안국은 무해하지 않는 통항을 방지하기 위해 영해 내에서 필요한 조치를 취할 수 있으며 특히 자국이 군사적 안전의 보호에 불가결할 경우 외국 선박의 무해 통항을 일시적으로 정지시킬 수 있다(유엔해양법 제25조).

<영해를 무해 통항하는 선박의 의무>

영해를 무해 통항하는 선박이 핵연료로 운항하는 선박이거나, 핵을 운반하거나, 기타 위험하거나 독성 물질을 적재하고 있을 경우, 이에 관한 서류를 보관하고 있어야 하며 국제협정상 확립된 특별 주의 의무를 준수해야 한다(유엔해양법 제23조). 잠수함이나 수면 밑으로 항행하는 물체는 영해를 통과할 경우 해상으로 부상하고 국기를 게양해야 한다(유엔해양법 제20조).

<상선이나 상업적 목적에 사용되는 외국 정부 선박에 적용되는 규정>

무해 통항 중인 선박은 항행에 관한 연안국의 규제에 복종해야 하나 그 선내의 범죄는 그 선박의 깃발이 나타내는 선박 국적국에게 형사재판관할권이 있다. 그러나 밀수, 불법 입국, 오염, 안정 보장에 관한 법령 위반 등 범죄의 결과가 연안국에 미치는 경우이거나, 연안국의 평화나 영해의 질서를 교란하거나, 선장 또는 기국의 외교관이나 영사의 요청이 있을 경우, 또는 마약이나 향정신성 물질을 불법적으로 거래하는 것을 방지하는 데 필요한 조치를 취해야 할 경우에는 연안국이 형사재판관할권을 가진다.

연안국은 내수를 떠나 영해를 항행하는 외국 선박에 대한 체포나 조사를 위해 법이 정한 조치를 취할 수 있다. 다만 이러한 조치를 취할 때 선장의 요구가 있으면 그 선박기국의 외교관이나 영사에게 통보해야 하며 연안국 현지 당국이 체포의 여부나 방법을 고려함에 있어서 그 선박의 항행이익에 대한 적절한 고려를 해야 한다.

연안국은 그러나 외국 선박이 환경오염이나 자국 경제수역에서의 법령 위반을 한 경우가 아닌 한, 그 선박이 외국 항을 떠나서 연안국의 내수에 들어오지 않고 단순히 영해를 통과하는 것에 불과할 경우에는 그 선박에 승선해 조사할 수 없다(유엔해양법 제27조).

연안국은 외국 선박에 승선한 사람과 관련된 민사 재판권을 행사하기 위해 영해를 통과하는 외국 선박을 정지시키거나 항로를 변경할 것을 요구할 수 없으며 연안국의 영해를 통과하는 도중에 선박 자체에 의해 야기된 의무나 책임에 관한 것이 아닌 한 민사재판절차 목적으로 외국 선박을 강제집행이나 억류할 수 없다. 그러나 이 조항은 연안국의 영해 내에 있거나 내수를 출발해 영해를 통과하는 외국 선박이 민사재판절차에 의해 강제집행을 하거나 억류를 하는 연안국의 권리를 침해하는 것은 아니다(유엔해양법 제28조).

〈군함이나 비상업적 목적에 사용되는 외국 정부 선박에 적용되는 규정〉
군함이나 비상업적 목적의 외국 선박은 면제(immunities)를 향유하므로 내수에 있더라도 연안국의 관할권이 미치지 않는다(유엔해양법 제32조). 그러나 군함이나 비상업적 목적의 외국 정부 선박이 연안국의 법규를 위반할 경우에는 연안국이 즉시 영해를 떠날 것을 요구할 수 있으며 이러한 선박이 연안국의 법령을 위반해 연안국에게 손상을 야기하였을 경우에는 그 선박의 국적국이 국제적 책임을 진다(유엔해양법 제30조, 제31조).

(2) 배타적 경제수역(exclusive economic zone)에 대한 주권적 권리(sovereign right)와 관할권
　　(jurisdiction)
연안국은 영해 이외에 영해기준선으로부터 200해리 이내에서 그 해저, 지하, 상부 수역의 자원 개발 및 보존, 그리고 공해방지에 관한 연안국의 배타적 권한을 인정하는 배타적 경제수역(exclusive economic zone)에 주권적 권리(sovereign righs)와 관할권(jurisdiction)을 가진다(유엔해양법 제57조).

<EEZ의 의의와 규정 배경>

유엔해양법에서 인정하는 EEZ는 200해리라는 거리를 기준으로 연안국에게 해저, 지하, 상부 수역에 걸쳐 생물, 무생물자원의 개발과 보존, 공해방지에 관한 포괄적인 권리를 배타적으로 인정하였기 때문에 유엔해양법이 발효하기 전에 각국이 관행적으로 주장해 왔던 배타적 어업권을 연안국의 권리로서 제네바 협약 규정 내용 중 '공해에서의 어업과 생물자원의 보호' 규정에서 연안국에게 인정하던 권리를 공해가 아닌 경제수역이라는 개념하에 연안국에게 배타적 권리를 인정하였다.

그러나 유엔해양법 제57조에서 주권적 권리(sovereign right)와 관할권(jurisdiction)이라고 규정한 것은 주권(sovereignty) 개념과 같이 절대적 권리를 연안국에게 부여한 것은 아니고 협약에서 인정한 권리에 한해 배타적일 뿐, 그 해역에서 다른 국가 선박의 항행과 상공 비행 및 그 밖의 공해 사용의 자유를 인정해야 할 뿐만 아니라 배타적 경제수역 내의 국제항행에 사용되는 해협에서 외국 선박의 통과를 허용해야 하는 제한적 권리라는 것을 의미하므로 배타적 경제수역은 영해와 공해 사이의 특수한 지위를 가지는 해역이다.

<대륙붕 제도와의 관계>

유엔해양법상의 EEZ는 연안국에서의 거리를 기준으로 지하와 해저의 무생물 자원에 관한 배타적 권리를 인정하였음에도 불구하고 동 협약 제6부는 별도의 대륙붕(continental shelf)에 관한 규정을 두고 대륙붕의 범위를 육지 영토의 자연 연장(natural prolongation)이나 영해기준선으로부터 200해리를 기준으로 하되 특수한 지형의 경우에만 350해리까지 대륙붕의 범위가 연장될 수 있다는 규정을 두었다.

이러한 규정에 따라 제네바 해양법상의 '대륙붕(The Continental Shelf)'에 관한 규정에서 연안국에게 기본적으로 수심 200미터까지의 해저 광물자원의 개발권을 인정하던 개념의 대륙붕과는 그 범위가 크게 달라졌으며 영해기준선으로부터 200해리 내의 해저와 지하에 있는 광물자원에 대해서는 EEZ 제도와 대륙붕 제도에 기초한 연안국의 주권적 권리가 경합된다.

유엔해양법이 EEZ 제도와 대륙붕 제도가 경합적으로 적용된다는 것을 명문화한 조항은 섬의 지위(제120조 제3항), 해양구조물(제60조와 제80조), 해양과학조사(제246조), 경계 확정(제74조와

제83조) 등인데 EEZ 제도와 200해리 이내의 대륙붕 제도의 경계 확정기준이 동일하다고 본다면 EEZ 제도와 200해리 이내의 대륙붕 제도 중 어느 제도에 근거한 주장을 하더라도 동일한 결과가 발생할 것이나 경계 확정 기준이 다르다면 어느 제도에 따르느냐에 따라 그 결과가 상이할 수 있다.

이 점과 관련해 유엔해양법상의 EEZ 경계 확정의 기준(유엔해양법 제57조, 제74조)과 대륙붕 경계 확정의 기준(유엔해양법 제76조, 제83조)이 대부분 일치하기 때문에 대륙붕과 경제수역의 경계 확정을 동일하게 해야 한다는 주장도 있으나 두 제도상 연안국의 주권적 권리의 법적 근거, 내용, 효과가 다르기 때문에 경계 확정에서 고려되어야 할 관련 사정이 동일하지 않는 이상 양자에 공통된 단일의 경계 확정을 설정하는 것이 형평원칙의 실현이 아니라고 보는 견해도 있다.

〈인근 국가 간의 EEZ 경계 확정〉
유엔해양법에서 EEZ의 범위를 200해리로 인정하였기 때문에 인근 국가 간 서로 경계하고 있는 바다의 범위가 400해리를 초과하지 않는 한 양 국가는 각각 200해리 범위의 EEZ를 주장할 수 없다. 그 때문에 인근 국가 간의 EEZ 경계 확정을 어떠한 기준으로 해결해야 하는가 하는 문제가 발생한다.

유엔해양법 협약은 이러한 EEZ 경계 확정과 대륙붕 경계 확정 문제에 관해 동일한 규정을 두고 "마주 보고 있거나 인접한 국가 사이의 EEZ 경계 확정은 국제 사법 재판소 규정 제38조에 언급한 바와 같은 국제법을 기초로 형평성에 맞는 결과에 도달할 수 있는 합의에 의해" 이루어지도록 하고, 이 합의가 성립되지 않을 경우 해양법에서 규정한 분쟁 해결 절차에 따르도록 하고 있다(유엔해양법 제74조 제1, 제2항 및 제83조 제1, 제2항).

유엔해양법의 이러한 규정은 EEZ나 대륙붕 경계 확정에 관해 제네바 해양법상의 대륙붕 경계 확정에서 제시한 객관적 기준[제네바 협약 제4부 대륙붕 제6조는 마주 보고 있는 국가 사이에 별도의 협약이 없다면 특별한 상황(special circumstances)에 의해 정당화되지 않을 경우라면 중간선으로 경계를 확정하고, 인접한 국가 사이에서는 별도의 협약이 없다면 특별한 상황에 의해 정당화되지 않는 경우라면 등거리 원칙을 적용해 결정해야 한다고 규정하였다]마저 제시하지 않고 "형평에 맞는 결과에 도달할 수 있도록 해결해야 한다(in order to achieve equitable resolution)."라고 해 결과적(result-oriented) 평가만 제시하고 경계 확정 과정에서 객관적으로 적용할 수 있는 명백한 기준을 제시하지 않고 있다. 이 때문에 '형평'을 어떻게 해석해야 하느냐에 관해 다양한 견해가 제시되고 있으며 국제 사법 재판소를 비롯한 국제 사법 절차의 판례도 이 점에 관해서 다양한 견해를 보여주고 있다.

또한 유엔해양법 규정은 EEZ 경계 확정과 대륙붕 경계 확정에 대해 원칙적으로 관계 당사국의 합의에 의해 결정하도록 하는 것을 원칙으로 하고, 합의가 성립되지 않을 경우 유엔해양법 제15부의 분쟁 해결 절차에 회부하도록 하였기 때문에(유엔해양법 제74조 및 제83조), EEZ 경계 확정에 관한 유엔해양법 규정은 '강행 규범(*Jus cogens*)'이 아니라 '합의의 자유가 인정되는 규범, 즉 임의 규범 (*Jus dispositivum*)'이다.

〈국제해협에서의 외국 선박의 통항권〉
유엔해양법은 국제항행에 사용되는 해협에서 외국 선박의 통항권을 보호하기 위해 특별한 규정을 두고 있는데(유엔해양법 제3부), 이러한 해협을 지리적 기준에 의해 두 가지 개념으로 나누어 하나는 공해 또는 경제수역 상호 간을 연결하는 국제해협과 다른 하나는 공해 또는 경제수역과 영해를 연결하는 국제해협의 통과권을 다르게 규정하였다.

1) 공해 또는 경제수역 상호 간을 연결하는 경우, '국제항행에 사용되고 있는 해협(straits which are used for international navigation)'일 경우에는 외국의 모든 선박과 항공기에게 통과 통항권(transit passage)을 부여하고 연안국은 그것을 방해해서는 안 된다고 하였다(유엔해양법 제38조).

여기에서 '국제항행에 사용되고 있는 해협'이라는 문구는 다른 조항들(제34조 제1항, 제36조, 제45조 제1항)이 '국제항행에 사용되는 해협(straits used for international navigation)'이라고 표현한 것과 다르기 때문에 종래의 사용 실적과 무관하다고 해석할 수도 있으나 일반적으로 두 가지 문안이 모두 종래의 사용 실적이 기준이 되는 것으로 해석한다.

연안국의 배타적 경제수역 내의 국제해협에서의 통과 통항권은 연안국 영해 내의 국제해협에서의 무해 통항권과 공해상의 자유 항행권과의 중간적 권리에 해당하는 것으로 통과 통항과 관계없는 사항에 관해서는 연안국의 주권적 권리와 관할권이 그대로 유지되나 통과 통항에 관한 한 연안국의 주권적 권리 및 관할권은 통항 자유권을 현저하게 침해하지 않는 범위에서만 인정된다.

즉, 연안국은 통항의 안전을 증진하기 위해 항로를 지정하고 통항을 분리하는 방식을 수립하거나(협약 제41조), 특정 사항에 관한 법령을 제정하고 적용하는 권한(협약 제42조)을 가지나 그러한 법령의 위반을 이유로 통과 통항권을 부인하거나 통과 통항을 정지시킬 수 없다(유엔해양법 제44조).

또한 통과 통항 중인 선박·항공기는 지체 없는 전진, 무력행사와 무력에 의한 위협을 자제해야 하고 항행 안전과 오염 방지 등에 관한 국제규칙의 준수 등을 의무를 지지만(유엔해양법 제38조), 이 경우에도 유엔해양법 제44조가 적용되어 그러한 의무의 불이행 시 연안국은 통과 통항을 저지할 수는 없으며 선박 국적국에 대해 책임을 추궁할 수밖에 없다고 해석해야 한다.

2) 국제항행에 사용되는 해협이 영해 내에 있거나 해협의 한쪽이 영해이고 다른 쪽이 공해나 경제수역을 연결하는 경우에는 이 해협을 통과하는 외국 선박에게는 무해 통항권만이 인정된다(유엔해양법 제45조).

〈섬의 지위〉

유엔해양법은 대륙에 인접한 영해의 범위를 넘어서 소재하는 섬에 대해 그 자체의 영해, 접속수역, 배타적 경제수역, 대륙붕을 인정하고 있어서(유엔해양법 제121조 제2항) 섬의 개념을 분명히 하는 것이 매우 중요하게 되었다.

유엔해양법은 섬은 고조 시에도 수면 위로 나와 있어서 물로 둘러싸인 '자연적으로 형성된 육지(naturally formed area of land)'라고 규정하고(유엔해양법 제121조 제1항), "인간의 거주 또는 독자적인 경제적 생활을 유지할 수 없는 바위는 배타적 경제수역이나 대륙붕을 가질 수 없다."고 하였다(유엔해양법 제121조 제2항).

여기에서 섬은 '자연적으로 형성'된 것이어야 하기 때문에 인공적으로 만든 섬은 유엔해양법 제121조 제2항의 섬으로 인정될 수 없으며 이점에 관해 유엔해양법 제60조 제3항으로 인공섬은 섬의 지위를 가질 수 없다고 명확하게 규정하였다. 그러나 유엔해양법 제121조 제1항이 '자연적으로 생성된(naturally created)'이라는 표현 대신에 '자연적으로 형성된(naturally formed)'이라는 용어를 썼기 때문에 하천이나 항구 또는 연안을 준설해 수거한 폐기물이 오랜 기간 동안 쌓여 자연에 의해 하나의 육지 형태가 되었다면 섬의 지위를 인정해야 할 것이다.

또한 유엔해양법 제121조 제3항은 인간의 거주 또는 독자적인 경제적 생활을 유지할 수 없는 바위(rocks)의 경우 배타적 경제수역이나 대륙붕을 가질 수 없다고 규정하여 바위를 섬과 구별하였는데, 이 조항에서 '인간의 거주'란 특정 시점에서 실제로 인간이 거주하고 있느냐의 문제가 아닌 인간의 거주한 사실이 있으면 된다는 것으로 해석해 '독자적인 경제생활'은 토지나 물과 같은 그 자체의 자원이나 항행, 어업과 같은 경제적 효용의 유무를 불문한다고 보는 것이 다수 학설이다. 그러나 이러한 이론에 따를 경우 바위와 섬을 구별하기 어려운 경우가 생길 수도 있다.

나. 국제해저기구의 관할권

유엔해양법상 국가 관할의 범위 밖에 있는 지역인 심해저와 그 광물자원을 '인류 공동 유산(common heritage of mankind)'이라는 인식(유엔해양법 136조)하에 '국제해저기구(International Sea-Bed Authority)'를 설립해 이 기구로 하여금 당사국의 해저 활동을 조직·관리하도록 하고 있다.

이에 따라 심해저와 그 자원은 개별국가가 주권 또는 주권적 권리를 주장하고 행사하는 것뿐만 아니라 국가 또는 자연인, 법인도 그 소유권을 주장하거나 획득하거나 행사할 수 없으며 국제해저기구만이 인류 전체를 위해 이러한 권리를 취득하고 행사하도록 하였다(유엔해양법 제137조).

그러나 국제해저기구의 심해저에 대한 관할권은 아래와 같은 제약을 받는다.

첫째, 국제해저기구에 의한 심해저의 탐사 활동과 개발 활동은 그 상부 수역과 상공의 공해의 지위를 침해해서는 안 되며(유엔해양법 제135조),

둘째, 국제해저기구가 관할권을 가지는 심해저는 연안국, 내륙국에 대한 차별 없이 모든 심해저기구 당사국 전체의 평화적 목적을 위해 이용되어야 한다(유엔해양법 제141조).

셋째, 심해저의 광상이 연안국의 대륙붕과의 경계에 걸쳐서 교착되어 부존되고 있을 경우에는 관계 연안국과 협의하거나 사전 동의를 얻거나 해야 한다(유엔해양법 제142조).

넷째, 국제해저기구의 활동은 해양 환경에서의 다른 활동에 합리적인 배려를 해야 한다. 특히 이들 활동을 위해 사용되는 해양구조물의 건설, 운용, 유지에 관해서는 공해에서의 항행의 자유와 과학조사의 자유를 방해해서는 안 되며 구조물 설치 주변에 안전 지역을 마련해야 한다(유엔해양법 제147조).

4. 결론(핵심 요약)

1982년 유엔해양법상 연안국은 영해측정 기준선으로부터 12해리까지 영해, 24해리까지 접속수역, 200해리까지 배타적 경제수역, 200해리 범위 내의 육지 영토의 자연 연장(특수한 지형의 경우 350해리까지 인정)이 되는 해저의 대륙붕에 대한 관할권이 있다.

연안국의 영해에 대한 관할권은 영토에 대한 주권 개념과 달리 다른 나라 선박의 통항권을 일정한 조건하에서 인정해야 하며 접속수역에 대한 관할권은 통관, 재정, 출입국 관리, 위생에 관한 국내법령 적용을 위해 인정되는 것이고, 대륙붕에 대한 관할권은 광물자원의 개발을 위한 것이며, 배타적 경제수역의 대한 관할권은 해저, 지하, 상부 수역의 자원 개발 및 보존, 그리고 공해방지 목적에 따른 제한된 범위의 배타적 권한이다.

심해저에 대한 관할권은 국제심해저기구가 가지는데 이 기구는 일반 국제기구 달리 전체 회원국을 대표해 독자적으로 심해저의 탐사 활동과 개발 활동을 한다.

2. 외교관의 특권과 사법관할권 면제

A국에 주재하는 한국 대사관에서 근무하는 1등서기관 B는 자신이 승용차를 운전해 공항에 외교 행랑(diplomatic pouch)을 찾으러 가다가 자신의 부주의로 A국 시민(65세 여성)을 자동차에 치여 다치게 하는 교통사고를 일으켰다. 피해자를 인근 병원으로 옮겨 치료를 받게 하였으나 2일 후 사망하였다. 사망한 자의 유가족들은 동 사건을 A국 경찰에 신고해 결국 B는 형사재판에 회부되었으며 피해자의 유가족들은 이와는 별도로 A국 법정에 B를 상대로 50만 달러의 손해배상(위자료 포함)청구 소송을 제기하였다. 이 사건을 담당하는 A국 법정은 B에게 형사재판과 민사재판 절차 모두에 출석하라는 통고를 서면으로 한국 대사관에 전달하였다.

위와 같은 가정상황의 발생 시, 전개될 수 있는 절차를 일반적으로 승인된 국제법 원리에 따라 설명하시오.

1. 문제점

위 사건은 한국인 외교관 B가 외국에서 공무 수행 중 야기한 과실치사 사건의 성격을 가진다. 동 사건에 관해 가해자가 한국인이므로 한국의 사법절차에 따라 해결할 것인지, 사건 발생지가 A국이라는 외국이므로 A국의 사법절차에 따라 해결해야 할 것인지와 이 경우 B가 외교관이라는 신분을 가지고 공무 집행 중에 일어난 사고인 점을 고려해 동인에게 A국의 사법절차 진행 과정에서 국제법상 어떠한 특권과 면제를 가지는가 하는 점이 우선적으로 검토되어야 할 사항이다. 부수적으로 검토되어야 할 사항으로는 B가 한국의 외무 공무원으로서 사고가 발생해 한국 정부가 동인을 국내로 소환하였을 경우, A국은 한국 정부에 B를 범죄인으로 자국에 인도 요청하였을 경우 한국 정부는 이에 응해야 하는지, 이 사건을 재판 외적으로 해결할 수 있는 방안은 무엇인지를 검토할 필요가 있다.

2. 국가관할권의 경합과 조정

형사사건에 관한 사법관할권의 행사는 형사사건의 발생지의 국가가 가진다는 원칙(territorial principle)과 형사사건을 야기한 범인의 국적 국가가 가진다는 원칙(nationality principle)이 모두 적용될 수 있다. 그런데 일반적으로 주권 국가는 그 영역 내의 사람, 재산 또는 그것에서 발생하는 행위나 사실에 대해서는 원칙적으로 내외국인을 막론하고 일차적인 재판 관할권과 판결의 집행 등 사법관할권을 가지고 있으며 국적 국가가 사법관할권을 가지는 경우는 특정한 중대한 범죄를 범하였을 때로 제한한다는 속지주의 우선의 원칙이 국제법상에 인정되어 있다.

그러나 국가는 자국에 체재하는 외교사절단이나 국제조직의 직원 등 국제 관계를 처리하는 그 밖의 일정 기관에 대해서는 예외적으로 주재국 사법기관이 이들에 대해 신체의 불가침을 인정하는 특권을 부여하고 사법관할권의 면제를 부여하는 것이 일반적인 국제관례로 인정되어 왔다. 이후 1961년 4월 18일 오스트리아 비엔나 회의에서 '외교 관계에 관한 비엔나 협약(Vienna Convention on Diplomatic Relations)'이 채택되고 이것이 1964년 4월 24일 발효되어 외교관에 대한 지위를 규정하는 성문 국제법이 생기게 되었다.

3. 외교관의 특권·면제의 근거와 적용

외교사절단에게는 신체의 불가침권과 같은 특권과 조세나 사법관할권 등의 면제가 인정되는데 이러한 특권과 면제의 근거에 관해서는 치외법권설(exterritoriality theory), 대표성설(representative character theory), 기능적 필요설(functional necessity theory) 등이 있다.

치외법권설은 외교관이나 국가대표가 상주하는 장소는 일종의 본국 영토의 연장으로서 접수국 영역의 범위 밖에 있는 것으로 볼 수 있고 따라서 사절단 자체도 접수국의 법질서 적용을 받지 않는다는 이론이다.

대표성설은 외교관과 외교사절단은 파견국의 인격을 대표하기 때문에 접수국은 그들의 특권과 면제를 인정해야 하는 의무를 진다는 이론이다. 기능적 필요설은 외교관과 외교사절단이 파견국의 대표기관으로서의 임무를 수행하는 데 필요한 범위 내에 한해서만 특권과 면제가 인정된다는 주장이다.

외교 관계에 관한 비엔나 협약(이하 '비엔나 협약'이라고 칭한다)은 그 전문(preamble)에서 "특권과 면제는 개인에게 혜택을 주기 위한 목적이 아니라 국가를 대표하는 외교사절의 효과적인 임무 수행을 보장하기 위한 목적으로 인정하였다."고 해 기능적 필요설을 받아들이고 있다.

　본 문제는 세계 대부분의 국가가 가입하였고 한국에 대해 1971년 1월 27일 발효한 협약의 규정과 기타 일반적으로 승인된 국제법 원칙을 준거로 할 때 다음과 같은 절차의 진행을 예상할 수 있다.

1) 신체의 불가침 특권

　협약 제29조는 외교관의 신체의 불가침(Diplomatic agent shall be inviable)을 규정해 어떤 형태의 체포(arrest)나 구금(detention)도 당하지 않을 것을 명시하고 있다. 이러한 규정은 외교관이 주재하는 국가가 그의 신체, 자유, 존엄(dignity)에 대한 공격으로부터 그를 보호할 의무가 있음을 의미한다. 이에 따라 B가 주재국에서 교통사고를 야기해 과실치사의 범죄를 범하였다고 하더라도 이 사건이 그가 공무 수행 중에 발생한 사건임에 비추어 주재국으로부터 체포나 구금을 당하지 않고 만약 주재국 경찰이 그를 체포, 구금하였을 경우 협약의 동 조항을 근거로 주재국 당국에 항변할 수 있다는 것을 의미한다.

2) A국의 사법관할권으로부터의 면제

　외교관은 주재국의 사법관할권으로부터 면제될 수 있다(immunity from the jurisdiction of local courts). 그러나 이러한 면제는 주재국의 실체법(substantive law) 자체로부터의 면제를 의미하는 것은 아니어서 면제를 포기(waive)할 경우 주재국 법의 적용을 받게 된다. 협약은 제41조 제1항에서 특권과 면제를 향유하는 모든 사람은 접수국의 법과 규칙을 준수해야 할 의무를 가진다고 규정한 것은 이러한 원칙을 의미한다.

가. 형사재판 관할권으로부터의 면제

　협약 제31조 제1항은 외교관은 주재국의 형사재판 관할로부터의 면제권을 향유한다고 하였는데 이 규정은 협약의 성립 이전부터 국제관습법으로 인정되어 온 내용이다. 이 규정에 따라 B는 A국에서 형사재판 관할권 면제를 포기하지 않는 한 형사소추를 당하지 않을 권리를 가진다.

　이 경우 A국 정부는 B에 대해 기피인물(persona non grata)로 지정하고 A국에서 외교관 활동을 더 이상 못하게 할 수 있다(협약 제9조).

나. 민사재판 관할권으로부터의 면제

협약 제31조 제1항은 또한 외교관에게 민사재판 관할로부터의 면제권의 향유도 언급하고 있는데 민사재판 관할로부터의 면제권은 형사재판 관할로부터의 면제가 인정된 이후 국제법에 의해 인정된 제도로, 외교관의 업무 수행과 관련된 민사사건에서만 적용되는 것이 일반적이다(따라서 외교관의 개인 부동산이나 상속과 관련된 민사사건에서는 재판 관할의 면제가 인정되지 않는다).

외교관이 업무 수행 중 야기된 사건으로 발생한 민사재판 관할로부터의 면제를 포기할 경우 이러한 포기는 외교관 개인 명의로 포기할 수 없으며 주재국 공관이나 본국 정부의 책임 있는 당사자 명의로 해야 하고 그 포기는 명시적이어야 한다(협약 제32조 제2항, Waiver must always be express).

또한 민사사건에서의 재판관할 면제의 포기는 동 민사사건의 실체적 진행 과정에서의 면제의 포기와 판결의 집행 단계에서의 면제의 포기를 별도로 해야 한다. 따라서 민사사건의 실체적 진행 과정에서의 면제를 포기해 재판을 받아 판결 결과에 따른 집행을 하고자 할 경우 이러한 집행에 대한 면제권을 주장할 수 있다(협약 제32조 제4항).

위와 같은 협약의 해석에 비추어 B는 A국에서의 사법관할권 면제권을 주장해 민사소송절차에 응하지 않거나 정부나 공관의 책임 있는 자가 사법 관할의 면제권을 포기한다는 뜻을 A국에 전달해 민사 소송에 응할 수도 있으며 재판에 응해 재판 결과 B에게 손해배상 책임이 발생하였을 경우 A국은 B에게 강제집행을 할 수 없다.

다. B의 불법행위에 대한 민사책임

B가 A국에서의 민사재판 관할권으로부터 면제를 받을 수 있다는 것은 그의 불법행위로 인한 법적 책임(legal liability)까지 면제된다는 것은 아니다. 따라서 위 교통사고의 희생자 유가족들이 A국에서 B를 상대로 법원에 손해배상청구를 할 경우 B가 재판관할권 면제를 주장해 법원에 출두하지 않을 경우 궐석재판으로 재판을 진행할 수도 있고 B가 가입한 보험회사를 상대로 손해배상소송을 청구할 수도 있다.

만약 B국의 법원이 재판 결과 B에 대한 손해배상 청구를 인정한 판결이 있게 되면 이 판결 내용은 B의 외교관 퇴임 후에 집행될 수도 있으며 B의 국적국인 한국에서 별도의 소송을 진행해 배상 책임을 추궁할 수도 있다.

4. 주재국에서의 사법 절차 개시 전 B가 본국에 소환되었을 때 발생할 수 있는 문제

B가 주재국에서 교통사고로 인한 과실치사 사건을 일으켰다는 사실이 정부에 보고되면 정부는 A국에서 동 사건을 처리하기 전에 B의 본국 소환 조치를 취할 수 있을 것이며 B가 정부의 명령으로 귀국할 경우 A국은 가해자인 B가 자국에 체류하지 않는 상황에서 취할 수 있는 다음과 같은 조치를 검토하게 된다.

1) 범죄인 인도 청구 문제

범죄인 인도 청구는 청구국의 권한 있는 당국이 범죄에 대해 소송절차를 진행하고자 하는 자 또는 그 당국에 의해 형의 집행이나 구금 명령의 집행을 위해 수배된 자를 인도하도록 하는 내용이다. 이러한 범죄인 인도 청구가 있을 때 범죄인 체류 국가가 범죄인을 인도할 의무가 있느냐의 문제는 기본적으로 양국 간에 범죄인 인도 조약(extradition treaty)이 체결되어 있으면 동 조약에 명시된 규정과 조건에 따라 결정된다.

그러나 일반적으로 인정된 국제관례에 따르면 자국민의 인도를 거절할 권리가 있으며, 자국민이라는 이유로 인도를 거절하는 경우, 청구국의 요청이 있고 적절하다고 인정되는 경우 소송절차가 진행될 수 있도록 자국의 권한 있는 당국에 사건을 회부할 수 있다. 그러나 한국과 A국 간에 이러한 범죄인 인도 조약이 체결되어 있더라도 B가 외교관 신분을 유지하는 한, A국은 B에 대해 체포·구금을 할 수 없으므로 인도의 실익이 없어 범죄인 인도 청구를 하지 않을 것이나 A국의 국내법상 B를 소추할 수 있는 기간 내에 B가 외교관의 신분을 상실한다면 B에 대한 범죄인 인도 청구를 할 수 있을 것이다.

2) B가 국내 재판에 회부될 가능성

B가 한국 내에서 형사사법 절차에 회부되려면 형사사법기관이 수사·기소·재판절차를 진행해

야 하는데 A국 내에서 범한 사건에 관해서는 한국 사법기관이 이러한 절차를 진행하기 어렵다.

그러나 국가 간에 형사사건에 있어서 수사·기소·재판절차와 관련해 상호 형사 사법상의 협조를 할 수 있는 형사사법 공조조약(Treaty on Mutual Legal Assistance in Criminal Matters)을 체결할 수 있으므로 한국과 A국 간에 그러한 조약이 체결되어 있다면 동 조약의 내용에 따라 한국에서 B에 대한 형사소추와 재판이 진행될 수 있다.

B에 대한 손해배상 청구는 민사사건이므로 피해자의 유가족이 한국 법정에 소송을 제기해 해결할 수 있다.

5. 재판 이외의 해결 방안

B는 A국에서 사법재판권 관할의 면제를 주장하더라도 재판 이외의 사적 중재(仲裁, 제3자가 개입해 가해자와 피해자의 의견을 들어 쌍방이 만족하는 조건으로 해결함), 조정(調整, 분쟁을 해결하는 전문기관이 개입해 해결함), 또는 화해(和解, 가해자와 피해자의 유가족이 상호 해결점을 합의함) 등을 통해 사건을 해결할 수 있다.

3. ICJ와 PCA의 재판관할권의 범위와 재판 결과 효력의 차이

A국은 유엔해양법 협약에서 인정되는 배타적 경제수역(EEZ) 범위을 일탈하는 해역을 임의로 설정해 이 해역이 역사적으로 자국 관할권의 범위 내에 있었다고 주장하고 이 해역 내의 사람이 거주하지 않는 암초로 구성된 육지에 자국의 인프라를 건설 중이다. A국의 인접국가인 B국은 A국의 관할권하에 있다고 주장하는 해역에 위치하는 암초로 구성된 육지가 유엔해양법 협약에서 인정하는 자국의 배타적 경제수역(EEZ) 내에 있는 영토라고 주장하고 A국이 이 도서에 인프라를 건설하는 행위는 국제법 위반이라고 주장함으로써 A국과 B국 간에 분쟁이 발생하였다. B국은 A국을 상대로 국제 사법 재판소(ICJ)에 제소하려고 하나 A국은 ICJ 규정 제298조에 의한 ICJ의 강제관할권을 거부한다는 선언을 한 바 있다. 이 경우 B국이 국제재판을 통해 이 문제를 해결할 수 있는 범위와 한계를 설명하시오.

1. 문제점 제기

이 문제에서 A국이 이 문제를 ICJ에 제소하더라도 B국이 ICJ의 강제관할권을 거부하는 선언을 하였음을 이유로 ICJ의 재판관할권을 거부할 경우, A국은 이 문제를 중재 재판소에 회부해 중재 재판을 요청한다면 B국은 상설 중재 재판소의 재판관할권도 거부할 수 있을 것인가와 국제 사법 재판과 중재 재판의 효력상의 차이를 살펴보아야 한다.

2. ICJ와 PCA의 차이와 PCA재판관할권의 범위와 한계

국제 중재 재판은 국제 분쟁의 당사자가 상설 중재 재판소(PCA)에 중재를 요청함으로써 이루어지는 재판인데 상설 중재 재판소는 1899년 국제 분쟁의 평화적 처리를 위한 제1차 헤이그 협약과 1907년 제2차 헤이그 협약에 의해 설립된 정부 간 기구이다. 중재 재판은 법률적 분쟁을 재판하나 분쟁 시마다(Ad hoc) 협약의 당사국들이 나라별로 4명까지 지명해 놓을 수 있는 재판관 명부에서 분쟁 당사국에 의해 재판관을 선임하게 되어 있다.

이러한 상설 중재 재판소에 의한 중재 재판과 달리 국제 분쟁을 국내재판 제도와 같이 미리 선정된 재판관에 의해 재판하도록 하는 것이 더욱 효율적이라는 국제여론에 따라 제1차 세계대전 이후 국제연맹에 의해 상설 국제 사법 재판소(PCIJ)가 설립되었고, 제2차 세계대전 후에는 국제연합에 의해 국제 사법 재판소(ICJ)가 설립되어 사법재판 제도가 중재 재판과 별도로 확립되었다.

중재 재판과 사법재판과 다른 점은 재판관의 선임 방식이 다를 뿐만 아니라 재판 절차, 판정의 효력 등에 차이가 있으며 사법재판에 비해 분쟁 당사국의 주권적 의사를 최대한 존중하려고 한다는 점이 그 차이점이다.

국제 분쟁이 상설 중재 재판소에 회부된 경우는 1900년부터 1932년까지 20건에 불과하였으나 1982년에 제정된 유엔해양법 협약(이하 '협약'이라고 한다) 제287조 제1항에서 각국이 협약의 해석과 적용에 관한 분쟁을 해결하기 위해 국제해양재판소, 국제 사법 재판소, 중재 재판소와 어업, 해양 환경, 해양과학, 선박에 의한 오염 등의 특별 사안에 관한 중재 재판소 중에서 문서로 선택할 수 있도록 하였다.

그러나 제3항과 제5항에서는 각각 당사국이 이러한 선택을 명백히 밝히지 않았거나 분쟁 당사국 간에 선택한 재판소가 서로 다를 경우에는 당사국이 달리 합의한 경우가 아니라면 유엔해양법 협약 제7장에 규정된 중재 재판에 회부하도록 하였기 때문에 협약이 발효된 1994년 이래 2015년까지 협약의 해석과 적용에 관한 분쟁이 중재 재판에 회부된 사건은 총 11건이 되었다.

협약은 협약의 당사국이 협약의 서명, 비준, 가입 시 또는 그 이후 어느 때라도 해양 경계 확정을 비롯한 특정 조항의 적용과 해석에 관해 강제관할권을 거부하는 선언을 할 수 있다(협약 제298조). 그러나 이러한 선언이 적용되지 않는 한 협약의 해석과 적용에 관한 분쟁을 중재 재판에 의해 해결하는 것을 광범위하게 인정하였기 때문에 중재 재판은 유엔해양법 협약의 당사국이 달리 합의하지 않는 한 중재 재판에 대한 강제관할권을 수락한 것으로 본다(협약 제287조 제3항).

따라서 이는 국제사법재판이 분쟁 당사국에 대한 강제관할권을 인정하지 않는 것과 달라서 앞으로도 협약과 관련된 분쟁이 중재 재판에 회부될 가능성이 매우 높다.

중재 재판의 판정은 확정적이며 분쟁 당사국의 비준이나 그 밖의 수락 행위가 필요하지 않다 (1907년 헤이그 협약 제81조). 선고 후에 발견된 사실이 판결에 결정적인 영향을 미친 경우에는 재심이 인정되고 재판관의 권한 남용이 있는 경우나 소송절차를 이탈한 경우에는 판결의 무효를 청구할 수 있다(중재 재판 절차 규칙 모델 제35조).

국제정치학

1. 국제정치학의 접근 방법

I. 국제정치학에서 접근 방법의 중요성

국제정치학은 국제사회에서 일어나는 여러 가지 정치 현상을 분석하고 평가해 장래의 발전을 예측하고 이에 대처하는 방안을 체계적으로 연구하는 학문이다.

그런데 국제 정치 현상은 국내 정치 현상과 달라 주권을 가진 여러 나라가 행위 주체가 되어 그들 간의 관계를 정립해 주는 상위의 기관이 존재하지 않을 뿐만 아니라 오늘날에는 국가 이외의 국제기구나 비정부 기관, 다국적 기업 등 조직도 국제사회에서 중요한 역할을 하면서 국제 질서를 이루어 나가고 있기 때문에 이들의 활동을 체계적으로 분석하고 평가하는 것은 특정한 기준을 가지지 않고서는 이론적으로 설명하기가 매우 어렵게 된다. 이와 같이 국제사회에서 질서가 형성되는 과정을 이론적으로 설명하는 데 적용하는 특정한 기준이 국제정치학의 접근 방법이다.

국제정치학의 접근 방법은 저명한 국제정치학자들이 국제 정치를 설명하는 데 적용하는 기준이 다른 만큼 다양한 이론이 있을 수 있으며 또한 국제사회가 변화하고 이에 대응하는 국제 정치가 복잡해지는 만큼 이를 설명하기 위한 새로운 접근 방법이 제시되고 있다. 국제정치학자들이 국제 질서를 유지하는 국제 관계를 이해하고 설명하는 전통적인 두 가지 입장이 현실주의와 자유주의이다.

국제정치학자들은 이 두 가지 기본입장을 기초로 국제 정치 현상을 보다 정확하고 포괄적으로 이해할 수 있도록 하기 위해 다양한 접근 방법을 제시하였다. 학자에 따라 다른 국제정치학의 다양한 접근 방법을 여기서 모두 설명한다는 것은 불가능하나 그중에서도 국제 정치를 설명하는 데 보편적 기준이 되며 여러 국제정치학자에게 많은 영향을 준 주요 접근 방법인 현실주의, 자유주의, 신현실주의, 신자유주의, 마르크스주의자 이론, 구성주의, 세계 체제론을 설명하였다.

II. 현실주의(Realism)

현실주의는 국제 정치의 본질이 주권 국가들의 '힘에 의한 정치(Power politics)'에 있다고 보는 견해이다. 현실주의의 입장에서 국제 정치를 설명하는 학자들은 한스 모겐소(Hans Morgenthau)의「국가 간의 정치(Politics among Nations: 1948)」에서 설명하는 접근 방법을 모태로 하고 있다.

이 입장은 국제 관계를 결정하는 가장 중요한 행위자는 민족국가(nation-state)이며 국내 정치와 국제 정치의 원리는 다른 것이고 국제 관계는 전쟁이냐 평화이냐의 갈림길 앞에서 벌어지는 투쟁으로 파악한다.

한스 모겐소는 이 책에서 국제 관계를 규정하는 요인을 국가의 힘에 의해 결정되는 '이해관계'로 본다. 그는 모든 정치 현상은 '힘의 유지', '힘의 증대' 또는 '힘의 과시' 중 하나로 나타나기 때문에 국가는 국제 관계에서 '현상 유지 정책(politics of status quo)', '제국주의(politics of imperialism)', '권위 정책(politics of prestige)' 중 하나를 택하게 된다고 설명한다.

이러한 이론을 수용하는 현실주의 학자들이 국제 관계를 설명하는 데 있어 가장 중요한 세 개의 키워드는 국가주의(statism), 생존(survival), 자구(自救, self-help)이다. 그들은 웨스트팔리아 조약 이후 국제 정치에서 주된 행위자는 주권 국가가 되었기 때문에 현실적으로 국가 중심주의가 될 수밖에 없다고 보고 국제사회에서 개개의 주권 국가를 규율할 수 있는 상위의 조직은 없기 때문에 국제사회는 기본적으로 무정부 상태(anarchy)라고 이해한다.

따라서 국가지도자들의 최우선 정책은 국가가 국제사회에서 살아남도록 하는 것(survival)이라고 보며 국가가 살아남을 수 있는 방법은 국가 스스로의 힘에 의존(self-help)할 수밖에 없다고 본다. 그들은 먼저 웨스트팔리아 조약 이후 국제 정치에서의 주된 행위자는 주권 국가가 되었기 때문에 현실적으로 국가 중심적 가정을 하게 되었고 독립적인 주권 국가들은 그들의 상위의 권력을 인정하지 않기 때문에 국제 정치의 기본구조는 무정부 상태라고 본다. 세계정부가 없는 이러한 무정부 상태에서 국가통치자들은 그들 국가의 생존 문제를 최우선으로 고려해야 하므로 국가는 생존이 위협받을 경우에 대비해 국력을 배양해야 하는데, 약소국가는 자체적인 국력 배양에 한계가 있으므로 강대국과의 동맹을 통해 자신의 안보를 위협하는 국가에 대항하는 방안을 강구해야 한다고 주장한다. 이러한 점을 고려해 현실주의자들은 국가의 자유를 보장하는 가장 긴요한 요소는 힘의 균형(Balance of power)을 유지하는 데 있다고 주장한다.

III. 자유주의(Liberalism)

자유주의는 국제 정치의 본질이 인류가 이성에 따라 자유와 정의(freedom and justice)를 실천하고 평화(peace)를 추구하는 데 있다고 보는 견해이다.

자유주의는 국제 정치도 국내 정치와 마찬가지로 선의의 통치(good governance)를 지향한다는 전제에서 출발한다. 자유주의자들은 현실주의자들과 달리 국제 관계를 무정부 상태로 보지 않고 질서, 자유, 정의, 관용과 같은 가치 지향적인 관계로 본다. 자유주의자들의 이론은 주로 평화 시대에 주창되는데 그들은 전쟁이 국가 간의 분쟁 해결 방법으로 반드시 필요한 것도 아니며 전쟁이 분쟁의 해결 방법이었던 것은 과거의 행태에 불과하다고 생각한다.

자유주의의 대표적 학자인 마이클 도일(Michael Doyle)은 국제 관계에서 자유주의가 타당할 수 있는 네 가지 전제조건으로, 첫째, 모든 국가의 시민들이 법적으로 평등하고 교육을 받을 수 있고 자유 언론에 접근할 수 있고 종교적 관용을 인정받는 기본적 권리를 가지며, 둘째, 국가의 의회가 국민이 부여한 범위 내의 권한을 가지며 이를 남용하지 않고, 셋째, 개인이 생산 요소와 재산권을 향유할 자유를 가지며, 넷째, 가장 효과적인 경제 체제가 국내적이나 국제적으로 행정에 의해 규율되거나 통제되는 것이 아닌 시장주도형이라는 것을 인정하는 것이라고 하였다.

자유주의자들은 국제사회가 위와 같은 전제조건을 수용한다는 가정하에 국제 정치에서도 국내 정치와 마찬가지로 자제(self-restraint), 온건(moderation), 타협(compromise), 평화(peace)를 지향한다고 본다.

자유주의자들도 현실주의자들과 마찬가지로 오늘날 국제 관계의 현실이 세계정부가 존재하지 않음으로 인해 무정부 상태라는 것은 인정하지만 무정부 상태가 반드시 전쟁으로 발전되는 것은 아니며 전쟁은 제국주의가 등장할 경우, 세력 균형이 깨어졌을 경우, 비민주적 정권이 탄생해 야기되는 것이며 전쟁이 야기되더라도 국제여론(public opinion), 집단안보(collective security), 무역 제제, 세계정부(world government) 수립 등 여러 가지 구제방안이 강구될 수 있음을 고려해야 한다고 주장한다.

IV. 신현실주의(Neo-Realism)

신현실주의의 대표적 학자는 케네스 왈츠(Kenneth Waltz)이다. 그는 자신의 저서 「국제정치학이론(Theory of international Politics: 1976)」에서 국제 체제에서 구조(Structure)의 중요성과 그 구조가 국가 행위를 결정하는 주된 역할을 한다는 것을 강조했다. 이러한 연유로 신현실주의를 일명 구조적 현실주의라고도 한다.

왈츠는 구조(structure)에 대해 무정부 상태로부터 국가에 능력을 배분함으로써 국제 체제에서 질서를 부여하는 원칙(ordering principle)이라고 정의한다.

전통적인 현실주의와 왈츠의 구조적 현실주의의 차이점은,

첫째, 전통적 현실주의자들은 국제 정치를 특정 국가의 행위와 국가 상호 간의 행위의 측면에서 국제 관계를 설명하는 데 비해 구조적 현실주의자들은 국제 정치를 무정부 상태 즉 힘의 공백 상태인가 또는 규칙과 질서를 유지할 수 있는 중심이 되는 힘이 존재하는가라는 구조적 측면에서 국제 관계를 설명한다.

둘째, 전통적 현실주의자들은 국가의 힘 그 자체가 목적이며 국가의 군사력을 국력의 가장 중요한 요소로 보는 데 비해 신현실주의자들은 국가의 힘을 특정 국가가 가지게 되는 국제 체제에서의 위상이나 그 국가의 행동 양태를 형성하는(to shape the state's behaviour) 종합적인 능력(combined capabilities)으로 파악한다.

셋째, 전통적 현실주의자들과 구조적 현실주의자들은 무정부 상태(anarchy)에서의 국가가 어떻게 반응하는가에 대해 다르게 해석한다.

전통적 현실주의자들 무정부 상태를 체제상의 조건(condition of system)으로 간주하고 각 국가가 그들의 크기, 위치, 국내 정치, 지도력의 성격에 따라 다른 반응을 보인다고 해석하는 것에 비해 구조적 현실주의자들은 무정부 상태를 체제(system) 자체로 해석하고 모든 국가가 무정부 상태에서 오는 제약을 인식하고 그 체제 내에서 자신들의 위상을 유지하려고 한다고 해석한다.

V. 신자유주의(Neo-Liberalism)

신자유주의 개념은 국제통상학, 국내 정치학, 사회학 등에서도 원용되는 개념이나 국제 정치에서 거론되는 신자유주의는 1970년도에 로버트 코헨(Robert Keohane)과 조지프 나이 2세(Joseph Nye, Jr.)에 의해 주창된 자유제도주의(liberal institutionalism) 또는 신자유제도주의(neo-liberal institutionalism)가 대표적인 학설이다.

그들은 공동 저서인 「권력과 상호의존: 전환기의 세계정치(Power and Interdependence: World Politics in Transition 1977)」에서 국제 정치상의 상호의존 관계를 설명하면서 국제사회가 무정부 상태인 것은 인정하나 신현실주의가 국제 관계에서 갈등과 경쟁의 관계를 지나치게 강조한다고 비판하고 국제 관계에서 제도(institutions)를 통해 상호 협조하는 관계의 중요성을 설명하였다.

그들은 국제 정치에서 의존 관계가 심화되어가는 이유로써 국제 정치에서 국가와 국가 이외 행위자와의 관련(linkages)성이 증대하고, 높은 수준의 정책과 낮은 수준의 정책 간에 구별할 수 없는 새로운 국제적인 이슈가 등장하고, 국제사회의 행위자들이 국경을 초월해 상호 관계를 맺을 수 있는 여러 가지 통로가 인정되고 있으며 통치 행위의 도구로써 군사력의 유효성이 감소되고 있다는 점을 들었다.

신자유제도론자들은 범세계적 관리(global governance)의 중요성을 강조하고 제도의 창설과 유지를 통해 세계화(globalization)를 추진할 것을 주장한다.

신현실주의와 신자유주의를 상호 비교하면,
첫째, 두 이론은 모두 국제사회가 무정부 상태임을 인정하나 신현실주의자들은 국가의 생존 문제를 가장 심각하게 생각하는 데 비해 신자유주의자들은 국제 관계의 상호의존성, 세계화, 상호 협조를 할 수 있는 제도의 마련 등을 중요시한다.

둘째, 신현실주의자들은 국제협력이 국가 간에 특별히 의도하지 않는 한 이루어지기 어려운 것으로 보지만 신자유주의자들은 국가 간에 상호 이익이 있다고 여겨지는 분야에서의 국제협력이 쉽게 이루어진다고 본다.

셋째, 신현실주의자들은 국제 관계에서 국가들은 자국의 이익과 상대 국가의 이익을 비교해 자국의 이익이 큰 것(상대적 이익)을 추구하는 데 비해 신자유주의자들은 상대국의 이익과 무관하게 자국의 이익(절대적 이익)을 추구한다.

넷째, 신현실주의자들은 무정부 상태로 인해 국가는 다른 나라와 비교해서 국력, 안보, 생존 등에 주된 관심을 두나 신자유주의자들은 경제적 복지나 국제 경제 등 비군사적 측면을 더 중요시한다.

다섯째, 신현실주의자들은 국가의 종합적인 능력으로서의 힘을 강조하나 신자유주의자들은 국가의 힘에 앞서 국가가 가진 의도(intentions)나 국가가 선호하는 것(preferences)을 더 중요시한다.

여섯째, 신자유주의자들은 제도(institution)나 통치 양식(regime)을 국제 관계에서 중요한 힘으로 간주하는 데 비해 신현실주의자들은 그러한 제도나 통치 양식이 국제사회의 무정부적 성격에서 오는 제약을 완화해 주지 못한다고 생각한다.

VI. 마르크스주의자 이론(Marxist theory)

마르크스주의자 이론은 독일의 철학자, 역사학자, 사회학자 겸 정치학자이었던 카를 마르크스(Karl Marx)의 사상에서 유래한다. 그가 프리드리히 엥겔스(Friedrich Engels)와 함께 기초해 1848년에 발간한 '공산당 선언(Communist Manifesto)'은 당시 국제사회에 커다란 영향을 미쳐 러시아 혁명의 이론이 되기도 하였다.

공산당 선언은 자본주의 국가에서 노동자(proletarians)들이 산업자본가(bourgeoisie)에 대항해 투쟁을 하면 "노동자들이 잃을 것이라고는 그들을 묶은 쇠사슬(chains)밖에 없다."고 해 자본주의 국가에서 노동자들이 산업자본가에 대항해 투쟁을 하게 되어 사회주의 국가가 될 것이라고 예언하였다. 그러나 유럽에서 그의 이론에 따라 혁명을 일으킨 나라는 자본주의가 발달하지 못한 러시아였고 자본주의가 발달한 영국과 독일에서는 그러한 혁명이 일어나지 않았을 뿐만 아니라 공산주의 혁명을 한 러시아에서도 1980년대 말 공산주의를 포기함으로써 그의 이론이 정확하지 않음이 증명되었다. 그래도 그의 이론은 국제정치학에도 큰 영향을 주었기 때문에 그의 이론의 요지를 이해할 필요가 있다.

마르크스주의자들의 이론의 요지는 다음과 같은 특성을 가진다.

첫째, 국제사회를 하나의 사회로 간주하고 국제사회 전체(totality)를 총괄해 분석하는 방법을 택한다. 그들은 국제사회를 분석하는데, 이를 역사, 철학, 경제학, 정치학, 사회학, 국제 관계 등으로 구분해 고찰하는 것은 자의적일 뿐이라고 본다.

둘째, 그들은 역사 해석을 유물사관(唯物史觀, material conception of history)에 입각해 역사의 변화를 모두 경제 발전의 반영이라고 보고 생산 수단과 생산 관계 사이에 긴장이 생긴다고 설명한다. 예를 들자면 기술의 향상으로 생산 수단에 변화가 일어나면 생산력을 가장 효과적으로 증대시키기 위해 종전의 생산 관계에 변화가 일어나고 이러한 변화가 사회의 모든 면을 변화시킨다고 보는 것이다. 이 때문에 하부의 경제 기초의 변화가 궁극적으로 법이나 정치와 같은 상부구조의 변화를 가져온다고 주장한다.

셋째, 그들은 사회에는 노동자와 자본가와 같은 이질적인 계급(class)이 존재하며 이 계급 간에 갈등이 조성된다고 본다. 노동자 계급들은 자본가 계급으로부터의 착취에서 벗어나기 위해 투쟁을 하게 되고 이 투쟁을 통해 노동 임금제나 사유재산제도를 없애고 공산주의를 지향하게 된다고 설명한다.

VII. 구성주의(Constructivism)

구성주의 또는 사회적 구성주의(social constructivism)라고 하는 접근 방법은 냉전 종식 이후인 1980년대 말 이후에 제기된 이론이다.

냉전 종식으로 양극 체제가 붕괴하고 미국이 유일한 세계강국이 되어 국제적 힘의 배분이라는 측면에서 보면 미국이 세계 질서를 주도할 것으로 예상하였으나 그 이후의 국제 질서의 전개과정에서 미국이 세계 질서를 주도하지 못하게 됨에 따라 국제 관계를 형성하는 행위자(actors), 정체성(identity), 이해관계(interests)에 관한 해석을 새로이 할 필요성이 제기되어 구성주의 이론이 대두하였다.

즉, 국제 관계를 형성하는 행위자가 국가이고 미국의 정체성과 이해관계가 미리 정해진 것이라면 미국이 유일한 강대국의 힘이 되어 국제 질서를 주도해야 할 것이나 그러한 상황으로 발전하지 않은 것에 대해 구성주의자들은 국제 관계 형성의 행위자, 정체성, 이해관계는 미리 정해진 것이 아니라 국제 관계의 상황변동에 따라 구성되는 것이라고 설명한다.

다시 말하면 국제 상황의 변동에 의해 국제 관계에서 주된 역할을 하는 행위자, 정체성, 이해관계도 변화되었기 때문에 미국이 세계 질서 형성에서의 주도자(hegemony) 역할을 하지 않게 된 것이라고 해석하는 것이다.

구성주의라는 용어가 처음으로 사용된 것은 니콜라스 오누프(Nicholas Onuf)의 「우리들이 만드는 세계(The World of Our Making: 1989)」에서인데 그 이후 알렉산더 웬트(Alexander Wendt)가 발표한 논문인 「무정부 상태는 국가가 그것으로부터 무엇인가를 만들어 내는 것: 권력정치의 사회적 구성(Anarchy is What States Make of it: the Social Construction of Power Politics, 1992)」에서 그의 이론이 사회적 구성주의라고 평가되어 이 이론이 국제정치학계에 널리 알려지게 되었다.

여기에서 사회적(social)이라고 하는 것은 구성주의가 국제 관계의 변화결과를 설명하는 데 있어 사회학적인 사고방식을 원용하는 것이다. 구성주의 그 자체가 국제 정치의 실질적인 모형을 제시하는 이론이 아니기 때문이다.

구성주의 이론의 요체는 인간관계의 구성은 물질적인 힘(material forces)이 아니라 사람들의 공동 인식(shared ideas)에서 결정되는 것이며 국가의 이해관계(interests)는 처음부터 주어진 것이 아니라 공동 인식이 구성해 나간다는 것이다.

따라서 구성주의자들은 국제 정치의 행위자들이 현실주의자들의 견해처럼 살아남기 위해 자구적 조치를 해야 한다고 하는 강압적 요구에 따라 행동하는 것이 아니라 그들의 행동 과정에서 정체성과 이해관계를 구성해 나간다고 설명한다.

구성주의자들은 신현실주의나 신자유주의가 현 국제사회의 변화를 충분히 고려하지 못했다고 본다. 현 국제사회는 인권문제, 환경 문제 등에 관한 국제적 합의 도출과정에서 나타난 바와 같이 국가의 주권행사가 제한될 수 있으며 내정 불간섭의 원칙도 인정되지 않을 수 있기 때문에 이러한 국제사회의 변화된 환경을 인식하고 행위자와 환경의 관계를 파악할 것을 주장한다.

그들은 또한 행위자의 이해관계도 고정된 것이 아니라 환경과 상호 관계에 따라 변화하는 것이며 행위자가 국가의 정체성이나 이해관계를 변화시킬 수도 있음을 이해해야 한다고 주장한다.

VIII. 세계 체제론(world-system theory)

세계 체제론은 자본주의 세계 경제의 움직임을 거시적 관점에서 전체적인 사회 체제로 설명하려는 이론이다. 이 이론은 임마누엘 월러스타인(Immanuel Wallerstein)이 1976년에 쓴 「근대세계 체제 I: 자본주의 농업과 16세기 유럽의 세계 경제 기원(The Modern World System I: Capitalist Agriculture and the Origins of the European World-Economy in the Sixteenth Century)」이라는 저서에서 주장한 내용이 발전된 것이다.

월러스타인에 의하면 현대 세계 체제는 16세기 초 유럽에서 탄생해 세계로 전파되었는데 이것이 시장에서의 판매로 이익을 추구하고 개인이나 단체의 소유권을 인정함으로써 이러한 이익이 보장되는 자본주의라고 설명하고 이 세계 체제가 가지는 특징을 공간적인 것과 시간적인 것으로 나누어 설명했다.

그는 우선, 공간적으로는 세계 경제 내에서 서로 다른 지역에서 다른 경제 활동을 한다고 보고 이 지역을 중심부(core)와 주변부(periphery), 반주변부(semi-periphery)로 구분해 세계 경제의 흐름을 설명한다.

중심부는 일반적으로 민주적 정부가 통치하고 임금 수준이 높으며 원자재를 수입해 제조품을 수출하며 높은 투자율과 복지제도가 발달한 지역이다. 주변부는 비민주적 정부가 통치하고 원자재를 수출하고 제조품을 수입하며 임금 수준이 낮고 복지제도가 발달하지 않은 지역이며 반주변부는 권위주의적 정부가 통치하고 원자재와 제조품을 수출도 하고 수입도 하며 임금 수준과 복지제도가 낮은 지역이라고 한다.

이러한 세계 체제하에서 주변부는 중심부에 의해 경제적 이익을 착취당하게 되며 반주변부는 그 중간에서 주변부를 착취하고 중심부에 착취당하는 구조를 가진다고 설명한다.

다음으로 세계 체제는 시간적으로 경기의 팽창과 수축이 순환되는 구조를 가지는데 동일한 패턴이 반복되는 것은 아니고 새로운 순환이 끝나는 시점의 상황이 지난번 순환의 출발점의 상황과 반드시 일치하는 것은 아니기 때문에 장기적으로 약 한 세기마다 새로운 경향(secular trends)이 일어난다고 설명한다.

이 이론은 또한 자본가와 노동자 사이에 모순(contradiction)이 일어난다고 주장하는데 그 이유는 자본가가 이윤을 증대하기 위해 임금상승을 억제하면 노동자의 구매력이 떨어져 상품의 재고가 증가하고 결국 자본가와 노동자 사이의 갈등이 일어나 경제 위기가 도래하기 때문이라고 설명한다.

IX. 결론

위에서 설명한 국제정치학 접근 방법은 모든 접근 방법을 포괄하는 것은 아니며 그 밖에도 학자에 따라서 다른 접근 방법을 시도하기도 한다. 그러나 국제정치학의 어떠한 접근 방법도 하나의 이론으로 국제 정치에서 나타나는 모든 현상을 설명할 수는 없으며 국제 정치 발전의 상황에 따라 특정의 접근 방법이 더 논리적일 수 있음을 나타낼 뿐이다.

일반적으로 국제 정치 상황이 전쟁 상태에 가까울 경우에는 현실주의 접근 방법으로 설명하는 것이 편리하고 전쟁이 끝난 후 평화 시기가 도래하면 자유주의적 접근 방법으로 설명하는 것이 더 유리하다. 이해의 편의를 위해 한반도 통일문제를 설명하는 데 있어서 위의 다양한 접근 방법에 따라 해석해 보자. 현실주의 입장에서는 남북한 간에 군사력이 강한 측에 의해 무력에 의한 통일이 가능할 것이라고 해석할 것이고 자유주의자는 한반도에 평화적 통일이 가능할 것이라고 볼 것이며 신현실주의자의 입장에서는 남한과 북한이 국제사회에서 가지는 종합적인 능력에 비추어 봤을 때 우세한 측에 의해 통일이 될 수 있다는 해석할 것이다.

또한 신자유주의자의 견해로는 남북한 간의 합의나 국제기구의 도움으로 한반도 평화통일이 가능하다고 볼 것이다. 또한 마르크스주의자 이론에 따른다면 남한 내의 노동자가 자본가와 투쟁해 승리한 후 사회주의 통일이 가능하다고 할 것이며 구성주의 입장에서는 현재의 남북한 정권의 정체성이나 남북한이 가지고 있는 이해관계는 앞으로도 변화할 수 있을 것이므로 남북한의 통일 주체와 방법은 앞으로 구성되어 나갈 것이라고 설명할 것이고 세계 체제론의 입장에서는 중국과 북한의 관계를 중심부와 주변부로 해석하고 한반도의 통일에 있어서 중국의 역할을 강조하게 될 것이다.

2. 세력 균형 정책

헨리 키신저(Henry Kissinger)는 그의 최근 저서 「세계 질서(World Order)」에서 "웨스트팔리아 평화 체제 이후 세력 균형(balance of power)이 제도로 정착되고 외교 정책의 주요 목표가 되었으며 그것이 교란되면 새로운 균형(equilibrium)을 지향하는 동맹을 추구하게 되었다."라고 하였다. 이러한 견해가 가지는 국제정치학 접근 방법(approach)을 설명하고 이러한 접근 방법에 기초한 세력 균형 이론과 웨스트팔리아 체제 이후 제1차 세계대전 발발 전까지 유럽에서 세력 균형의 교란과 새로운 세력 균형이 이루어진 과정을 설명함.

I. 국제정치학의 접근 방법과 웨스트팔리아 체제의 의의

국제정치학에서 국제 관계를 이해하고 설명하는 전통적 방법으로 현실주의(realism)와 자유주의(liberalism)가 있다. 현실주의는 국가가 국제 관계를 형성하는 주된 역할을 하며 국가의 주권이 국제 관계의 특질을 나타낸다고 보고(statism, 국가주의), 국제 정치에서 국가가 지향하는 가장 중요한 목적은 국가의 존립(survival)이며 국가는 이러한 목표를 달성하기 위해 자구(self-help)적인 노력을 해야 한다는 이론을 기본으로 한다.

이에 비해 자유주의는 국제 정치를 기본적으로 국내 정치와 같은 것으로 유추하고 모든 국가는 자연권(natural rights)을 가지고 있어서 다른 국가로부터 국내 문제에 간섭받지 않아야 하고 개인도 국가 주권만큼 중요하며 국제 질서가 무질서 상태(anarchy)에 있다고 보아 국제 정치는 국제 제도의 조정 기능을 통해 국제사회 전체의 법치주의와 정당한 질서를 수립해야 한다는 이론을 기본으로 한다.

웨스트팔리아 체제 이후 세력 균형이 제도로 정착되고 외교 정책의 주요 목표가 되었다고 하는 주장은 현실주의적 접근방식에 입각한 것이다. 그 주된 이유는 유럽에서 30년 전쟁의 결과로 프로이센이아가 유럽의 강대국이 되고 그 시기에 러시아가 근대국가로서 등장해 유럽에서의 기존의 강대국인 프랑스, 영국, 오스트리아와 함께 유럽의 신질서를 형성하는 주역이 되었는데, 웨스트팔리아 체제를 이러한 국가들의 힘에 의해 유럽에서의 신질서가 형성되어 나간 출발점으로 인식하기 때문이다.

II. 세력 균형 이론

세력 균형 이론은 국제정치학상의 현실주의자들이 국가의 힘과 그 국가가 가지는 국제 정치상의 영향력이 비례할 때 국제 정치의 안정을 이룩할 수 있으며 어느 국가의 힘이 더 강하게 되어 국제 정치상 영향력을 증대할 경우 세력 균형에 교란이 발생해 그 국가의 힘에 합당한 새로운 세력 균형을 찾게 된다는 이론이다.

현실주의자들은 국제 질서가 형성되는 것을 개별국가들이 가지는 힘을 변수(variable)로 하는 함수(function)로 보고 국가 간의 힘이 균형 상태에 있을 때는 현상 유지(*status quo*)가 지속되나 어느 국가의 힘이 균형을 파괴할 정도로 강해지면 그 국가가 현상을 변경해 그 국가의 힘이 반영된 새로운 국제 질서를 수립하려고 하는데 현상이 유지되던 상황에서 새로운 질서를 수립하는 과정에는 전쟁과 같은 질서 교란 행위가 존재하게 된다고 본다.

현실주의자들의 이러한 세력 균형 이론에 따르면 국제 질서상 세력 균형이 도전받는 경우를 두 가지 유형으로 구분한다. 첫째는 강대국 중의 한 국가가 세력을 더욱 확장해 헤게모니를 취득하기 위해 주변 국가를 위협하는 경우이고 두 번째는 종전의 이류 국가가 세력을 확장해 기존의 강대국들로부터 보상적 성격의 조정을 얻어 강대국 대열에 참여하면서 새로운 질서를 창조하려는 경우라고 한다.

현실주의자 국제정치학자인 한스 모겐소(Hans Morgenthau)에 의하면 국제사회는 주권 국가 간의 다양성(multiplicity)과 대립성(antagonism)의 두 가지 요소를 기초로 하고 있으며 이에 따라 세력 균형이 강대국 간의 직접적인 대립 관계의 균형에서 오는 경우와 강대국이 제3국에 대한 영향력 증대를 도모하기 위한 경쟁 관계의 균형에서 오는 경우의 두 가지 유형이 있다고 하였다.

그는 이러한 강대국의 대립 관계와 경쟁 관계가 모두 나타난 대표적인 사례로 한반도를 예로 들고, 한반도가 주변의 강대국들 사이의 힘의 변화에 의해 운명이 결정되었다는 것을 설명한다.

이 견해에 의하면 한반도는 지리적으로 중국과 근접하기 때문에 중국의 영향을 강하게 받아오다가 19세기 말 일본의 세력이 커지자 일본의 영향력하에 들어가게 되었으며 그 후 러시아가 한반도에 대한 영향력을 증가시키려 하자 20세기 초 러·일 전쟁이 발발하여 한반도는 이 전쟁에서 승리한 일본의 속국이 되었다. 이후 제2차 세계대전에서 일본이 패망하자 미국이 한반도에 영향력을 가지게 되었으며 이 시기에 러시아가 한반도에 영향력을 행사하려고 하고 중국 또한 한반도에 대한 전통적 영향력을 행사하려고 해 한국전쟁이 발발하였다고 설명한다. 이러한 견해는 한반도의 운명을 역사적으로 강대국 한 나라 세력의 우월적 영향력하에 존립하였거나 또는 한반도를 지배하려고 하는 둘 이상 국가의 세력에 따라 변화하는 함수로 파악하는 것이다.

현실주의 입장에서는 웨스트팔리아 평화 체제 수립 이후 국제 질서가 힘의 균형에 의한 평화 체제가 지속되다가 새로운 힘의 대두에 따른 평화 교란 행위가 발생하고 이러한 평화 교란 행위가 진정되면 새로운 평화 체제의 수립이 반복되는 양상으로 파악하는바, 이러한 과정을 시대적으로 구분해 살펴보면 다음과 같다.

III. 웨스트팔리아 체제 성립부터 비엔나 체제 성립까지 유럽에서 세력 균형의 발현

웨스트팔리아 체제하에서 이 두 가지 형태의 질서 교란 상황이 모두 발생하였는데 첫 번째 것은 프랑스가 주변 국가를 침략해 유럽에서의 헤게모니를 장악하려고 시도한 것이며 두 번째는 프러시아가 유럽의 기존 강대국들과 동등한 지위를 얻기 위해 기존의 세력 균형을 재편하려고 한 것이었다.

웨스트팔리아 체제하에서 유럽에서의 세력 균형을 위한 정책의 형태 중 하나는 유럽 전체의 일반적인 안정이 지속될 수 있도록 현상(status quo)을 보호하는 것으로, 이 경우 세력 균형을 가져오는 균형자(balancer) 역할은 주로 영국이 담당하였다. 다른 하나는 유럽 내부에서 강대국 간에 상호 대립하여 하나의 강대국이 대륙 전체에서 가장 강력한 국가의 지위에 이르는 것을 저지하는 것이었는데 이러한 대립은 프랑스와 합스부르크(Habsburg) 왕가(王家) 사이의 대립이나 프랑스와 프러시아 및 독일과의 대립 등에서 나타났다.

웨스트팔리아 체제의 성립(1648년) 이후 비엔나 체제 성립까지 유럽에서의 세력 균형 정책이 발현된 사례로 다음의 경우를 들 수 있다.

1. 스페인 왕위계승 전쟁(1701~1714년)

가. 세력 균형 교란의 원인과 과정

스페인 왕위계승 전쟁은 1700년 스페인 카를로스 왕이 후계자 없이 사망하자 프랑스 왕 루이 14세가 자기의 손자를 필립 5세를 스페인 왕위에 즉위하게 함에 따라 프랑스와 스페인의 제휴 세력과 프랑스의 세력 확대를 저지하고자 하는 영국이 네덜란드, 오스트리아와 동맹을 맺고 일으킨 전쟁이다. 이 전쟁은 유럽 대륙뿐만 아니라 인도와 아메리카 대륙의 식민지까지 확대되었다.

나. 세력 균형의 발현

이 전쟁의 결과 1712년부터 네덜란드 우트레히트(Utrecht)에서 평화조약을 체결하는 회의가 열려 이 전쟁에 참여하였던 프랑스, 영국, 네덜란드, 사보이 공국 등 다수 국가의 대표가 참가해 1713년 5월까지 다양한 조약을 체결하였는데 이들 조약을 합해 우트레히트 조약이라고 하였다.

이 조약에서 주권 국가 독립의 원칙과 세력 균형의 중요성이 강조되어 필립 5세의 스페인 왕위승계를 인정하는 대신에 영국은 프랑스로부터 허드슨 등 미국 식민지 일부를 할양받고 스페인으로부터는 지브롤터 등 일부 섬을 할양받았으며, 오스트리아는 스페인령 네덜란드의 영유권을 인정받았다. 네덜란드는 프랑스, 스페인으로부터 상업상의 특권을 인정받고 사보이 공국은 시실리아를 획득하게 되었다.

2. 오스트리아 왕위계승 전쟁(1740~1748년)

가. 세력 균형 교란의 원인과 과정

오스트리아의 왕위계승 전쟁은 신성로마제국 황제이자 합스부르크 왕가의 수장 찰스(Charles, 독일명 Karl) 6세가 1740년 사망해 장녀인 마리아 테레사(Maria Theresa)가 즉위하였으나 여성이 신성로마 황제가 될 수 없다는 이유로 신성로마제국 왕위 계승을 주장한 바이에른, 스페인, 작센과 반(反)오스트리아 세력인 프러시아, 프랑스가 동맹을 맺고 프랑스의 세력을 견제하려는 영국이 오스트리아를 지원해 일어난 전쟁이다.

이 전쟁이 일어나자 곧 프러시아의 프레데릭 2세는 오스트리아령 실레시아(Silesia, 독일명 Schlesien) 지방을 공격해 1741년 이 지역을 점령함으로써 합스부르크 왕가의 지배력이 흔들리게 되었으며 프랑스는 프러시아의 세력 확대에 우려를 하게 되었다.

나. 세력 균형의 발현

이 전쟁으로 영국과 프랑스는 인도, 북아메리카 등 해외식민지에서도 대립이 격화되었는데 1748년에 엑스 라 샤펠(Aix-la-Chapelle, 독일명 Aachen) 조약이 성립됨으로써 종결되었다.

이 조약으로 마리아 테레사는 오스트리아 왕위 계승을 인정받고 마리아 테레사의 남편인 로트링겐 공 프란츠 스테판(Franz I. Stephan Von Lothringen)이 신성로마제국의 황제로 선임되었으며 프러시아는 실레시아 지방을 얻게 되고 프랑스는 오스트리아령 네덜란드에서 퇴각하고 인도와 북아메리카에서 영국으로부터 얻은 땅을 돌려주게 되었다.

3. 7년 전쟁(1753~1763년)

가. 세력 균형 교란의 원인과 과정

7년 전쟁은 오스트리아 왕위계승 전쟁 때에 프러시아에게 실레시아를 빼앗긴 오스트리아의 마리아 테레사가 실레시아 탈환을 기도해 일으킨 전쟁이다. 이 전쟁에서 프랑스는 프러시아가 새로운 강국이 되는 것을 방지하기 위해 오스트리아를 지원하고 러시아, 스웨덴, 작센, 기타 독일 제국도 오스트리아와 동맹을 맺은 것에 대항해 영국은 프러시아를 지원하기로 하였다.

프러시아의 프레데릭 2세가 1756년 먼저 작센을 공격해 전쟁이 개시되었으나 1759년 오스트리아·러시아 연합군에게 대패하였으며 영국으로부터의 군자금 지원도 끊어져 매우 어려운 지경에 빠졌다.

그러나 1762년 러시아의 엘리자베타 여제(女帝)가 급사하고 프레데릭 2세를 숭배하는 표트르 3세가 즉위하고부터는 형세가 일변해, 1763년 2월 후베르투스불그(Hubertusburg) 조약이 성립되고 프러시아는 실레시아의 영유를 확인받게 되었다. 이 전쟁의 결과 프러시아는 유럽 열강의 지위에 올라 독일에서의 패권의 기초를 확고히 하였다.

나. 세력 균형의 발현

7년 전쟁 기간 동안 영국과 프랑스는 해외식민지에서 서로 다투어 결국 영국이 승리를 거두고 열강들이 별도로 체결한 파리조약(Treaty of Paris)에서 식민지에 대한 권리 관계를 확정지었다.

파리조약의 주요 내용은 기본적으로 식민지 전쟁에서 탈취한 것을 원상태로 회복하는 것으로 프랑스와 스페인이 각각 영국과 포르투갈의 식민지에서 획득한 것을 영국과 포르투갈에 반환하고 영국은 마닐라와 하바나를 스페인에게 반환한다는 내용이다. 이 조약은 또한 북미 지역의 불령 루이지애나의 동부 지역과 프랑스의 관할하에 있던 캐나다 북부지역을 가톨릭교도들에 대한 신앙의 자유를 인정한다는 조건하에서 영국에 양도하고 스페인은 플로리다를 영국에 양도하도록 하였다.

오스트리아 왕위 계승 전쟁과 7년 전쟁의 결과, 유럽은 프러시아가 유럽의 열강의 지위를 획득하고 영국은 대식민제국으로서의 지위를 확립해 새로운 세력 균형이 이루어졌다.

4. 프랑스 혁명전쟁(1792~1802년) 및 나폴레옹 전쟁(1803~1815년)과 비엔나 체제

가. 세력 균형 교란의 원인과 과정

프랑스 혁명전쟁은 1789년 프랑스에서 시민혁명이 일어나 국왕의 권력을 제한하고 교회의 재산을 몰수하자 프랑스의 변화에 민감한 주변 국가들이 프랑스 혁명의 파급을 막기 위해 프랑스 혁명에 관여하게 됨으로써 발단된 전쟁이다.

프랑스 혁명에 민감한 이해관계를 가진 오스트리아 왕이며 신성로마제국 황제인 레오폴드 2세와 프러시아의 프레데릭 윌리엄 2세는 1791년 8월 필니츠(Pillnitz)에서 프랑스 국왕 문제는 유럽 전체의 관심사이기 때문에 유럽 전체가 프랑스에 공동으로 대처해야 한다는 선언을 했다. 그러자 프랑스 시민들은 이를 협박으로 간주하고 흥분하게 되었으며 이에 대항해 1792년 2월 오스트리아와 프러시아가 대 프랑스 동맹을 체결하자 1792년 4월 프랑스가 오스트리아에 대해 전쟁을 선포하였다.

프랑스 군대가 오스트리아·프러시아 연합군에게 승리한 후 공화정을 선포하고 루이 16세를 처단한 후 유럽에서 왕정을 타도하려는 인민들에게 원조를 제공하겠다는 선포를 하면서 대외 팽창 정책을 추구해 사보이, 니스, 벨지움을 합병하고 영국, 네덜란드, 스페인에 전쟁을 선포하자 영국을 중심으로 오스트리아, 프러시아, 포르투갈, 교황령, 스페인 등이 제1차 대 프랑스 연합전선을 결성해 프랑스와 연합전선 간의 전쟁이 시작되었다.

이러한 연합전쟁(war of coalition)은 제7차까지 계속되었다. 연합전쟁의 성격은 유럽 국가들의 세력 균형 정책에 입각한 것으로, 영국이 주도하고 다른 열강들은 연합 형성 시마다 얻게 될 보상을 예상하고 연합에 참여하였다.

제1차 연합전쟁은 프러시아와 오스트리아가 각각 1795년과 1797년에 프랑스와 조약을 체결해 전쟁을 종결하였다.

제2차 연합전쟁은 1798년 나폴레옹이 이집트를 침공해 오토만 제국에 이해관계를 가지고 있는 러시아를 자극하게 되자 영국이 러시아와 동맹 관계를 맺고 오스트리아, 포르투갈, 오토만제국, 나폴리왕국, 스웨덴 등과 함께 대 프랑스 전쟁을 수행하기 위해 형성된 것이나 1799년 러시아가 연합전선에서 이탈하고 1800년에는 오스트리아도 이탈하여 이후 영국이 1802년 프랑스와 아미앵(Amiens) 조약을 체결해 프랑스와 해외식민지를 재분할하도록 하고 전쟁을 종결하였다.

나폴레옹 전쟁은 프랑스 혁명전쟁 중 1976년 이탈리아와의 전투에서부터 수차례에 걸쳐 승리한 나폴레옹이 국내에서의 인기를 얻어 1802년 종신 총통이 된 후 1804년에 황제가 되었는데 나폴레옹의 세력 확장에 대항해 영국을 중심으로 연합전선을 형성해 프랑스와 싸운 전쟁으로서 프랑스 혁명전쟁의 연장적 성격을 가진다.

제3차 연합전쟁은 다음과 같다. 나폴레옹이 유럽대륙 지배를 위한 전쟁 준비를 하자 영국은 1803년 5월 프랑스에 전쟁을 선포한 후 1805년 4월에는 러시아와 연합을 형성하기로 합의하고 오스트리아와 프러시아, 스웨덴이 이에 가담해 프랑스에 대항한 것이다. 이 전쟁에서 나폴레옹은 영국을 침략하려고 해군 병력을 증강하고 영국과 해전을 벌였으나 1805년 10월 트라팔가르(Trafalgar) 해전에서 넬슨 제독이 이끄는 영국함대에 패해 영국 침입이 좌절되었다. 제3차 연합

전쟁은 1806년 영국과 러시아가 프랑스와의 평화를 원하고 오스트리아, 프러시아도 더 이상 프랑스와 싸울 여력이 없어 종결되었다.

제4차 연합은 1806년 7월 영국, 프러시아, 러시아, 삭소니, 스웨덴에 의해 형성되었다. 1806년 8월 프러시아의 프레데릭 3세는 프러시아가 독자적으로 프랑스와 전쟁을 하기로 결정하고 라인강 동쪽에서 프랑스군과 전투하였으나 나폴레옹 군대에 의해 대패하였다. 이 전쟁에서 프랑스는 프랑스가 지배하는 영역에서 영국과의 통상을 금지함으로써 영국을 봉쇄(blockade)하는 대륙 체제(Continental System)를 선언하였다. 1807년 6월에는 러시아 군대도 나폴레옹 군을 공격하였으나 실패하고 나폴레옹 군대에 의해 폴란드에서 퇴각하게 되었다.

제5차 연합은 1809년 프랑스군의 위협하에 있는 오스트리아를 지원하기 위해 영국과 프러시아가 주도해 형성된 것이었다. 이 기간에 육전에서는 프랑스 군대가 승리해 나폴레옹 군대가 마드리드까지 진격하고 프랑스 괴뢰정권을 수립해 스페인 국민들의 분노를 사 스페인인들에 의해 조직된 게릴라 부대의 공격을 받게 되었고 해전에서는 프랑스 해군이 영국 해군에게 패해 영국 봉쇄가 실효성을 잃어버리게 되자 쉔부른 조약(Treaty of Schönbrunn)에 의해 전쟁을 종결하였다.

제6차 연합은 나폴레옹이 1812년 러시아를 침공한 후 모스크바에서 추위와 식량 부족으로 퇴각하게 되자 프러시아, 오스트리아, 스웨덴과 일부 독일 연방 구성국들이 형성한 것이다.
나폴레옹 군대의 힘이 약화된 것을 기화로 오스트리아 메테르니히가 1813년 11월 나폴레옹에게 황제 지위를 유지하되 프랑스가 획득한 이탈리아, 독일, 네덜란드 땅을 반환할 것을 요구하지 나폴레옹이 이를 거절해 다시 전쟁이 일어났다.

이 전쟁에서 프랑스 군대가 대패해 나폴레옹 군대는 프랑스로 퇴각하게 되었으며 1814년 3월에는 러시아 군대를 비롯한 연합군대가 파리로 진격해 쇼몽 조약(Treaty of Chaumont)을 체결하였는데 이 조약에서 유럽의 평화 유지는 정당한 세력 균형에서 이루어진다는 것을 천명하고 나폴레옹이 패할 때까지 연합전선을 유지할 것이며 전쟁이 종식된 후에도 유럽 평화 유지에 관해 필요한 조치를 취한다는 등의 내용이었다.

1814년 4월 연합군의 승리로 나폴레옹과 폰텐블뢰(Fontainebleu)협정을 체결해 나폴레옹을 일정한 대우를 부여하면서 엘바(Elba)섬에 격리시키는 데 합의하였으며 루이 18세를 황제 자리에 앉히고 왕정을 복구시켰다.

이어서 연합국들은 프랑스와 제1차 파리평화조약을 체결하였는데 이 조약에서는 유럽 평화가 정당한 세력 균형으로 이루어져야 한다는 것을 전문에 명시하였으며 프랑스는 1792년의 국경선으로 돌아간다는 것, 독일은 연방의 형태로 구성한다는 것, 네덜란드 왕국을 창설한다는 것 등을 명시하고 구체적인 문제는 비엔나에서 국제회의를 개최해 결정한다고 하였다.

제7차 연합은 나폴레옹이 1815년 3월 엘바섬을 탈출해 칸느에 상륙하자 영국, 러시아, 프러시아, 오스트리아, 스웨덴, 스위스, 네덜란드, 독일의 수 개 주들이 모여 형성한 것이다. 이 전쟁에서 나폴레옹 군대가 1815년 6월 영국의 웰링턴(Wellington) 장군이 이끄는 워털루(Waterloo) 전투에서 패해 나폴레옹은 체포되어 센트 헬레나섬으로 유배되었다.

나. 세력 균형의 발현(비엔나 체제의 성립)

제1차 파리평화조약에 따라 1814년 9월 비엔나에서 나폴레옹 전쟁에 참가하였던 국가들의 대표가 모인 국제회의가 개최되었는데 동 회의는 오스트리아 황제 프란시스 1세가 초청하는 형식으로 하고 오스트리아의 재상 메테르니히(Metternich)가 주재하였으며 1815년 6월 회의의 최종의정서가 서명되었다.

비엔나회의에서는 프랑스가 전쟁을 일으킨 1792년 이전의 현상 유지로 돌아가야 한다는 것을 대전제로 삼아 회의를 진행하였다. 이러한 대전제하에서 나폴레옹 전쟁 전의 왕정을 복구한다는 정통주의(legitimacy) 원칙과 세력 균형 원칙에 따르도록 하였다. 정통주의 원칙에 따라 스페인, 프랑스, 나폴리, 포르투갈 등에 혁명 전의 왕실이 부활되었다. 다만 1806년 나폴레옹이 해체한 신성로마제국 황제는 부활시키지 않고 신성로마제국을 구성하였던 300여 개의 공국(公國)을 오스트리아, 프러시아 등 35개국과 4개의 자유도시로 하는 새로운 독일연방이 탄생하였다.

세력 균형 원칙에 의해 프랑스가 다시 평화를 교란할 정도로 강해지는 것을 방지하기 위해 유럽의 국경선을 새로이 획정하는 데 회의의 내용이 적용되었는데 새로운 국경선은 강대국 간의 상호 보상이 이루어지도록 조정하였다.

이에 따라 오스트리아는 네덜란드를 포기하는 대신 이탈리아의 롬바르디아와 베네시아를 획득하였고 프러시아는 작센의 북부와 라인 지방을 얻고 영국은 마르타섬, 케이프 식민지, 세이론 등을 얻어 식민지 제국을 공고히 하였으며 러시아는 러시아 황제가 새로 세운 폴란드 왕국의 왕위를 겸하도록 하였다. 또한 네덜란드는 오스트리아령 네덜란드를 얻어 네덜란드 왕국이 되고 스웨덴은 덴마크로부터 노르웨이를 얻고 스위스는 영세중립국의 지위를 보장받았다.

비엔나 회의 도중 나폴레옹이 엘바섬을 탈출해 나폴레옹 군대와 연합군 간의 전투가 재개된 사실에 영향을 받아 비엔나 회의 후 1815년 7월 오스트리아, 영국, 프러시아, 러시아는 프랑스가 4국 위원회를 만들어 다시는 유럽의 평화를 위협하지 못하도록 강력한 예방 조치를 하는 문제를 토의하였다.

그 결과로 1815년 11월 제2차 파리평화조약이 체결되었는데 동 조약에서는 프랑스가 1790년의 국경선으로 돌아가도록 해 프랑스는 프랑스가 가졌던 네덜란드 왕국과의 국경 일부 지역, 주네브 지역, 스위스 국경 일부 지역, 사보이의 거의 전 영역을 상실하게 되었다.

비엔나 체제가 성립된 후 유럽에서 1815년 9월 러시아의 알렉산더 1세가 기독교 정신에 입각해 평화를 이룩하자고 주장해 오스트리아, 프러시아 3개 국왕이 신성동맹(Holy Alliance)을 체결하고 이를 전 유럽 규모로 확대시켰다.

이와는 별도로 오스트리아, 영국, 프러시아, 러시아 4개국은 1815년 11월 별도로 4국 동맹 조약을 체결하고 프랑스의 혁명이 타국에 전파되어 평화를 교란하지 않도록 4국이 상호 협조하기로 해 유럽에서의 협조(Concert of Europe) 체제가 이루어졌다. 이 협조 체제는 실질적으로는 유럽의 세력 균형을 이루는 근간이 되었다.

이후 1818년 11월 연합군의 프랑스 주둔 기간이 만료되자 4국 동맹국은 프랑스와의 전쟁이 있을 경우에 상호 원조한다는 것을 주된 내용으로 하는 비밀 4국 동맹 조약을 체결한 후 프랑스 대표도 초대된 엑스 라 샤펠(Aix-la-Chapelle) 회의를 개최해 나폴레옹 전쟁의 전후 처리를 종결시킴에 따라 프랑스는 다시 강대국의 지위를 회복하게 되었다.

IV. 비엔나 체제 이후부터 제1차 세계대전 발발 전까지 유럽에서의 세력 균형 정책 발현

1. 비엔나 체제 이후 주요 세력의 변화

비엔나 체제 성립 시 유럽 정치 질서를 형성하는 데 주된 역할을 하는 국가는 오스트리아, 프랑스, 영국, 프러시아, 러시아, 스페인, 스웨덴, 포르투갈 등 8개국이었으나 이중 스페인, 스웨덴, 포르투갈은 곧 세력을 상실하였다.

프랑스에서는 나폴레옹이 몰락한 후 루이 18세가 즉위해 왕정이 복구되었으나 그의 뒤를 이어 찰스 10세가 즉위하자 자유주의 운동이 일어나 1830년 7월에는 혁명이 일어나고 1848년에 다시 2월 혁명이 일어나 루이 나폴레옹이 공화정의 대통령이 된 후 1852년 국민투표에 의해 제정(帝政)으로 바꾸어 스스로 나폴레옹 3세가 되었다.

1859년에는 이탈리아가 통일을 통해 새로운 강대국이 되었고 프러시아에서는 1862년 비스마르크가 재상이 되어 오스트리아와의 전쟁(1866년)과 프랑스와의 전쟁(1870년)을 일으켜 승리한 후 1871년에 독일 제국을 탄생시킴으로써 독일이 영국, 프랑스와 함께 유럽의 최대 강국이 되었다.

통일된 독일에서 제외된 오스트리아는 프러시아와의 전쟁에서 패한 후 여러 민족의 집합체로 남아 상대적으로 지위가 약화되었으며 민족해방 운동을 하는 헝가리를 무마해 헝가리 마자르(Magyar)족에게 자치를 허용하고 1867년 오스트리아·헝가리 왕국을 성립했다.

이로써 유럽에는 독일, 영국, 프랑스, 오스트리아·헝가리 제국이 유럽의 질서 형성에 주된 역할을 하게 되었으며 이외에 오토만 터키가 유럽의 정치 질서 형성에 중요한 역할을 하였고 유럽 밖에서는 1860년대에 미국이 강대국으로 부상하고 뒤이어 일본도 강대국의 대열에 참여하였다.

2. 크리미아 전쟁(Crimean War, 1853~1856년)

가. 세력 균형 교란의 원인과 과정

크리미아 전쟁은 표면적으로는 오토만 터키가 지배하고 있는 지역 내에서 프랑스의 로마 가톨릭교의 보호 요구와 러시아의 그리스 정교에 대한 감독권 주장이 대립되어 발발한 것이나 내면적으로는 러시아가 발칸반도로의 남진 정책을 펴자 영국과 프랑스가 공동으로 러시아 세력을 막기 위해 터키로 하여금 러시아와 전쟁을 하게 하고 영국과 프랑스가 동맹을 맺어 터키를 지원해 일어난 전쟁이다.

터키는 프랑스와 영국의 후원을 믿고 1853년 10월 러시아에 전쟁을 선포하였고 1854년 3월 영국과 프랑스도 러시아에 대해 선전포고를 하였다. 오스트리아는 1854년 12월 영국·프랑스와 공수 동맹(攻守 同盟)을 체결하고 영국과 프랑스가 러시아로부터 공격을 받을 시 이들 국가를 지원하는 대가로 이탈리아에서의 오스트리아의 지위에 관해 이들 양국의 지원을 받는다는 약속을 받았다. 1855년 1월 영국의 권유로 사르데냐가 전쟁에 참여하였으며 오스트리아와 프러시아는 직접 전쟁에 참여하지는 않았다.

이 전쟁은 연합군이 1854년 9월 크리미아반도에 상륙해 러시아의 흑해 함대와 11개월 동안의 전투 끝에 이 반도의 세바스토폴(Sevastopol) 항구를 함락시키자 러시아가 군사적이나 재정적으로 더 이상 전쟁 수행 능력을 상실하게 되었는데 러시아에서 새로이 황제가 된 알렉산더 2세(Alexander II)가 1856년 3월 연합국에게 평화 교섭을 제의해 전쟁이 종결되었다.

나. 세력 균형의 발현

크리미아 전쟁의 결과 1856년 2월 파리강화회의가 개최되어 영국, 프랑스, 러시아, 터키, 사르데냐 등의 교전국과 오스트리아, 프러시아 등의 대표들이 참석하였다. 이 회의에서 합의된 중요 내용은 러시아의 세력 확장 기도를 막고 세력 균형을 추구하는 것이었는데 그 예로 흑해를 중립화해 흑해를 모든 국가의 상선에 개방하고 흑해 연안의 병기 공장의 설치를 금지해 러시아의 흑해를 통한 지중해 진출을 사실상 차단한 것과 전쟁 중에 러시아가 점령한 카르스(Kars) 지역을 반환하고 아시아 지역에서 전쟁 전의 러시아·터키 국경을 확인하였다는 점이다.

파리강화회의가 끝난 후 1856년 4월 영국, 프랑스, 오스트리아는 별도로 터키 관계조약을 체결하였는데 그 내용은 이 3개국이 파리강화조약의 어떠한 위반도 전쟁 원인이 된다는 것과 오토만 터키의 영토보존과 독립을 보장해 오토만 터키에 대한 러시아의 우월한 지배를 전면적으로 부정하는 것이었다.

3. 러시아·터키전쟁(Russia·Turkish War, 1877~1878년)

가. 세력 균형 교란의 원인과 과정

러시아·터키 전쟁은 오토만 터키가 지배하고 있던 발칸지역에서 보스니아·헤르체고비나와 불가리아에서 오토만 터키의 지배에 항거하는 반란이 일어난 것(1875~1876년)이 발단이 되었다. 반란이 일어나자 이 지역에서의 세력 확장을 노리는 세르비아와 국내에서 범슬라브 운동이 일어나고 있던 러시아에서 반란군을 지원하게 되어 1876년 6월 세르비아와 몬테네그로가 터키에 대해 선전포고를 하였다.

러시아는 먼저 오스트리아·헝가리와 1877년 1월 비밀 협약을 체결해 1876년 7월에 맺은 라이히슈타트(Reichstadt) 협정으로 전쟁이 발발할 경우 오스트리아·헝가리는 러시아에 호의적 중립을 지킨다는 약속을 확인받은 후(1877년 1월), 1877년 4월 터키에 선전포고를 하였다.

나. 세력 균형의 발현

전쟁이 일어나 러시아의 승리가 예견되자 영국과 오스트리아·헝가리, 독일이 개입해 1878년 2월 평화 교섭을 시작함으로써 1878년 3월 산스테파노 조약을 체결하였다.

동 조약의 중요 내용은 오토만 터키가 지배하였던 세르비아, 몬테네그로, 루마니아의 독립을 인정한다는 것, 보스니아·헤르체고비나는 오스트리아·헝가리의 감독을 받는 자치 지역으로 한다는 것과 불가리아에 흑해로부터 마케도니아에 이르는 광활한 지역을 보유하게 해 자치를 승인하되 러시아가 이 지역을 2년간 점령하도록 한다는 것이었다.

산스테파노 조약은 결국 커다란 영토를 차지한 불가리아가 러시아의 지배하에 들어가게 되는 결과를 가져오게 되었다. 그러자 이 조약내용에 관해 영국과 오스트리아·헝가리가 강하게 반발하여 비스마르크의 조정으로 1878년 6월 베를린회의를 개최하고 동 회의에서 새로운 세력 균형의 방안을 협의해 새로 독립한 나라들의 영토를 대폭 축소하고 영국은 사이프러스를 얻고 오스트리아·헝가리는 보스니아·헤르체고비나를 차지하고 이 지역을 관리하게 되었다.

4. 비스마르크 동맹 체제(1873~1890년)의 성립과 와해에 의한 세력 균형

가. 비스마르크 동맹 체제하의 세력 균형

1862년 독일의 재상이 된 비스마르크(Bismarck)는 오스트리아와의 전쟁(1866년)과 프랑스와의 전쟁(1870년)을 통해 독일 제국을 건설한 후 프랑스가 독일에 대한 원한을 가지고 독일을 침략하지 못하도록 프랑스를 고립시키고 유럽의 현상 유지를 도모하기 위한 정책을 추구하였다.

그는 먼저 독일, 오스트리아, 러시아의 3제 협약(三帝協約, 1873년)을 맺어 군주주의의 유대강화를 도모한 후 오스트리아와 군사적 비밀동맹을 맺고(1879년), 프랑스가 튀니스를 보호국으로 삼은 것에 대해 분노하고 있던 이탈리아를 끌어들여 독일, 오스트리아, 이탈리아의 삼국동맹을 맺어(1881년) 비스마르크 체제를 완성하였다.

나. 비스마르크 동맹 체제 와해 후의 세력 균형

독일의 빌헬름 2세(Wilhelm II)가 즉위해 비스마르크가 재상직에서 해임된 후 독일은 3제 협약의 만기(1887년) 후에 비스마르크가 러시아와 체결해 두었던 재보장 조약(Reinsurance Treaty)을 연장하는 것을 거부하자 러시아는 독일 대신 프랑스에 접근해 러시아, 프랑스와 동맹을 맺게 되었다(1894년).

독일의 세력 확대에 위협을 느낀 영국은 프랑스에 접근해 이집트에서의 영국의 우월적 지위를 인정받고 모로코에서의 프랑스의 우월적 지위를 인정하는 영·불 협상을 맺은 후(1894년) 러시아와 공동으로 독일에 대처하기 위해 러시아와 상호 세력 범위를 양해하기로 해·영·러 협상을 맺게 되었다(1907년).

이로써 유럽에는 비스마르크 체제가 와해되고 새로운 세력 균형이 이루어지게 되었으며 독일 연방에서 제외된 오스트리아가 발칸지역에서의 세력 확장을 꾀하게 되자 이 지역에서 범게르만주의와 범슬라브주의의 대립이 격화되어 세력 균형의 교란이 생기면서 제1차 세계대전이 일어나게 되는 원인이 되었다.

3. 비스마르크(Bismarck) 체제가 국제 정치 질서에 미친 영향

1. 비스마르크 체제의 의의

프로이센의 빌헬름 1세(Wilhelm I)가 1861년 왕위에 오른 후 국방상인 론(Roon)이 마련한 군제 개혁안이 의회의 강력한 반대에 부딪혔다. 그러자 국왕은 의회와의 대립을 해결할 수 있는 인물을 물색하다가 당시 프랑스 주재 대사였던 비스마르크(1815~1898년)가 재상으로 지목되어 1862년 9월 재상이 되었다.

비스마르크는 재상이 되자 의회의 기능을 정지시키고 군제개혁을 단행하고 강력한 군대를 양성한 후 오스트리아와의 전쟁(1866년)을 승리로 이끌고 프러시아를 중심으로 북부 독일연방을 형성하고 이어 프랑스와 전쟁을 시작해(1870년 7월) 프랑스를 패망시킨 후 독일 제국을 탄생(1871년 1월)시키는 데 주역을 담당하였다.

비스마르크 체제는 독일 제국의 형성 후 비스마르크가 유럽정치 질서의 현상 유지와 프랑스의 고립이라는 외교목표를 달성하기 위해 당시 열강인 오스트리아, 러시아, 이탈리아와의 동맹 외교를 통한 독일의 이익을 보장하려는 체제로, 비스마르크가 실각(1890년 3월)하고 이러한 동맹 체제가 와해된 때까지의 체제로 이를 비스마르크 동맹 체제라고도 한다.

2. 비스마르크 체제의 성립 배경

유럽에서 30년 전쟁이 종료(1648년)된 이래 지배한 정치 질서의 근간은 세력 균형의 원칙이었다. 이 원칙의 핵심적 내용은 유럽에서 강대국들이 상호 균형된 세력을 유지해야 하고 어느 한 국가가 다른 모든 강대국을 지배하는 구도가 되는 것을 방지한다는 것이었다.

17세기 말경부터 유럽에서 세력 균형을 유지하는 강대국의 지위는 영국, 프랑스, 오스트리아,

프로이센, 러시아가 차지하고 있었는데 프랑스의 나폴레옹이 나타나서 유럽의 세력 균형을 파괴한 것으로 생각되었으나 그의 몰락 후 오스트리아의 메테르니히가 주도한 빈회의(1815)를 통해 다시 세력 균형 체제로 복귀하게 되었다.

그러나 빈 체제는 그 이후 프랑스를 중심으로 일어난 민중들의 대규모 자유화 운동인 7월 혁명(1830년)과 2월 혁명(1848년)의 영향으로 퇴색하기 시작하였다. 이러한 변화는 강대국들이 처한 상황에 따라 다르게 나타났으며 비스마르크 체제의 탄생은 이러한 유럽의 전반적인 정치적 분위기와 아래와 같은 유럽 강대국들이 처한 독자적인 정치적 상황을 기초로 한 것이었다.

10세기 후반에 작센 지방의 제후가 로마 교황으로부터 신성로마제국의 칭호를 받아 명목상의 제국을 이룩하고 있었던 독일은 빈회의 결과 35개의 군주국과 4개의 자유시로 형성되었으나 19세기 후반 프러시아의 비스마르크가 등장해 이룩한 독일의 제2 제국은 4개의 왕국, 5개의 대공국(大公國), 13개의 공국(公國), 3개의 자유시 등 25개의 정치 단위로 구성된 연방 국가 (Bundesstaat) 체제였다.

일찍이 명예혁명(1689년)으로 의회정치를 실행하게 된 영국은 1842년 선거법을 개정해 산업자본가에게도 선거권을 주게 되자 종래의 휘그(Whigs)당이 새로이 진보적인 산업자본가를 영입해 자유당(Liberals)이 되었고 토리당(Tories)은 귀족과 지주층을 중심으로 보수적인 세력을 흡수해 보수당(Conservatives)으로 개편해 양당 체제가 성립하였다.

프랑스는 2월 혁명으로 공화제를 채택해 루이 나폴레옹이 선거에 의해 대통령으로 취임하였으나 그는 자신의 임기가 종료되는 시점(1851년 12월)에서 쿠데타로 다시 정권을 장악해 임기 10년의 대통령에 재 취임하였으며 그 이듬해 12월 다시 국민투표를 실시해 제정(帝政)을 수립하고 자신이 나폴레옹 3세가 되었다.

그러나 그가 프러시아의 비스마르크와 싸워 패한 후(1870년) 몰락하자 국가의 제정이 무너지게 되었으며 프랑스는 프러시아와의 전쟁의 결과 1871년 5월 프랑크푸르트에서 체결한 평화조약으로 알자스(Alsace) 전체와 로렌(Lorraine)의 일부를 독일에 양도하고 50억 프랑의 배상금을 지불하게 되어 프랑스 국민들은 독일에 대한 강한 굴욕감을 느끼지 않을 수 없었다.

프랑스의 제정이 무너지자 사회주의자와 노동자들이 폭동을 일으켜 파리코뮌(Paris Commune)이라는 체제로 한때 행정을 장악하고 군대를 조직하였으나 정규군과 임시정부에 의해 진압된 후(1871년) 새로이 공화정이 수립되었다(1875년).

유럽에서 2월 혁명의 영향으로 자유주의 운동과 민족주의 운동이 전개되자 오스트리아에서도 3월 혁명이 일어나 보수 반동 체제의 선도자인 메테르니히가 물러나고 오스트리아가 지배하고 있던 보헤미아와 헝가리에서 독립운동이 일어났으나 오스트리아군에 의해 진압되었다.

그러나 비스마르크가 독일 제국을 건설할 때 제외된 오스트리아는 많은 약소국가의 집합체라는 취약점을 가지고 있어서 헝가리 마자르인들의 독립 요구를 무마하고자 마자르인에게 자치를 허용하고 오스트리아·헝가리 이중왕국(dual monarchy)을 수립하고 오스트리아 황제 프란츠 요제프 1세(Franz Joseph I)가 오스트리아·헝가리 제국의 황제가 되었다(1867년).

피에드몬트, 사르데냐 왕국, 사보이 공국 등 여러 지역으로 분할되어 통치되고 롬바르디, 베네치아 등 지역이 오스트리아의 지배하에 있던 이탈리아에서도 1848년 2월 혁명의 영향으로 마치니(Mazzini)가 민족운동을 주도해 그가 이끄는 청년 이탈리아당이 오스트리아군에 대항하였으나 결국 오스트리아군에 진압당하였다. 그 후 사르데냐의 빅토르 임마누엘(Victor immanuel)이 왕위에 올라(1850년) 카보르(Cavour)를 재상으로 임용하였다.

카보르는 이탈리아의 통일을 위해 오스트리아와의 전쟁이 불가피하다고 생각하고 프랑스의 지원을 받아 오스트리아와의 전쟁을 일으켜(1859년) 피에드몬트를 침공한 오스트리아군을 프랑스·피에드몬트 연합군이 격퇴하였다.

그 후 사르데냐는 피에드몬트와 합병하고(1860년) 북부 및 중부 이탈리아를 통일하였다. 또한 가리발디(Garibaldi)가 남부 이탈리아의 시칠리아와 나폴리를 점령해 이 지역을 사르데냐 왕에게 바침으로써 로마와 베네치아를 제외한 이탈리아를 통합해 사르데냐 왕이 이탈리아의 국왕이 되었다(1861년). 그 이후 이탈리아는 베네치아와 로마도 점령해 수도를 로마로 옮기고 유럽의 새로운 강대국이 되었다.

러시아는 일찍 흑해 방면으로 진출하려는 남진 정책을 수행하려고 하였으나 이 지역을 관장하고 있는 오스만 터키에 의해 제지를 당해 왔다.

러시아는 니콜라이 1세 말년에 오스만 터키에 대해 러시아 정교권의 보호를 요구했다가 거절당하자 터키와 전쟁을 하였으나 영국과 프랑스가 오스만 터키와 동맹을 맺고 러시아에 대항해 싸웠던 크리미아 전쟁(1853~1856년)에서 패하게 되었다.

러시아는 1860년대부터 국내에서 범슬라브주의 목소리가 커져 슬라브인들이 다수 거주하는 발칸 반도에 대한 관심이 높아지게 되었다. 독일 통일에서 제외되어 헝가리와 이중왕국이 된 오스트리아가 발칸반도에 대한 세력을 확장하려는 계획을 가지게 됨에 따라 러시아와 오스트리아·헝가리 제국의 세력이 이 지역에서 상호 대립하게 되었다.

크리미아 전쟁 중에 즉위한(1855년) 알렉산더 2세는 농노해방 등 내정개혁을 하였으나 터키가 반란을 일으킨 슬라브족 불가리아인을 학살하자 터키와 전쟁을 하게 되었다(1877~1878년). 이 전쟁의 결과 산스테파노 조약을 체결해 터키로 하여금 세르비아, 몬테네그로, 루마니아의 독립과 불가리아의 자치를 승인케 하는 등 러시아에 유리한 결과를 얻게 되었으나 영국과 오스트리아·헝가리 제국의 항의를 받고 비스마르크의 중재로 개최된(1878년) 베를린 회의에서 그 내용이 수정되어 영국이 사이프러스를 얻고 오스트리아·헝가리 제국이 보스니아와 헤르체고비나를 차지하게 되었다.

3. 비스마르크 체제의 내용

비스마르크 체제는 당시 유럽에 불고 있던 자유 민주화운동을 차단시키고 독일을 중심으로 군주 국가들이 결속하는 보수 반동주의 체제를 유지하면서 유럽 열강들의 이해관계를 활용해 동맹과 협상을 통해 독일 통일 과정에서 프랑스의 독일에 대한 원한이 독일에 위협을 줄 수 있는 가능성을 봉쇄해 독일의 안전 보장을 확고히 하고자 하는 데 그 목적이 있었는데 그가 구축한 체제의 내용은 다음과 같다.

(1) 제1차 3제협상(Three Emperors' League, Dreikaiserbund)

독일 제국 성립의 주역을 담당한 비스마르크는 유럽정치 질서의 현상 유지와 프랑스를 고립시키려는 외교 목적을 달성하기 위해 황제제도하에서 보수 정책을 추구하는 오스트리아·헝가리 제국과 러시아와의 협력이 필요하다고 생각하였다. 또한 헝가리 출신으로 오스트리아·헝가리 제국의 외무장관이 된 안드라시(G. Andrassy)도 오스트리아·헝가리 제국이 앞으로 유럽 동남지역으로 진출하는 데 있어 독일의 도움이 절실하다고 느꼈으며 러시아의 외상 고르차코프(A. Gorchakov)도 러시아의 세력 확장에 독일이 도움이 필요하다고 생각하였다.

이러한 공동 인식의 바탕 위에 러시아 알렉산더 2세가 1873년 빈을 방문하는 기회를 통해 양국 간의 중요한 문제는 서로 협의한다는 쉔브룬 협정이 6월에 체결되었고 10월에 독일의 빌헬름 황제가 협정에 가입해 제1차 3제협상이 성립되었다.

(2) 양국동맹

베를린회의 결과 독일과 러시아의 관계가 냉각되고 독일과 오스트리아·헝가리 제국과의 관계가 더욱 밀접하게 되자 1879년 8월 비스마르크는 오스트리아·헝가리 제국의 외상 안드라시를 설득해 독일과 오스트리아·헝가리 제국 간의 양국동맹을 비밀조약으로 체결하였다.

양국동맹의 주요 내용은 양국 중 일국이 러시아의 공격을 받을 경우 타국이 모든 병력을 동원해 지원하고 러시아 이외의 국가로부터 공격을 받을 경우 타국은 우호적 중립을 지키지만, 러시아가 그 공격하는 국가에 가담할 경우에는 그 공격받은 일국을 모든 병력을 동원해 지원한다는 것으로 러시아를 양국의 가상적국으로 규정하였다는 점에서 제1차 3제협상과 근본적으로 다른 성격을 가지고 있다.

(3) 제2차 3제협상

베를린회의 결과로 비록 독일과의 관계가 소원해졌으나 러시아가 중앙아시아 방면으로 진출하기 위해서는 영국과 대결하고 발칸방면으로의 진출을 위해 오스트리아·헝가리 제국과 대결해야 하는 입장에서 독일과의 동맹이 필요하다는 인식을 가지고 러시아 측에서 먼저 독일과의 동맹을 추구하게 되었다.

1878년 러시아 고르차코프의 보좌관이며 아시아 국장이었던 기르스(Girs)가 실질적으로 러시아 외교를 담당하게 되자 독일과 러시아는 양국 동맹을 추진하였다.

비스마르크는 독일과 오스트리아, 러시아의 삼국동맹을 구상하고 오스트리아·헝가리 제국에 자신의 의사를 타진하였으나 오스트리아·헝가리 제국의 새로운 외상이 된 하이메를레(Haymerle)는 삼국동맹보다 영국의 도움으로 발칸반도에서 오스트리아·헝가리 제국이 우월한 지위를 얻기를 희망하고 있었다.

그러나 이즈음 영국에서 디스렐리(Disraell) 내각이 퇴진하고 글래드스턴(Gladstone) 내각이 출범해 그랜빌(Granville)이 외상이 되자 종전에 오스만 터키를 지원하였던 입장을 바꾸어 러시아를 지원한다는 외교 정책을 발표하고 발칸문제에서 영국과 러시아가 접근하는 태도를 보이게 됨에 따라 오스트리아·헝가리 제국도 독일의 삼국협상 안에 동조하게 되어 1881년 3월 독일, 오스트리아·헝가리 제국, 러시아 사이에 제2차 3제협상의 조약이 성립되었다.

그 조약의 주요 내용은 아래의 요지로 오스만 터키에 대해 3국이 공동 입장을 취하는 것과 발칸반도에서 오스트리아·헝가리 제국의 이익을 인정하고 러시아가 흑해로부터 영국이나 오스만 터키의 공격을 차단할 수 있도록 해 러시아의 이익을 고려해 주는 것이다. 세부 사항은 다음과 같았다.

- 체약국 중 1국이 제4국과 전쟁을 하는 경우 다른 체약국들은 우호적인 중립을 지키며 오스만 터키와의 전쟁에서도 이 규정을 지키나 전쟁의 결과는 상호 협의해 처리한다.
- 러시아는 베를린 조약상의 오스트리아·헝가리 제국의 이익을 준수하고 흑해의 다다넬스, 보스포러스 해협에서 전투를 하지 못하도록 이 해협을 봉쇄한다. 오스만 터키가 이를 위반하면 이로 인해 피해를 받은 체약국에 대해 전쟁을 야기한 것으로 간주한다.

이 조약은 3년간 유효하기로 되어 있어 1884년에 갱신되었으나 발칸지역에서 러시아와 오스트리아·헝가리 제국 사이의 이해관계가 대립됨에 따라 결국 1887년에 종료되었다.

(4) 삼국동맹(Triple Alliance)

삼국동맹은 독일, 오스트리아·헝가리 제국, 이탈리아가 상호 이해관계의 일치로 성립된 것이었다. 이탈리아는 이탈리아인이 다수 거주하고 이탈리아가 대외 진출의 거점으로 하려고 하였던 북아프리카의 튀니지가 1881년 프랑스와 바르도(Bardo) 조약을 체결해 튀니지를 보호 통치하기로 하자 이탈리아 전역에서 프랑스를 규탄하는 운동이 일어나 독일과의 동맹을 원하게 되었다.

독일은 1881년 프랑스의 감베타(Gambetta) 내각이 구성되어 러시아와의 관계를 강화하고자 하였으며 러시아·터키 전쟁에서 명성을 높인 스코벨레프 장군이 1882년 1월 파리를 방문해 러시아와 프랑스의 동맹을 주장하는 움직임을 보임에 따라 이탈리아와 동맹의 필요성을 느끼게 되었다.

오스트리아·헝가리 제국은 이탈리아가 더 이상 오스트리아의 지배하에 있는 영토를 회복하려는 기도를 갖지 않도록 하기 위해 이탈리아와의 동맹을 필요로 하였다. 이러한 이유로 3국이 1882년 5월 빈에서 3국동맹을 체결하였는데 그 주요 내용은 다음과 같다.

- 체약국은 다른 체약국에 적대하는 동맹에 가입하지 않는다.
- 이탈리아가 도발하지 않음에도 불구하고 프랑스의 공격을 받을 경우 다른 체약국은 모든 군사력을 동원해 이탈리아를 지원한다. 독일이 프랑스의 공격을 받는 경우 이탈리아에게 동일한 의무가 발생한다.
- 체약국이 2개국 이상의 비체약국으로부터 공격을 받는 경우 다른 체약국은 공격받는 체약국에 대한 원조 의무가 발생한다.
- 비체약국이 체약국 중의 1국의 안전을 위협해 그 체약국이 전쟁을 하게 되면 다른 2개의 체약국은 중립을 지킨다.

이 조약은 프랑스로부터의 안전을 보장하기 위한 것이다. 그러나 프랑스로부터의 위협을 더 많이 느끼는 독일이나 이탈리아가 프랑스로부터 공격을 받으면 서로 원조 의무가 발생하지만, 오스트리아·헝가리 제국은 중립을 지킬 의무만이 있다는 것이 특징이다.

삼국동맹의 유효기간은 5년으로 되어있어서 1886년 동 조약의 갱신을 위한 교섭이 진행되었는데 이 교섭에서 이탈리아가 북아프리카의 식민지 정책에 관한 독일과 오스트리아·헝가리 제국의 지지를 요구하는 한편 발칸반도에서의 이탈리아의 이익을 보장해 줄 것을 요구함에 따라 비스마르크는 이러한 이탈리아의 요구를 독일과 이탈리아 간의 조약과 오스트리아·헝가리 제국과 이탈리아 간의 양자조약을 체결해 해결하고 삼국동맹을 5년간 연장하는 데 성공하였다.

독일과 이탈리아의 양자조약은 독일이 이탈리아의 북아프리카 진출과 관련해 프랑스와 충돌할 경우 독일이 이탈리아를 지원한다는 요지이며 오스트리아·헝가리 제국과 이탈리아의 양자조약은 양국이 오스만제국의 현상 유지를 추구하되 현상 유지가 타파될 경우 양국이 합의해 상호보상의 원칙에 따라 영토를 획득한다는 내용이었다.

삼국동맹은 제1차 세계대전이 발발한 1915년까지 존속되어 국제 정치 질서의 일부로 작동하였으나 이탈리아는 제2차 세계 대전이 오스트리아·헝가리 제국의 도발로 시작되었기 때문에 삼국동맹 조약에 구속되지 않는다고 발표하고 연합국 측에 가담하여 독일, 오스트리아·헝가리 제국에 전쟁을 선포함으로써 폐기되었다.

(5) 재보장 조약(Reinsurance Treaty)

1885년 발칸반도에서 세르비아와 불가리아사이에 일어난 전쟁이 오스트리아·헝가리 제국의 주선으로 휴전이 되고 발칸반도에서 오스트리아·헝가리 제국의 영향력이 확대되자 러시아와 오스트리아·헝가리 제국의 관계가 악화되었다.

이러한 분위기에서 1887년 제2차 3제협상의 유효기간이 만료되자 러시아 내에서 프랑스와의 동맹을 주장하는 자들과 제2차 3국 협상의 연장을 주장하는 자들과의 대립이 있었는데 기르스 러시아 외상은 비스마르크와 협의해 1887년 6월 오스트리아·헝가리 제국을 제외한 독일과의 단독 조약을 체결함으로써 그 대립을 해소하였다. 이 조약이 다음 요지의 재보장 조약이다.

- 양국 중 1국이 제3국과 전쟁을 하는 경우 타국은 우호적 중립을 지키나 양국 중 1국이 프랑스나 오스트리아·헝가리 제국에 대해 공격함으로써 전쟁이 발생하는 경우에는 이 규정이 적용되지 않는다.

- 독일은 러시아가 발칸반도에서 가지고 있는 역사적인 지위를 인정한다. 그러나 양국은 상호 협의 없이 발칸반도의 영토상의 현상 유지를 변경하지 않는다.
- 제2차 3제협상에서 규정한 해협봉쇄의 원칙을 다시 확인한다.

4. 비스마르크 체제의 붕괴

1888년 빌헬름 2세가 새로운 황제로 즉위해 비스마르크의 견제 없이 외교 정책을 황제가 직접 지휘하는 한편 내각령을 개정해 재상직의 특권을 박탈하려 하자 이에 반항하던 비스마르크를 1890년 3월 재상직에서 해임하게 되어 비스마르크 체제는 붕괴하게 되었다.

비스마르크는 해임당하기 전에 1890년 6월 유효기간이 종료될 러시아와의 재보장 조약을 연장하려고 하였으나 빌헬름 2세는 동 조약의 연장에 반대하였는데 비스마르크의 실각으로 동 조약은 폐기되었으며 1888년 이래 프랑스가 대규모로 러시아에 투자해 프랑스와 러시아의 관계가 밀접해지자 프랑스는 1891년 러시아와 정치협정을 체결하고 1892년 이를 군사협정으로 발전시켰다. 또한, 1894년에는 프랑스와 러시아 간에 동맹조약을 체결해 비스마르크가 기도하였던 프랑스의 고립이 종식되었다.

5. 비스마르크 체제가 국제 정치 질서에 미친 영향

가. 비스마르크 체제는 독일 제국이 유럽 질서의 중심 역할을 할 수 있게 하는 제도적 장치였다.

프랑스의 나폴레옹이 등장한 이래 프랑스가 유럽 정치 질서의 중심역할을 하였고 나폴레옹의 몰락 후 유럽정치는 오스트리아의 메테르니히가 그 중심 역할을 하였으나 독일 제2 제국의 성립 이후 유럽의 새로운 정치 질서 형성은 비스마르크 체제하에서 비스마르크의 주된 역할로 전개되었다.

나. 비스마르크 체제는 1848년 프랑스에서 일어난 2월 혁명의 여파로 유럽에서 일어난 자유주의, 민족주의 운동을 저지하고 보수반동 체제를 유지하는 역할을 하였다.

비스마르크 체제는 유럽의 황제 국가들인 독일, 오스트리아, 러시아가 주동이 되어 군주들이 국제 정치 질서를 계속 존속시키려고 하는 체제로 이 체제의 유물이었던 독일과 오스트리아·헝가리 제국의 동맹이 야기한 제1차 세계대전 이후에 유럽에 자유화, 민주화가 보편화되었음에 비추어 볼 때 비스마르크 체제는 유럽에서의 자유화, 민주화의 정치 질서를 지체시킨 역할을 하였다.

다. 비스마르크 체제는 국제 정치 질서가 유럽 중심으로 전개되는 마지막 단계의 역할을 하였다.

국제 정치 질서는 비스마르크 체제가 종식되는 1890년 이후에 유럽 중심에서 벗어나 세계 전체의 정치 질서로 변화해 그 이후부터는 제1차 세계대전에 미국과 일본이 참전하게 되고 일본과 미국이 중국 진출과 태평양 문제로 대립하는 등 새로운 국제 질서 형성이 세계 전체를 무대로 전개되었다.

경제학

1. 독점적 경쟁 기업의 해외시장 진출 경제원리

한국과 미국의 승용차 생산 기업들이 모두 생산에 필요한 고정 비용을 동일하게 부담하고 양국의 승용차 구매자들은 자국산, 외국산에 따라 차별적 구매 선호를 가지지 않으며 유사한 성능을 가지는 동일급의 승용차들이 일정한 가격대(價格帶)를 형성해 구매자들은 가격 요인과 취향을 종합적으로 고려해 구매한다는 전제하에서 양국 승용차 교역이 완전 자유무역 체제에 의해 이루어지고 양국 간의 교역 비용은 무시한다고 가정할 때 다음의 문제에 대해 그래프를 이용해 설명함.

(1) 승용차 시장이 독점적 경쟁 시장인 이유와 완전 경쟁 시장과의 차이점.

(2) 미국의 특정 급의 승용차 시장에서 생산 기업별 판매 총수량과 다른 기업이 생산하는 승용차의 가격이 주어졌다는 가정하에 판매량을 X축, 가격을 Y축으로 할 때 한국산 동급의 승용차가 가지게 되는 수요 곡선과 한계수입 곡선.

(3) 동급의 승용차를 생산하는 경쟁 관계에 있는 두 기업의 판매가격과 한계비용의 차이로 인해 발생하는 이익의 크기 비교.

(4) 승용차 판매 시장이 종전 시장과 동일한 조건으로 확대되었을 경우(예컨대 미국 시장이 캐나다 시장으로 확대), 수요 곡선의 변화.

1. 승용차 시장이 독점적 경쟁 시장인 이유와 완전 경쟁 시장과의 차이점

승용차 생산 기업은 거대한 시설과 투자가 필요하기 때문에 이 기업이 이익을 낼 수 있다고 하여 누구나 이 기업을 창설할 수 있는 것이 아니다. 그러나 시설과 투자의 능력을 갖추고 있는 기업이라면 승용차 시장에 진출해 기존의 기업과 경쟁을 하는 길이 개방되어 있다.

또한 승용차 생산 기업들은 승용차라는 상품을 생산해 승용차를 구입하려고 하는 동일한 다수의 소비자 집단을 대상으로 하나 각 기업이 생산하는 승용차는 동일한 것이 아니어서 소비자들은 차별화된 제품을 선택해 소비하게 된다. 승용차 시장의 이러한 특성은 이 시장이 독점적 경쟁(monopolistic competition)의 성격을 가짐을 의미한다.

독점적 경쟁 시장이 완전 경쟁 시장과 다른 점은 완전 경쟁 시장에서는 한계생산비용과 한계이익이 동일하게 되는 점까지 새로운 기업이 참여하여 그 점에서 시장가격이 결정됨으로써 시장의 공급자들은 시장에 의해 결정되는 가격을 수용하게 되나, 독점경쟁에서는 한계이익이 한계생산비용을 초과하는 가운데에서 상호 경쟁한다는 점이다.

이러한 점을 그래프로 나타내면,

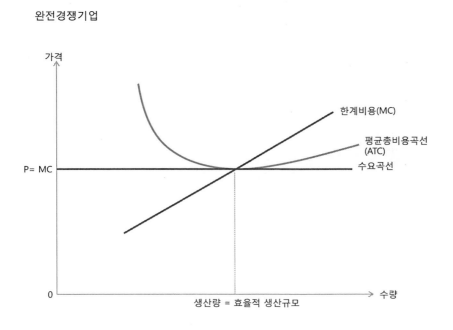

이 그래프는 완전 경쟁 기업의 경우 기업은 평균 총비용(ATC)과 한계비용(MC)이 일치할 때까지 생산하려고 하며 수요가 있는데도 불구하고 한계비용이 가격보다 낮을 경우 다른 기업이 참여하게 되어 장기적으로 볼 때 결국 한계비용과 수요 곡선이 일치하는 점에서 가격이 결정된다는 것을 나타낸다.

아래 그래프는 독점적 경쟁 기업이 아래의 점에서 완전 경쟁 기업과 다른 점을 보여준다.

독점적 경쟁기업

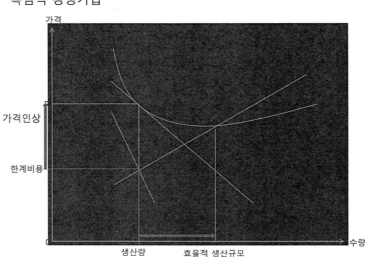

독점적 경쟁 기업의 경우 기업의 독점적 경쟁의 성격으로 인해 한계수입 곡선은 항상 수요 곡선의 아래에 있게 되며 한계수입 곡선은 수요 곡선에 비해 가격 탄력성이 작으므로 한계수입 곡선의 기울기는 수요 곡선의 기울기보다 급하다.

독점적 경쟁 기업은 평균 총비용 곡선(ATC)이 최저점이 되기 전에 한계수입(MR)이 한계비용(MC)과 일치하는 점에서 생산을 시작해 평균 총비용 곡선이 수요 곡선과 일치하는 점에서 결정되는 가격(P)으로 가격을 인상(mark up)한다.

이 기업은 평균 총비용 곡선과 한계비용이 일치하는 점까지 생산량을 늘리는 것이 가장 효율적이기 때문에 한계이익이 한계비용과 일치하는 점에서 생산할 경우 생산 설비를 완전히 활용하지 못하고 초과 생산 설비가 남게 된다. 그러므로 독점 경쟁 기업에서는 생산기술향상, 소비자들에게 대한 광고 등의 방법을 통해 기업의 생산품에 대한 구매력을 증진시켜 생산량을 늘림으로써 평균 총생산비를 낮출 수 있게 된다.

2. 미국의 특정 급의 승용차 시장에서 생산 기업별 판매 총수량과 다른 기업이 생산하는 승용차의 가격이 주어졌다는 가정하에 판매량을 X축, 가격을 Y축으로 할 때 한국산 동급의 승용차가 가지게 되는 수요 곡선과 한계수입 곡선

판매량을 표시하는 X축과 가격을 나타내는 Y축 내에서 한국산 승용차에 대한 수요 곡선을 구하려면 Y축에서의 절편(切片, intercept)과 수요 곡선의 기울기를 구해야 한다.

우선 Y축에서의 절편을 구하려면 X축의 판매량이 0일 경우의 Y 값을 구해야 하는데 이는 한국 승용차의 판매량에서 도출할 수 있다.

즉, 한국산 승용차에 대한 수요량은 승용차 총 판매 대수에서 승용차 판매 시장에 진출한 기업이 공평하게 할당받을 수 있는 분량을 기초로 한국 승용차의 가격 메리트를 고려한 수치를 산정함으로써 파악할 수 있다.

여기에서 한국 승용차의 가격메리트를 산정하는 것은 한국산 승용차의 가격에서 다른 승용차의 가격의 차이가 승용차 판매에 영향을 미치는 상수를 곱해 산출할 수 있다.

이를 수식으로 표시한다면 문제의 주어진 값에서 승용차 시장의 총판매 대수를 S, 승용차 시장에 진출한 기업의 수를 n, 한국산 승용차의 가격을 P, 승용차 시장에 진출한 승용차의 평균가격을 P^a라 하며, 한국산 승용차의 가격과 승용차 평균가격의 차이가 판매에 영향을 미치는 상수를 k, 한국산 승용차에 대한 수요량(판매 대기량)을 Q라 할 때, Q는 전체기업의 수 n 중의 하나로 간주한 $1/n$에서 한국산 자동차의 가격과 전체 평균가격과의 차이에 위의 상수 k를 곱한 것을 차감한 것이 될 것이므로 $Q = S\{1/n - k(P - P^a)\}$라는 관계식이 성립한다.

Y축 절편은 위의 수요량이 0일 경우의 Y값이 될 것이므로 위의 식에서 $S\{1/n - k(P - P^a)\} = 0$이라고 하면 결국 $P = P^a + 1/kn$가 되어 이 값이 Y축의 절편이 된다.

수요 곡선의 기울기는 한국산 승용차의 가격/한국 승용차에 대한 판매량이 될 것이므로 승용차 시장에서의 전체 판매량을 S, 한국산 승용차의 가격과 평균가격의 차이가 한국산 승용차의 판매에 영향을 미치는 상수를 k, 수요 곡선의 기울기를 D라 하면 $D = 1/kS$가 된다.

한계수입(marginal revenue)은 한 단위의 추가 판매로 인해 발생하는 총수입의 변화를 의미하는데 한계수입 곡선은 한계수입이 이루어지는 선을 연결한 것이다. 한계수입은 수요공급 법칙에 의해 판매량이 증가할수록 추가 판매량에 대한 시장가격(수요가격)이 하락하며 그 하락의 크기는 수요 곡선의 기울기에 의해 결정된다.

따라서 현 판매량에 상응하는 가격은 판매량이 수요 곡선과 만나는 점에서의 가격이 되고 현 판매량이 전 단계의 판매량과의 차이에 상응하는 현재의 가격과 전 단계의 가격 차이는 수요 곡선의 기울기로 나타난다. 한계수입은 승용차 가격에서 특정 시점의 판매량에 수요 곡선의 기울기를 곱한 것, 즉 $MR = P - Q/kS$가 된다.

기업이 이익을 최대화하려면 한계수입과 한계비용이 일치할 때까지 판매할 것이므로 결국 위의 $MR = P - Q/kS$는 한계비용 (C)와 일치하게 된다.

위의 내용을 그래프로 나타내면 다음과 같다.

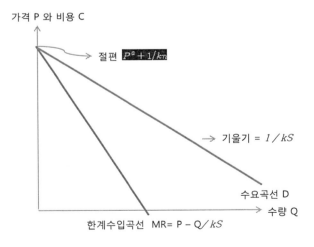

3. 승용차 판매 시장이 종전 시장과 동일한 조건으로 확대되었을 경우(예컨대 미국 시장이 캐나다 시장으로 확대), 수요 곡선의 변화

승용차 시장이 확대된다는 것은 동 시장에 진출하는 기업 수가 증대되고 판매량이 커진다는 것을 뜻한다. 앞에서 나타난 바와 같이 종전 승용차 시장의 수요 곡선의 가격을 나타내는 Y축 절편이 $P^a + 1/kn$이 되기 때문에 여기에서 기업 수를 나타내는 이 커지면 절편의 값은 적어진다. 또한 시장의 수요 곡선의 기울기는 $1/kS$인데 시장 확대로 인해 판매량이 커지면 이 기울기의 값이 적어지게 되어 수요 곡선의 기울기가 더 완만해져 가격탄력성이 높아지게 된다.

이러한 상황 변화를 나타내는 것이 다음의 그래프이다.

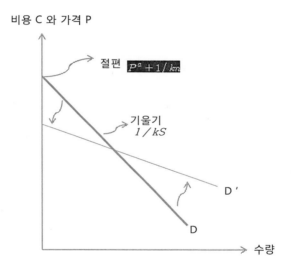

승용차 시장이 확대됨으로써 신규기업이 확대된 시장에 진출할 경우 승용차 시장에서 기업 간의 경쟁이 더욱 치열하게 된다. 이러한 경쟁의 강화로 승용차 생산에 필요한 한계비용을 줄임으로써 생산성을 높일 수 있게 되어 기업이 확대된 시장의 수요량에 대한 지분을 더 크게 차지하게 된다.

2. 현행 주택 공급 제도에 내포된 경제원리 분석

우리나라 '주택 공급에 관한 규칙'에서는 민영주택을 일반에게 공급할 경우, 주택을 공급하는 사업 주체가 입주 희망자 중 주택청약종합저축에 가입한 자를 대상으로 하되 그 저축의 가입 일자 등의 기준에 따라 제1순위자, 제2순위자 등 우선순위를 정해 주택입주자를 선정하도록 하고 있다. 또한 주택 공급을 하는 지역의 지방자치단체장은 사업시행자의 분양가격책정에서 필요할 경우 가격 상한제를 시행할 수 있도록 하고 있으며 분양을 받은 자가 분양권을 타인에게 매도할 경우 양도차익에 대해 고율의 양도소득세를 부담해야 하고 주택 분양을 받은 자는 주택 완공 후 등기를 할 때 국민주택채권을 매입하고 취득세를 납부해야 한다.

이와 같은 주택 공급 방식과 관련해 다음의 내용을 설명함.

(1) 주택 공급 시 주택 구입 희망자들에 대한 우선순위 지정 필요성과 가격 상한제의 실효성 조건.

(2) 은행의 지급 준비율이 10%라 할 때 주택청약종합저축으로 인한 통화 승수 효과.

(3) 양도소득세와 취득세 부과가 주택 공급에 미치는 영향.

(4) 대외거래를 무시한 폐쇄경제라는 상정하에서 위와 같은 주택 공급 방식이 국내총생산 (GDP)에 미치는 영향.

(5) 주택 매입 조건으로써의 주택청약종합저축 가입 의무, 주택 공급에 따른 과세, 분양주택 등기 시 국민주택 채권 매입 의무에 따라 정부가 시도할 수 있는 금융 정책 및 재정 정책.

I. 주택 공급 시 주택 구입 희망자들에 대한 우선순위 지정 필요성과 가격 상한제의 실효성 조건

주택 공급에 있어서 주택 구입 희망자들에게 우선순위를 지정할 필요성은 주택 구입 희망자들의 주택에 대한 수요가 주택 공급량보다 더 크기 때문이다. 즉, 주택 공급과 주택 수요를 시장의 완전한 자유경쟁에 맡길 경우에는 수요와 공급의 균형점에서 주택 가격이 결정될 것이므로 주택의 물량 부족이 일어나지 않을 것이나 공급가격에 가격 상한제를 둘 경우 그 상한 가격이 수요·공급에 의해 균형을 이루는 점보다 아래에 있을 경우에는 다음의 도표와 같이 초과수요 현상이 나타나 물량 부족이 발생한다. 그러나 가격 상한제를 실현하더라도 수요와 공급의 균형을 이루는 점에서의 가격보다 상한 가격이 더 높을 경우에는 초과공급 현상이 일어나고 공급에서 수요를 제외한 물량이 남게 된다.

이러한 물량 부족 현상은 수요 곡선과 공급 곡선의 가격에 대한 탄력성이 클수록 크게 나타난다.

이를 그래프로 나타내면 아래와 같다.

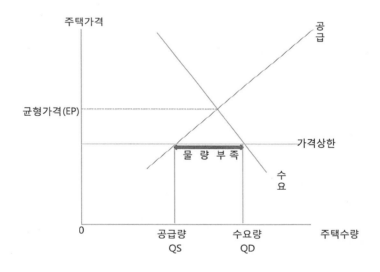

위의 그래프에서 가격 상한이 주택시장의 수요 공선과 공급 곡선이 만나는 균형가격 EP보다 낮은 경우 주택 수요량 QD와 주택 공급량 QS와의 차이만큼 주택 물량 부족이 생기게 되고, 수요 곡선과 공급 곡선의 가격에 대한 탄력성이 클수록 곡선의 기울기 각도가 작아지기 때문에 물량 부족의 정도가 커진다.

이러한 주택 물량 부족 상황이 일어날 경우에 주택 구입 희망자들에게 주택 구입을 할 수 있는 기회를 부여하는 합리적 근거를 마련하기 위해 주택 구입 희망자들에게 주택청약저축 가입 여부, 가입 일자 등 일정한 조건을 차별적으로 제시하고 이들 조건 중 어떠한 조건을 충족하는 가에 따라 주택 분양 신청에 우선순위가 부여되도록 하였다. 따라서 가격 상한제가 실효성을 가지려면 가격 상한이 주택 시장의 수요·공급에 의해 결정되는 균형가격보다 낮아야 한다.

II. 은행의 지급 준비율이 10%라 할 때 주택청약종합저축으로 인한 통화 승수 효과

통화 승수(money multiplier)는 은행이 유입된 통화를 지급 준비율에 상당하는 금액만 남기고 나머지 금액을 개인에게 대부하고 이 개인이 다시 은행에 저축하는 과정을 되풀이한다고 가정할 때, 전체적으로 발생하게 되는 통화량이 당초 은행에 유입된 통화량의 몇 배가 되느냐를 말한다.

주택청약종합저축으로 당초 은행에 예금된 총액을 M이라고 한다면 처음 이 금액을 예치 받은 은행은 10%의 지불준비금을 남기고 나머지를 모두 개인에게 대부하고 이 금액을 대부받은 자가 그 금액을 다시 다른 은행에 예치하는 상황이 반복한다면 전체 거래된 총 통화 액수는 지급 준비율을 r이라고 할 때 $M+M(1-r)+M(1-r)^2+M(1-r)^3+\cdots\cdots$가 된다. 즉, (1-r)을 공비로 하는 무한등비급수의 합이 되므로 결국 M/1-(1-r), 즉 M*1/r이 되어 1/r만큼 통화량이 증가하는 것으로 되어 1/r이 통화 승수가 되므로 지급 준비율이 10%이면 통화 승수는 10이 된다.

III. 양도소득세와 취득세 부과가 주택 공급에 미치는 영향

현재 민영주택의 일반 공급의 경우 주택 구입 희망자가 주택 공급 청약 계약을 하고 분양권을 획득한 후 이 분양권을 다른 자에게 양도해 양도차액이 발생하였다면 이 차액에 대해 국세인 양도소득세를 납부해야 하고 또 주택이 완공되면 사업시행자가 보존등기를 할 때와 주택매입자가 분양등기를 할 때 각각 지방세인 취득세를 납부해야 한다.

주택 공급에 따른 이러한 과세는 조세 부담이 없을 경우와 비교할 때 세금 부분에 상당하는 주택 가격이 앙등하는 결과가 된다. 과세로 인해 주택 가격이 인상될 경우 과세가 법률상 납세

의무자에게 부과되더라도 그 부담이 시장의 수요·공급의 가격에 대한 반응과정을 통해 직접 또는 간접적으로 타인에게 이전되는 과세의 전가(轉嫁)가 이루어짐으로써 과세의 부담이 최종 납세자에게 귀속되는 귀착(歸着, incidence)현상이 나타난다.

　　주택 건립 시의 과세로 발생한 가격 앙등은 주택 공급자에 대한 과세인지 주택 매입자에 대한 과세인지에 따라 주택 공급자에게 귀착되는 부분과 주택 매입자에게 귀착되는 부분이 달라지며, 또한 같은 액수의 세금이 과세될 경우에도 주택 수요 곡선과 공급 곡선의 가격탄력성(수요·공급 곡선의 기울기로 나타남)에 따라 세금 중 주택 공급자에게 귀착되는 부분과 주택 매입자에게 귀착되는 부분이 달라진다.

가. 주택 공급자에 대한 과세로 인한 공급 곡선의 변화와 가격 상승에 따른 부담 분배

　　주택 공급자에게 과세가 될 경우 주택 공급자는 동 과세에 상당하는 액수를 주택 공급 가격에 반영하여 주택 공급 곡선은 세금이 없었을 경우의 공급 곡선에서 공급자에 대한 세금만큼 상 방향으로 이동하게 되고 이 곡선과 수요 곡선이 만나는 점, 주택에 대한 공급과 수요의 새로운 균형점에서 주택 판매 가격과 판매물량이 결정된다. 이때 주택 구입자가 부담하는 가격은 주택 수요 공급의 새로운 균형점에서의 가격이 되고 주택 공급자가 실제로 받게 되는 가격은 이 균형점의 가격에서 세금 부분을 제외한 가격이 된다.

　　이를 그래프로 나타내면 다음과 같다.

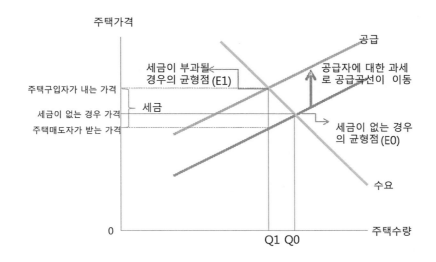

이 그래프는 주택 매도자에게 세금이 부과될 경우 매도자는 동 세금을 가격에 반영시킬 것이므로 당초의 주택 공급곡선(이 그래프에서는 편의상 직선으로 나타냄)이 세금 액수만큼 상 방향으로 평행이동하게 되어 수요와 공급 곡선이 세금이 없을 경우 E0점에서 균형을 이루던 것이 E1점에서 새로운 균형을 이루게 되어 주택 판매량이 Q0 점에서 Q1점으로 이동하게 되는 것을 보여 준다.

나. 주택 구입자에 대한 과세로 인한 수요 곡선의 변화와 가격 상승에 따른 부담 분배

주택 구입자에게 세금이 부과될 경우 주택 구입자는 동 세금을 주택 구입 가격에 반영해 주택 매입 여부를 결정할 것이므로 주택 수요 곡선이 세금 부분만큼 하향 이동해 이 곡선과 공급 곡선이 만나는 새로운 균형점에서 주택 판매 가격과 물량이 결정된다. 이때 주택 공급자가 받게 되는 가격은 주택 수요·공급의 새로운 균형점에서의 가격이 되고 주택 수요자가 지불해야 할 가격은 이 균형점의 가격에서 세금 부분을 추가한 가격이 된다.

이를 그래프로 나타내면 다음과 같다.

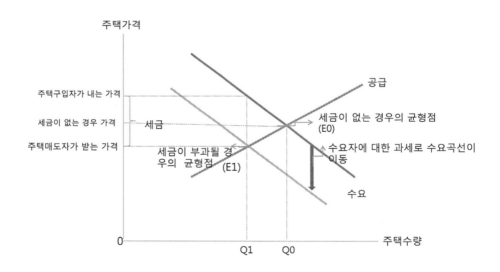

이 그래프는 주택 매입자에게 세금이 부과될 경우 매입자는 세금 액수만큼 낮은 가격에서 주택을 매입하려 할 것이므로 수요 곡선이 세금액만큼 하향하는 평행선으로 이동하게 되어 세금이 없을 경우의 수요와 공급의 균형점 E0에서 새로운 균형점 E1으로 이동하고 주택판매량은 Q0에서 Q1으로 바뀌게 됨을 나타낸다.

주택 공급에 세금이 부과될 경우 주택 가격의 인상을 초래하는데, 이 인상된 가격에 대한 주택 공급자와 주택 수요자 간에 부담하는 크기는 주택 공급과 수요 곡선의 가격탄력성, 즉 이 곡선들의 기울기에 따라서 달라진다.

공급 곡선의 가격탄력성이 수요 곡선의 가격탄력성보다 클 경우(공급 곡선의 기울기가 수요 곡선의 기울기보다 각도가 더 작을 경우), 세금으로 인한 부담은 주택 공급자보다 수요자에게 더 많게 되고 그 반대로 수요 곡선의 가격탄력성이 더 크면 공급자에 대한 부담이 더 커지게 된다.

이를 그래프로 나타내면 다음과 같다.

가. 공급 곡선이 수요 곡선에 비해 가격탄력성이 더 클 경우의 과세로 인한 부담 분배

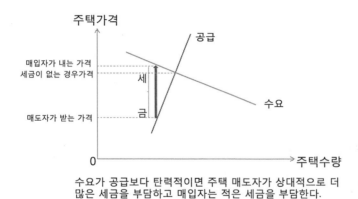

수요가 공급보다 탄력적이면 주택 매도자가 상대적으로 더 많은 세금을 부담하고 매입자는 적은 세금을 부담한다.

나. 수요 곡선이 공급 곡선에 비해 가격탄력성이 더 클 경우의 과세로 인한 부담 분배

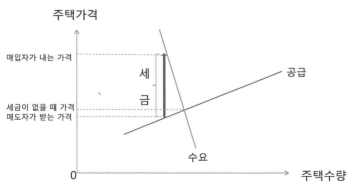

공급이 수요보다 탄력적이면 주택매입자가 더 많은 세금을 부담하고 매도자는 상대적으로 더 적은 세금을 부담한다

IV. 대외거래를 무시한 폐쇄경제라는 상정하에서 위와 같은 주택 공급 방식이 국내총생산 (GDP)에 미치는 영향

국내총생산(GDP)은 특정 기간에 생산된 모든 최종 재화와 서비스를 시장가치로 나타낸 것으로 GDP(Y)는 소비(C), 투자(I), 정부 구입(G)과 순 수출(NX)로 구성되나 폐쇄경제(closed economy)는 다른 나라와 교류하지 않는 경제를 의미하므로 이 경우 Y=C+I+G가 된다.

위 식에서 Y-C-G=I가 되는데 이는 경제의 총소득 중에서 소비와 정부 구입을 제외하고 남은 것이다. 즉, 저축(S)된다는 의미이므로 결국 S=I라는 등식이 성립한다.

여기에서 투자(I)는 장비나 건물 등 신규 자본재를 구입하는 것을 지칭하므로 개인이 자본 증식을 위해 주식이나 채권을 사는 것은 투자(I)가 아니고 저축(S)에 포함되며 주택이나 공장을 구입하는 경우는 투자(I)에 포함된다.

국내총생산을 결정하는 데 있어서 저축과 투자가 일치한다는 것은 국가 경제 전체로 볼 때 투자는 저축으로 이루어진다는 것을 나타내는데 저축과 투자가 연결되도록 하는 역할은 금융시장이 한다.

국내총생산은 시장가치로 나타내는데 케인즈의 유동성 선호설(theory of liquidity preference)을 따른다면 결국 국내 통화가치로 표시된다.

국내총생산은 금융시장을 통해 이루어지는 저축(S)=투자(I)의 실물 부분과 화폐의 수요, 즉 유동성 선호(L)에 의한 화폐의 공급량(M)이 균형을 이루는 점에서 결정되는데 그 균형점은 균형 이자율(R)에 의해 결정된다.

주택 공급은 이러한 국내총생산을 결정하는 투자의 일부를 차지하게 되어 주택 공급은 국민소득을 증대시키는 역할을 하게 된다.

주택 공급이 국내 총생산을 얼마만큼 증대시키는가 하는 것은 주택 공급이 유발하는 투자 승수에 의해 결정되는데 주택 공급은 주택을 건설하는데 필요한 토지, 자재 구입과 각종 용역이 필요하게 되어 다른 투자를 유발하기 때문에 승수효과(multiplier effect)가 일어나게 된다.

주택 공급이라는 투자로 인한 승수효과에 의해 국내총생산이 증대한다. 그러나 국민총생산의 증대는 이자율의 상승을 가져오게 되어 물가앙등(inflation)을 유발해 투자를 위축시키고 총수요(aggregate demand)를 저하시키는 압력으로 작용하는 구축효과(驅逐效果, crowding-out effect)가 발생해 이 부분만큼 국민소득을 감소시키는 결과를 낳는다.

이러한 과정을 그래프로 나타내면 다음과 같다.

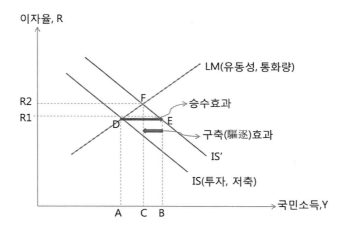

이 그래프에서 주택 공급은 투자 승수효과로 국민총생산이 0B만큼 증대하는 데 기여하나 이러한 국민소득의 증대로 인해 이자율이 R1에서 R2로 높아지게 됨에 따라 다시 구축 효과가 나타나 국민소득이 0C로 후퇴하는 것을 보여준다.

V. 주택 매입 조건으로써의 주택청약종합저축 가입 의무, 주택 공급에 따른 과세, 분양주택 등기 시 국민주택 채권 매입 의무에 따라 정부가 시도할 수 있는 금융 정책 및 재정 정책

주택 공급 사업에 관련된 주택청약종합저축 가입 의무와 국민주택채권 매입 의무는 결국 주택 소유 희망자들로부터 은행 예금을 증대시키도록 하는 효과를 가져올 것이므로 정부는 금융 정책을 통해 이러한 예금을 국민경제를 효율적으로 발전시키는 방향으로 활용할 필요가 있다.

또한, 앞에서 언급한 바와 같이 주택 공급은 국내총생산을 증대하는 데 기여하는 역할을 하게 되므로 정부는 주택 공급 사업을 활용한 재정 정책을 통해 국민소득을 효과적으로 증대하는 방안을 강구할 필요가 있다. 이러한 문제를 검토하는 데 있어서 편의상 앞에서 언급한 대로 대외교류를 무시한 폐쇄경제인 것을 전제로 한다.

가. 금융 정책

주택청약종합저축으로 인한 은행 예금이나 국민주택채권 매입에 의한 채권 매입에 따른 은행 예치금은 모두 정부가 중앙은행을 통해 개입할 수 있는 대부자금(loanable fund)이 된다.

정부는 시중의 통화량이 지나치게 많아 경제가 과열상태에 있다고 판단되면 중앙은행으로 하여금 지불 준비율을 높이게 함으로써 유통되는 통화량을 축소할 수 있다. 반면, 통화량이 부족해 경기 활성화가 이루어지지 않는다고 판단되면 지불 준비율을 인하함으로써 통화 유통량을 확대할 수도 있다.

정부는 또한 국민주택채권의 발행금리를 조절해 주택 구입자가 주택채권의 매입으로 인한 은행 예치금의 액수를 조절할 수 있으며 주택매입자가 주택채권을 금리 상당만큼 할인해 환매함으로써 보유하게 된 국민주택채권을 통화량 조절 목적으로 시장에서 공개 매각하는 공개시장 조작(open-market operations) 정책을 구현할 수도 있다.

나. 재정 정책

신규 주택의 공급은 광범위한 분야에서 주택 건설에 필요한 재화와 용역이 소요됨으로써 투자 승수 효과가 커짐에 따라 국내총생산의 증대를 유발할 수 있는 중요한 요인이 될 수 있다.

그러나 이러한 주택 공급을 통한 국내총생산의 증대를 가져오기 위한 전제조건은 주택 건설에 필요한 재화와 용역을 구입하기 위한 수요, 즉 유효수요(有效需要, effective demand)가 있어야 한다는 점이다.

주택 구입을 위한 유효수요가 있을 경우 정부가 주택 공급을 통해 국내총생산의 증대를 이루기 위해 다음과 같은 선택적인 재정 정책을 시도할 수 있다.

앞에서 언급한 바와 같이 $Y - C - G = I$, $S = I$의 등식에서 세금(T)의 요소를 추가하면 $S = (Y-T-C) + (T-G)$로 변형할 수 있는데 여기에서 신규주택에 필요한 투자(I)는 저축(S)과 동일하며 이는 $Y-T-C$, 즉 소득에서 세금과 소비를 제외한 민간부문의 저축(private saving)과 $T-G$, 즉 공공부문의 저축(public saving)으로 구분된다.

따라서 정부는 주택 공급을 통해 국내총생산을 증대하는 방안으로 다음과 같은 방안을 사용할 수 있다.

첫째, 세금을 인해 민간 부분의 투자가 주택 공급에 사용되도록 유도할 수 있다.

둘째, 세금을 증대해 공공 부분의 투자를 증대시켜 재정 흑자(budget surplus)를 이루어 그 흑자 부분을 주택 공급에 활용할 수 있다.

셋째, 세금을 초과하는 정부 지출을 하는 재정 적자(budget deficit)를 감행해 재정 적자를 야기하는 자금인 정부 지출을 주택 공급에 활용할 수 있다.

3. 환율의 결정

자본 이동이나 환율 결정에 관해 정부의 통제가 없는 자유시장경제 체제하에 있는 A, B 양국 간에 A국 국민의 가처분소득, 통화량과 이자율의 변화, 물가의 변동, 상품 생산량의 변동이 양국 간의 환율 결정에 미치는 영향을 구매력 평가(purchasing power parity), 이자 균형 조건(interest parity condition), 피셔효과(Fisher effect)의 개념을 원용해 설명함.

1. 환율 결정에 관한 기본 이론

자본 이동이 자유롭고 환율 결정에 대한 정부 통제가 없는 자유시장경제 체제 하의 A, B 양국 간의 환율은 궁극적으로 양국 통화의 화폐가치에 따라 결정된다. 즉, A국 통화를 B국 통화로 교환할 수 있는 비율을 양국 간의 환율 E=b/a이라 할 때, a의 가치가 높아지거나 (appreciation) b의 값이 낮아지면 E 값은 작아지고, a의 가치가 낮아지거나(depreciation) b의 가치가 높아지면 E는 커진다. 화폐의 가치를 어떻게 측정하느냐에 관해 그 화폐가 가지는 구매력의 차이를 기준으로 할 수 있다는 주장이 구매력 평가(purchasing power parity)설이고 양국 화폐가 가지는 이자율 차이가 기준이 될 수 있다는 주장이 이자균형 조건(interest parity condition)설이다.

구매력 평가라 함은 환율이 비교되는 양국의 통화가 각각 자국에서 기준이 되는 상품과 서비스를 구입할 수 있는 가격의 비율을 평가하는 것이다.

예를 들면 금 1온스를 미국에서는 1,200달러로 구매할 수 있는데 EU 국가에서는 1,000유로로 구매할 수 있다면 달러(dollar)와 유로(euro)화의 비율을 1.2:1로 볼 수 있다는 이론이다.

이자균형 조건이라 함은 환율이 비교되는 양국의 외환시장에서 환율의 균형을 이루는 점은 양국의 은행에서 어느 나라의 화폐로 저축하더라도 일정 기간 후 환급받는 금액의 증감율이 동일한 점에서 환율이 균형을 이룬다는 이론이다.

그런데 자유시장경제 체제하의 일국 화폐의 구매력이나 이자율은 독자적으로 결정되는 독립 변수가 아니라 생산량, 통화량, 국민소득, 물가의 변동 등에 따라 통화에 대한 수요와 공급이 달라지기 때문에 이러한 요소의 변화에 종속되는 종속 변수이다. 따라서 환율의 변화는 환율 결정에 영향을 미치는 다른 요소의 변화와 어떠한 상관관계에 있는지를 살펴보아야 한다.

또한 이러한 변화 요소 중에서 통화량의 변동이 이자율에 영향을 주어 환율에 변동을 가져오는 현상은 비교적 단기적으로 발생하는 변동이지만, 물가의 변동은 변동이 발생하는 기간이 다른 요소에 비해 비교적 장기간에 걸쳐 나타난다. 이러한 점에 비추어 환율의 변동을 단기적으로 통화량의 변동이 이자율의 변동으로 나타나 환율이 변하게 되는 단기적 변동과, 물가의 변동이 환율의 변동으로 이어지는 장기적 환율의 변동을 나누어 고찰할 필요가 있다.

2. 국민소득, 통화량, 이자율의 변화가 환율에 미치는 영향

A국 국내자본 시장에서의 A국 통화의 가치는 A국 국내에서의 총통화 수요를 물가로 나눈 실질 통화 공급량이 A국의 이자율과 국민 가처분 소득에 따른 유동성과 일치하는 점에서 균형을 이루게 된다. 이 유동성은 가처분 소득과 이자율이 높으면 커지고 가처분 소득이 적어지고 이자율이 낮으면 적어지기 때문에 실질 통화 보유량을 X축으로 하고 이자율을 Y축으로 할 때 이 유동성 그래프의 곡선 방향은 다음의 그래프에서 나타나는 바와 같이 우하향이 된다.

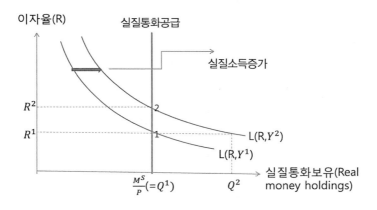

여기에서 이자율과 소득에 의해 결정되는 유동성(liquidity)으로 나타나는 실질소득이 총통화

수요를 물가로 나눈 실질 통화 공급량과 만나는 점에서 이자율이 결정되므로 실질소득이 증가하면 유동성 곡선이 오른쪽으로 이동해 이자율이 올라가고 실질 통화보유량도 Q^1에서 Q^2로 늘어나게 된다.

A, B 양국 간의 환율은 궁극적으로 양국 통화의 화폐가치에 따라 결정되기 때문에 특정 시점에서 A국 통화(예컨대 미국 달러)의 가치와 B국 통화(예컨대 한국 원화)가 A국 통화로 받을 수 있는 기대치가 일치하는 점에서 결정된다. B국 통화가 A국 통화로 받을 수 있는 기대치는 A국 통화의 B국 통화에 대한 환율이 높으면 적어지고 환율이 낮으면 많아지게 되므로 B국 통화를 보유한 자가 A국 통화를 얻게 됨으로써 소득 증가율을 X축으로, A국 통화의 B국 통화에 대한 환율을 Y축으로 할 때 기대치를 나타내는 곡선의 방향은 우하향이 된다.

이를 그래프로 나타내면,

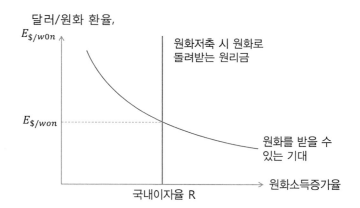

3. 단기적인 관점에서 소득과 통화량의 변동이 환율에 미치는 영향

여기에서 단기적이라고 하는 것은 물가의 변동이 환율에 영향을 미치기까지에는 시간이 걸린다고 보고 물가 변동 요소를 제외하고 소득과 통화량의 변동이 환율의 결정에 미치는 영향을 검토한다는 뜻이다.

단기적 관점에서 소득과 통화량의 변동이 환율에 미치는 영향은 금융시장에서 B국 국민의 가처분소득과 이자율에 따르는 유동성이 A국 화폐에 대한 총수요(aggregate demand)로 나타나는 곡선과 외환시장에서 B국의 이자율과 A국 통화를 얻을 수 있을 것으로 기대하는 환율에 따라서 나타나는 A국 통화를 취득할 수 있는 B국 통화량이 나타내는 공급 곡선이 균형을 이루는 점에서 결정된다.

여기에서 A국 통화를 얻을 수 있을 것으로 기대하는 환율은 한국에서의 이자율에 기대환율을 더한 것인데 이를 식으로 표현하면, 기대하는 환율을 $\widehat{E}_e$, 기준 시점의 환율을 E_{t-1}, 비교시점의 환율을 E_t이라고 할 때, $\widehat{E}_e = \dfrac{E_t - E_{t-1}}{E_{t-1}}$이 되고 두 나라의 금리 차이는 두 나라 통화의 환율변동 폭과 같다는 이론, 즉 피셔 효과에 따를 때, 한국에서의 이자율 R과 기대하는 환율 $\widehat{E}_e$을 합한 것이 미국의 이자율과 같아지는 점에서 환율이 결정된다.

이와 같은 내용을 그래프로 설명하려면 위의 두 그래프에서 앞의 금융시장에서의 환율 결정을 나타내는 그래프를 오른쪽으로 90도 각도로 회전해 뒤의 외환시장에서의 환율 결정을 나타내는 그래프 밑으로 연결하면 금융시장의 이자율과 외환시장의 이자율을 일치시킬 수 있다. 이때 Y축은 아래로 내려갈수록 보유통화량이 늘어나는 것을 나타내게 된다.

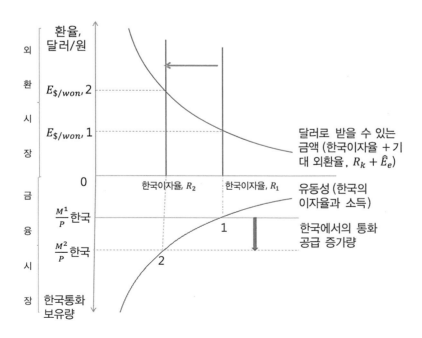

위의 그래프에서 한국에서의 통화공급량을 증가시키면 한국의 이자율이 1에서 2로 하락하고 이는 외환시장에서 환율이 1에서 2로 이동해 한국 통화의 가치가 절하(depreciated)되고 환율이 올라가게 된다는 것을 보여 준다.

4. 장기적인 관점에서 물가와 상품생산량의 변동이 환율에 미치는 영향

1) 물가의 변동이 환율에 미치는 영향

환율을 물가의 변동을 고려한 장기적 관점에서 살펴보려면 우선 환율 자체를 물가 변동의 요소를 고려하지 않은 명목 환율과 물가 변동을 고려한 실질 환율로 구별해 파악해야 한다. 또한 이자율도 물가 변동 요소를 고려하느냐의 여부에 따라 명목 이자율과 실질 이자율로 구분해야 하고 구매력 평가설도 양국 화폐의 특정 시점에서의 구매력인 절대적 구매력 평가설과 양국 화폐의 일정 기간 동안 환율변동과 양국 물가의 변동과의 관계를 나타내는 상대적 구매력 평가설을 구별해 고찰해야 한다.

물가 변동을 고려하지 않은 특정 시점에서의 명목 환율은 A, B 양국 통화의 상대가격(relative price of two currencies)이라고 할 수 있는데 비해 물가 변동 요소를 고려한 특정 기간의 실질 환율은 특정 상품군의 생산량에 대한 상대가격(relative price of two output baskets)이라고 할 수 있다.

따라서 특정 시점에서의 A국 통화의 B국 통화에 대한 실질 환율을 계산하는 방법(절대적 의미의 실질 환율)은 양국의 실질 환율을 계산하는 방법을 통해 알 수 있는데, 그 방법은 A국 통화의 B국 통화에 대한 명목 환율에 B국의 특정 상품군의 물가를 곱한 것을 A국의 특정 상품군의 물가로 나눈 것이 된다.

이를 수식으로 표현했을 때, A국 통화의 B국 통화에 대한 실질 환율을 q_d/b, 명목 환율을 E_d/b, A국의 물가를 P_a, B국의 물가를 P_b 라 하면, $q_d/b = (E_d/b \times P_b)/P_a$, $E_d/b = q_d/b(P_a/P_b)$가 된다.

실질 환율을 표시하는 방법 중에는 일정한 기간을 상정하고 특정 시점의 실질 환율이 기준 시점에 비해 어떻게 변화하였는지에 대한 지수로 표현하는 수도 있다(상대적 의미의 실질 환율). 이 경우에는 기준 시점과 특정 시점 간의 실질 환율의 변화를 양 시점의 명목 환율을 상대 물가지수로 조정한 지수로 표시하는데 일반적으로 기준 시점의 실질 환율을 100으로 계산해 평가한다.

따라서 비교 시점의 실질 환율 수준이 100으로 나타나는 경우에는 양국 통화 간에 구매력이 등가(等價)를 이루고 있음을 의미한다. 100보다 큰 경우에는 자국 통화의 평가절하율이 양국 간의 물가 상승률 격차보다 커지는 실질적인 평가절하(real depreciation) 현상이 발생해 자국 통화의 외국 통화에 대한 상대적 구매력이 하락하게 된다.

반대로 비교 시점의 실질 환율 수준이 100보다 작은 경우에는 자국 통화의 평가 절상률이 양국 간의 물가상승률 격차보다 커지는 실질적인 평가절상(real appreciation)의 현상이 나타나 자국 통화의 외국 통화에 대한 상대적 구매력이 상승하게 된다. 자국 통화의 구매력이 외국 통화에 비해 약화되는 실질적 평가절하가 발생하면 자국 화폐에 비해 외국 통화를 획득하는 것이 더 유리하게 되어 수출경쟁력이 강화되고 자국 통화의 구매력이 강화되는 실질적 평가절상이 발생하면 외국 화폐보다 자국 화폐를 선호하게 되어 수출경쟁력이 약화됨을 의미한다.

앞에서 화폐 가치가 화폐의 구매력이라고 보는 구매력 평가설은 화폐가 특정 시점에서의 상품의 구매력이라고 보는 절대적 구매력 평가설과 일정 기간 물가의 변화율과 화폐가치의 변화율을 비교하는 상대적 구매력 평가설로 구분할 수 있다.

A, B 양국 간의 절대적 구매력 평가설에 의하면 A국 통화의 B국 통화에 대한 환율 $E_a/b = P_a/P_b$가 되나, 일정 기간 환율의 변동과 물가의 변동을 변화율로 표시하는 상대적 구매력 평가설로 보면 t를 비교 시점, $t-1$을 기준 시점이라고 하고 t시점에서의 물가상승율(인플레이션율)을 #(t)이라할 때 $E_a/b(t)/E_a/b(t-1) = (P_a(t)/P_a(t-1))/(P_b(t)/P_b(t-1))$이 된다.

#(t)는 $(P(t)-P(t-1))/P(t-1)$, 즉 $(P(t)/P(t-1))-1$이므로 위 식을 #와 연관을 가지도록 양변에서 1을 빼서 아래의 식으로 만들 수 있다.

$(E_a/b(t) - E_a/b(t-1)]/E_a/b(t-1) = (P_a(t)/P_a(t-1))/(P_b(t)/P_b(t-1)) - (P_b(t)/P_b(t))$

$= (P_a(t)/P_a(t-1))(P_b(t-1)/P_b(t)) - (P_b(t)/P_b(t))$ (복분수를 단순 분수로 정리)

$= (\#a(t) + 1)(P_b(t-1)/P_b(T)) - (P_b(t)/P_b(t))$

여기에서 각 항을 $1/P_b(t)$를 공통인수로 해 정리하면

$$= 1/P_b(t)(\#a(t)\ P_b(t-1)) + P_b(t-1) - P_b(t)\}$$

여기에서 #b(t)를 유도하기 위해 1에 해당하는 $P_b(t-1)/P_b(t-1)$를 곱하면

$$= 1/P_b(t)(\#a(t)\ P_b(t-1)) - \{(P_b(t) - P_b(t-1))/P_b(t-1)\}\ P_b(t-1))$$

$$= P_b(t-1)/P_b(t)(\#a(t) - \#b(t))$$

$P_b(t-1)/P_b(t)$에서 #b(t)를 유도해 $P_b(t) - P_bt(t-1)/P_b(t-1)$ 형태로 바꾸기 위해 $P_b(t-1)/P_b(t)$를 1/역수, 즉 $1/\{P_b(t)/P_b(t-1)\}$로 하고 $\{P_b(t)/P_b(t-1)\}$에 1에 해당하는 $P_b(t-1)/P_b(t-1)$를 곱하면 $1/[\{P_b(t) - P_b(t-1)\}/P_b(t-1)\} + 1]$이 되는데, 이는 결국 $1/(1+\#b(t))$로 바꿀 수 있다.

따라서 $P_b(t-1)/P_b(t)(\#a(t) - \#b(t))$는 $(\#a(t) - \#b(t))/(1+\#b(t))$가 된다.

그런데 $(\#a(t) - \#b(t))$에서 1을 곱해도 그 값은 같을 것이므로 1에 해당하는 $(1+\#b(t)) - \#b(t))$을 곱해 $(\#a(t) - \#b(t)) - \#b(t)(\#a(t) - \#b(t))$로 만들면 앞의 식 $(\#a(t) - \#b(t))/(1+\#b(t))$을 $(\#a(t) - \#b(t)) - \{\#b(t)(\#a(t) - \#b(t))/1 + \#b(t)\}$로 변화시킬 수 있다.

여기에서 $\{\#b(t)(\#a(t) - \#b(t))/1 + \#b(t)\}$의 값은 무시할 수 있을 정도로 적다고 볼 수 있어서 결국 $\{E_a/b(t) - E_a/b(t-1)\}/E_a/b(t-1)$의 값은 $(\#a(t) - \#b(t))$의 값과 거의 동일하다고 할 수 있다.

이러한 결론에 따른 예를 들면, 기준 시점에서의 달러 대 원화의 환율이 1,000원이라 하고, 비교 시점의 한국 물가 상승률이 3%이고 미국의 물가 상승률이 2%라고 한다면 비교 시점의 달러 대 원화의 실질적 구매력 평가에 의한 환율은 1000{1 + 1000(3/100 - 2/100)} = 1,010원이 된다. 만약 t시점에서의 달러 대 원화의 명목 환율이 1,100원이라 한다면 상대적 구매력 평가설에 의한 실질 환율에 비해 90원에 상당하는 만큼 원화가 과소평가되어 있다고 볼 수 있다.

위의 식에서 나타난 바와 같이 인플레이션과 이자율과의 관계를 설명한 것이 피셔효과이다. 즉, 피셔효과(Fisher effect)는 다른 조건이 동일하다면 한 국가의 인플레이션율이 증가할 것으로 추정된다면 이는 그 국가의 저축된 통화의 이자율의 증가를 유도하게 되며 마찬가지로 인플레이션율이 감소될 것으로 추정되는 것은 이자율의 감소를 유도하게 된다는 것이다.

2) 상품생산량의 상대수요와 상대공급에 따른 환율의 변동

앞에서 설명한 바와 같이 A, B 양국의 환율은 양국의 화폐가치에 의해 결정되고 양국의 화폐가치는 결국 양국의 환율을 결정하는 상품의 상대가격에 의해 결정된다고 본다면 A국 통화의 B국 통화에 대한 환율은 양국의 실질 환율에 영향을 미치는 A국 상품생산량에 대한 B국 소비자의 상대적 수요와 A국이 B국의 그 상품 생산량에 비해 얼마나 생산할 수 있느냐에 따른 상대적 공급에 의해 결정된다고 할 수 있다.

따라서 A국 상품에 대한 상대수요가 커진다는 것은 결국 A국 통화가치가 올라가서 B국 통화에 대한 A국 통화의 환율이 내려가고 반대로 A국 상품에 대한 상대 수요가 적어진다는 것은 그 상품 가격의 하락을 의미해 A국 통화 가치가 내려가므로 B국 통화에 대한 A국 통화의 환율이 올라갈 것이다.

A, B 양국의 환율의 결정은 이러한 양국 상품의 상대 수요와 상대공급이 일치하는 점에서 결정된다. 다만 여기에서 세계 전체시장의 A국 상품에 대한 절대수요가 커진다면 A국 통화 가치가 올라가서 그래프상의 상대수요를 나타내는 곡선 자체가 오른쪽으로 이동해 A국의 B국에 대한 실질 환율은 내려가게 된다.

이와 같은 이론을 그래프로 나타낸다면, A국을 미국이라고 하고 B국을 한국이라고 가정할 때,

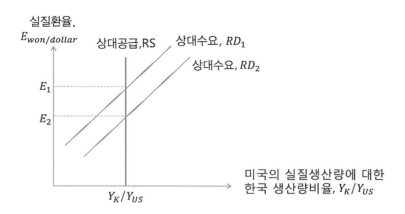

위의 그래프는 A국(미국)의 실질 생산량이 B국에 대해 차지하는 비율을 X축으로 하고 실질 환율의 변동을 Y축으로 할 때, 만약 A국에서 장기적으로 완전 고용이 실현될 때 B국(한국)의 실

질 생산량이 A국의 실질 생산량에 대해 차지하는 비율만큼 생산하게 된다면 B국의 A국에 대한 상대공급(RS)은 더 이상 변동의 여지가 없을 것이므로 환율의 변동에 대해 평행인 수직선이 될 것이다.

따라서 환율의 결정은 이 수직선이 상대 공급선과 B국의 생산량에 대한 A국의 상대수요(RD)가 일치하는 점에서 결정된다는 것을 나타낸다.

미국에서의 한국 상품에 대한 상대수요가 증가하면 미국 달러 대비 한화의 환율은 E_1에서 E_2로 내려가고 원화 가치는 상승(appreciated)하게 된다.

4. 세계무역기구(WTO)와 관세 및 무역에 관한 일반협정(GATT)의 법적 성격 및 분쟁 해결 절차의 차이

I. GATT와 WTO의 성립 배경

WTO와 GATT의 법적 성격의 차이점은 양 기구의 성립 배경으로부터 유래한다.

1930년대 대공황과 그로 인해 팽배한 각종 보호주의와 쌍무주의가 제2차 세계대전의 원인이 되었던 경험에 비추어 제2차 세계대전 중 다수의 국가가 대전 후 새로운 국제 경지 질서를 수립할 필요성에 공감하고 금융 분야와 무역 분야에서 국제협력을 도모할 수 있는 국제기구 창설을 위해 노력하였다.

그 결과 국제 금융 면에서 1944년 브레턴우즈 협정을 통해 국제통화기금(IMF)과 세계은행(IBRD)을 창설하는 데 성공하게 되었으며 이어서 국제무역기구 창설을 위해 노력하게 되었다. 그리하여 1946년 국제연합 경제사회 이사회는 무역과 고용에 관한 국제회의를 개최하고 동 회의에서 국제무역기구 협약 초안을 준비하기 위한 준비 위원회를 설립할 것을 결의하였다.

이 준비 위원회 제1차 회의 참가국들은 국제무역 협약의 완성을 기다리지 않고 관세 인하와 무역 장벽의 완화를 위한 실제 협상을 개시할 것에 합의하였다. 이리하여 제1차 관세 교섭 회의가 국제무역기구 헌장 준비 위원회 작업과 병행하여 1947년 봄에 제네바에서 개최되었으며 동 교섭 회의의 결과 이루어지는 관세양허(tariff concession)가 관세 이외의 보호 조치에 의해 침해되지 않도록 하는 일련의 무역 규칙을 설정해 다자간 협정 형식으로 이를 집대성해 채택하였는데 이것이 '관세 및 무역에 관한 일반협정(GATT)'이다. 이 협정은 1947년 10월 30일에 서명을 거쳐 1948년에 발효하였으며 당시 23개국이 이에 참여하였다.

한편 국제무역기구 헌장에 관한 교섭은 1947년 11월 쿠바 하바나에서 개최되어 1948년 3월에 교섭을 완료하였다. 그러나 세계무역 및 고용의 전반을 포함하는 하바나 헌장은 너무 이상에 치우치고 규칙이 엄격해 주창국인 미국을 비롯해 대다수 국가의 비준을 얻지 못해 하바나 헌장이 발효될 때까지 잠정적 협약으로 채택된 GATT가 전후 세계무역을 규율하는 국제협정으로 준수되었다.

GATT는 설립 당시부터 동 협약의 이행에 필요한 행정적인 기능을 국제무역기구(ITO)에 의해 수행되는 것을 전제로 하고 있었기 때문에 GATT가 별도의 국제기구가 될 수 없었다. 그럼에도 불구하고 ITO 창설의 실패로 인해 GATT는 단순한 다자간 무역협정 또는 협력체라는 설립 목적과는 다르게 발전해 사실상 국제기구로서의 역할을 하게 되었고 이러한 GATT의 변칙적인 운용은 세계 경제의 변화와 보조를 맞추기 위해 주기적인 다자간 무역협상(Multilateral Trade Negotiation, MTN)을 하게 되었고 동 협상을 통해 GATT의 내용도 개정되어 왔다.

이러한 협상이 제8차까지 진행되어 오는 과정에서 제1차 협상 때부터 제6차 협상까지는 선진국 간의 관세 인하 문제가 중심 과제이었고 제7차 협상(동경 라운드)은 관세 이외의 비관세 장벽(정부 조달, 관세 평가, 수입 허가, 기술 장벽, 반덤핑, 보조금 및 상계관세 등)의 완화 내지 철폐 문제를 다루었다.

그러나 이러한 협상 과정에서 GATT 1947 체제로는 변화하는 세계무역 질서를 규제하는 데 근본적인 어려움이 있음이 부각된 바, 특히 농산물, 섬유 등 국제무역에서 차지하는 비중이 높았음에도 GATT 체제와 별도로 운영되어 온 것을 GATT 체제에 복귀시킬 필요가 있었고 또한 서비스 무역, 지적재산권 등에 관련된 무역 문제도 이를 포괄적으로 국제무역 질서 속에서 규율할 필요가 있다는 것에 공감대가 형성되었다.

그뿐만 아니라 종전 GATT가 묵인해 왔던 자유무역 원칙에 대한 각종 예외 조치[농산물 수입 제한, 회원국에 대한 의무를 면제해 주는 면제(Waiver) 조항, 국제수지를 이유로 하는 수량 제한 등]도 GATT 체제의 신뢰성을 위해한다는 점에서 재검토할 필요성을 인정하게 되었으며 GATT 의사결정 과정이 위원회와 총회로 나누어져 있고 결정사항이 강제력이 없는 권고 차원에 불과하다는 점과 특히 강제적 분쟁 해결 절차를 결여하고 있는 점이 GATT 체제의 비효율성을 야기하는 근본 원인임이 지적되었다.

1986년 9월 우루과이에서 개최된 제8차 협상은 이러한 GATT 체제의 근본적인 문제를 해결하자는 목표를 가지고 시작되어 1994년 4월 모로코의 마라케시에서 한 각료회담을 통해 종결되었으며 이 협상의 결과 새로운 세계무역 질서를 규율하는 국제기구로서 WTO를 창설했으며 동 협정은 우리나라를 비롯한 76개국의 비준서 기탁을 받아 1995년 1월 1일부터 발효하게 되었다.

II. GATT와 WTO의 법적 성격의 차이

1. GATT는 원래 국제무역기구(ITO)의 성립을 예상하고 발족하였으나 ITO 헌장이 채택되지 못해 사실상(de facto) 국제기구 역할을 하게 된 기구이나 WTO는 법인격을 가지는(WTO 협정 제8조) 법적인(De jure) 국제무역기구이라는 점에서 근본적인 차이가 있다. WTO의 이러한 성격으로 인해 WTO 자체, WTO에 근무하는 직원, 회원국의 WTO 대표들은 그들의 임무 수행과 관련된 행위에 대해 회원국으로부터 1947년 승인된 전문기구의 특권과 면제에 관한 협약에서 규정된 내용과 같은 특권과 면제를 향유한다.

2. GATT는 불완전 다자기구의 성격을 가졌으나 WTO는 완전한 다자기구의 성격을 가졌다. 이러한 점은 GATT와 WTO에의 참가 방식과 규율 대상에서 나타난다.

가. GATT의 참여방식은 선별적 참여가 가능하였으나 WTO에의 참여는 일괄적 방식으로 통일하였다.

WTO 발효 전에는 반덤핑, 보조금 및 상계관세 조치·기술 장벽에 조치가 이러한 사항에 관한 규정에 참여하는 국가 간에만 적용되었으나 이러한 규정을 포함하는 WTO 협정은 회원국에게 일괄 수락(single undertaking)하도록 하는 의무를 부과시킴으로써 WTO 회원국 전부가 협정의 규정을 준수하도록 하였다.

이러한 원칙의 적용으로 GATT 체제하에서는 개도국의 미가입으로 개도국에게 효력을 발휘하지 못하였던 보조금, 반덤핑에 관한 규정은 물론 지적 재산권 협정(TRIPs), 무역 관련 투자협정(TRIMs), 서비스 등 새로운 분야에 관한 규율도 원칙적으로 개도국에게도 적용되게 되었다.

나. GATT가 규율하는 대상은 제한적이었으나 WTO의 규율 대상은 포괄적이다.

GATT 체제하에서는 서비스 무역(금융, 해운, 전기통신, 유통 서비스) 및 지적재산권(특허권, 저작권, 상호, 의장 등)은 규율 대상에서 제외되었으나 WTO 체제하에서는 이들 분야도 최혜국 대우, 내국민 대우 원칙이 준수되도록 하였으며 시장 접근에 장애가 되는 새로운 규제 조치의 금지, 위조 상품 방지에 관한 규정이 포함되었다.

3. WTO 협정은 GATT 내용을 배척하는 것이 아니라 GATT 1994 규정을 보완해 수용하였다. 이러한 측면에서 볼 때 WTO는 GATT를 폐기시킨 것이 아니라 WTO의 일부로 흡수한 것이라고 할 수 있다.

WTO 협정은 동 협정이 발효하기 전 단계의 GATT 규정을 수용하되 WTO의 체제와 상충됨이 없도록 GATT 1994의 일부 조항의 내용에 대한 해석을 상호 양해(understanding)하는 형식으로 보완해 WTO 협정의 일부로 수용하였다(WTO 협정 Annex Ⅰ A).

Ⅲ. GATT와 WTO의 분쟁 해결 절차의 차이

1. GATT 규정상 분쟁 해결 절차는 GATT 제22조와 제23조에 규정하였는데 그 내용은 어떤 회원국이 합의한 양허 사항을 철회하거나 여타 의무를 이행하지 않는 경우 또는 GATT 협정문에 위배되는 무역관행을 범했을 경우에 피해국이 합당한 분쟁 해결 절차를 통해 가해국과 피해국 사이에 권리와 의무관의 적절한 균형을 유지할 수 있도록 하는 것이었다.

GATT 규정에 따르면 특정 국가 간에 무역 분쟁이 발생하면 우선 양국 간에 협의를 해야 하고 양국 간 협의에서 조정에 실패하면 분쟁 해결을 GATT에 의뢰하는 제소가 이루어진다. 제소가 되었을 경우 당사국 간에 중재가 시도되고 중재에 실패할 경우에는 패널이 설치되며 패널은 조사 판정의 결과를 이사회에 보고하고 이사회는 보고서의 채택 및 권고에 관한 결정을 내리게 된다.

이때 패소한 가해국이 이사회의 권고를 수락하지 않으면 피해국은 가해국에 대해 적절한 보복 조치를 할 수 있는 권한을 이사회에 요구할 수 있으나 만약 가해국이 보복 조치에 불복하는 경우에는 GATT에서 탈퇴할 수 있는 길을 열어둘 뿐 강제적인 이행은 불가능하였다.

2. WTO 협약은 분쟁 해결 절차에 관해 협정문 부속서 Ⅱ로 '분쟁 해결 규칙과 절차에 관한 양해(Understanding on Rules and Procedures Governing the Settlement of Dispute: 약칭으로 'DSU'라 함)'라는 제목으로 상세한 내용을 두었는데 GATT의 분쟁 해결 절차와 비교하면 아래와 같이 분쟁 해결의 신속화와 자동화의 장치를 마련한 점이 주된 차이점이라고 할 수 있다.

가. 분쟁 해결 절차를 전담하는 분쟁 해결기구(Dispute Settlement Body: DSB)를 설치해 분쟁의 해결 업무를 일원화하였다.

GATT 체제하에서는 상품 교역, 서비스 교역, 지적 재산권 교역 등 개별 협약별로 규정되어 있던 분쟁 해결 절차를 WTO 체제에서는 DBS가 통합해 처리하도록 함으로써 분쟁 해결의 일관성을 유지할 수 있도록 하였다.

나. 분쟁 해결 절차에 있어서 제소국에 의한 패널(panel) 설치 요구 및 패널 보고서 채택, 패널 보고서 이행이 용이할 수 있도록 하는 장치를 마련하였다.

GATT나 WTO 체제는 모두 협정 당사국이 특정 회원국에 의한 조치로 자국 이익이 침해되었을 경우 양국 간에 협의(consultation)하고 동 협의를 통한 분쟁 해결이 이루어지지 못하면 피해국은 동 분쟁 해결을 위한 패널 설치를 요구할 수 있도록 하였다.

GATT 체제하에서는 동 패널 설치 및 패널의 보고서를 채택하기 위해 이사회가 합의해야만 가능하도록 하고 있는 소위 적극적 합의(positive consensus) 방식을 택하였으나, WTO 체제하에서는 이사회를 대신해 DSB가 분쟁 해결 절차 전부를 관할하고 패널 설치 요구 및 패널 보고서 채택에 있어서 전 가입국이 반대하지 않는 한, 즉 1개국이라도 찬성하면 패널 설치, 패널 보고서 채택, 패널 권고 불이행시 대행 조치의 발동이 개시되도록 하는 소극적 합의(negative consensus) 방식을 채택하고 있어서 패널 판정의 자동화화 판정 결과 이행의 보장성을 높이고 있다.

다. 상설 상소 기구(Standing Appellate Body)를 창설하였다.

패널의 설치와 패널 보고서를 채택하는데 소극적 합의 제도를 택한 데 따른 패소국의 권익을 보호하고 분쟁 해결 절차에 대한 신중성과 신뢰성을 확보하기 위해 패널 보고서의 법률문제에 관해 불만이 있는 국가는 상소할 수 있도록 하였으며 상소가 제기되면 상설 상소 기구가 이를 관할하도록 하였다(DSU 제17조).

라. 분쟁 해결 절차의 단계별 시한을 마련해 분쟁 해결 절차의 지연을 방지하였다.

분쟁 해결 절차의 중요한 단계마다 엄격한 시한을 정해 절차의 지연을 방지하고 신속하고 효율적인 진행이 이루어지도록 하였다. 즉, 분쟁 당사국은 협의 요청 후 30일 이내에 분쟁의 상대방 당사국과 협상을 해야 하고 협의 요청 후 60일이 지나도 협의에 의해 분쟁이 해결되지 않으면 제소국은 패널의 설치를 요구할 수 있다.

또한 패널이 구성된 후에는 최종 패널 보고서가 분쟁 당사국들에게 6개월 이내에 제출되어야 하며 분쟁 해결기구가 합의로써 패널 보고서를 제출하지 않기로 결정하지 않는 한 패널 보고서는 제출된 후 60일 이내에 채택되어야 한다. 상소의 경우에도 상소 기구는 상소가 제기된 후 원칙적으로 60일 이내에 보고서를 제출해야 하고 동 기일을 준수하지 못할 특별 사유가 있을 경우에는 문서로 지연 사유를 제출해야 하고 어떠한 경우라도 90일을 초과하지 못하도록 하였다.

5. 반덤핑관세와 희토류 수출 제한으로 인한 통상 마찰

미국과 일본이 중국산 철강제품의 수입에 각각 500%와 300%의 반덤핑관세(anti-dumping duties)를 부과한 데 이어 한국도 100%의 반덤핑관세를 부과하기로 하자 중국은 자국산 희토류(稀土類, rare earths)에 대해 100%의 수출관세(export duties)를 부과하고 수출 할당량(quota)을 정하는 한편 정부의 수출 허가를 받은 자만이 수출할 수 있도록 한다고 발표해 미국, 일본, 한국과 중국 간에 통상 마찰이 발생하였다고 가정할 때 한국이 택할 수 있는 국제통상법상의 절차와 내용을 설명함.

1. 한·중 통상 마찰 시 적용되는 국제통상 법규

국제통상과 관련해 발생하는 분쟁을 해결하기 위한 절차는 다자간 협약인 WTO 협정 부속서 2에 규정된 '분쟁의 해결을 규율하는 규칙과 절차에 관한 양해(DSU)'에 규정되어 있고 한국과 중국 간의 통상 분쟁을 해결하는 규정으로 2015년 12월 20일 발효한 '한국·중국 자유무역협정(FTA)'에도 규정되어 있다. 따라서 WTO의 DSU와 한·중 FTA 간의 관계를 명확히 할 필요가 있다.

WTO 협약은 다자간 협약이며 한·중 FTA는 양자 간 협약이나 국제법의 연원(淵源)을 규정한 ICJ 제38조 제1항 a는 다자 협약이나 양자 조약을 동일하게 취급하고 있는 점에 비추어 한·중 간의 무역 분쟁에서 양국이 한·중 FTA의 규정 내용을 원용하지 않고 WTO의 DSU에 따라 분쟁 해결 절차를 취할 수도 있으나 한·중 FTA는 한국과 중국 간에 동 내용을 WTO의 DSU 절차에 우선적으로 고려한다는 약속이므로 한국과 중국 어느 일방이 한·중 FTA의 우선 적용을 주장하면 이를 수용해야 할 것이다. 이러한 점에서 본다면 한·중 FTA의 무역 분쟁 관련 조항은 한·중 간의 분쟁에 있어서 특별한 지위를 가진다고 해석된다.

이 점과 관련해서 한·중 FTA의 제1. 3조(다른 협정과의 관계)에서 "양 당사국은 세계무역기구협정 및 양 당사국이 당사국인 그 밖의 기존 협정상의 서로에 대한 자국의 기존 권리 및 의무를 확인한다."라고 규정하였기 때문에 한중 통상 분쟁의 해결에서 한·중 FTA의 통상 분쟁과 관련한 조항 이외에 WTO의 DSU가 적용된다.

WTO 협정은 동 협정이 성립한 1994년 4월 15일 자까지 수정 변경된 '관세와 무역에 관한 일반협정(GATT)'을 'GATT 1994'라고 해 동 협정의 일부로 채택하였기 때문에 동 내용도 한·중 통상 분쟁을 해결하는 데 원용될 수 있다. WTO 협정 중 반덤핑관세 부과 시 적용될 주요 내용은 'GATT 1994 제6조의 이행에 관한 협정'이다.

또한 WTO 협정을 해석하는 데 있어서 중국이 WTO에 가입하기 위해 수용하였던 '중국 WTO 가입 의정서(The Protocol on the Accession of the PRC: China's Accession Protocol)'와 '중국 가입에 관한 실무 작업단 보고서(The Report of the Working Party on the Accession of China: China's Accession Working Party Report)'의 내용도 원용될 수 있다.

2. 한·중 통상 분쟁 해결 절차

한·중 통상 분쟁은 우선적으로 한·중 FTA의 절차에 따라 해결을 시도해야 한다. 한·중 FTA는 제7장 무역구제에 관한 규정을 두고 통상 분쟁이 일어날 수 있는 여러 경우에 대비해 사전 예방 조치 및 사후 해결 절차에 관해 규정하고 있다.

또한 한·중 FTA 제7. 15조는 양국의 대표들로 구성된 무역구제 위원회를 매년 1회 이상 개최해 무역구제와 관련한 사항을 감독하고 상호 합의하는 사안을 논의하도록 규정하고 있어서 양국 간의 무역 분쟁이 있을 경우 이 무역구제 위원회를 통해 해결할 수도 있다.

그러나 한·중 간의 무역 분쟁이 양국 간의 FTA 규정에 의해 해결되지 못할 경우 분쟁 당사국 어느 일방은 동 분쟁의 해결을 위해 WTO의 DSU가 규정한 분쟁 해결기구(DSB)가 마련하는 절차를 원용하게 된다. 이 절차는 먼저 제5조에서 분쟁 당사국이 주선(Good Offices), 조정(Conciliation), 중재(Mediation) 절차를 취할 것을 합의하면 그러한 절차에 따르도록 하고 있다.

그러나 이러한 과정이 효과가 없거나 생략될 경우 제6조에 따라 분쟁 당사국이 패널(Panel) 설치를 요구하면 패널에서 분쟁 내용을 심사한 후 권고(recommendations)하는 보고서(report)를 내는데, 제16조에 따라 동 보고서가 회람된 이후 60일 이내에 분쟁 당사국이 DSB에 이의신청을 하거나 DSB가 그 보고서를 채택하지 않기로 DSB 구성원 전원이 일치하여 합의하지 않는 한 그 보고서는 채택된다.

보고서 내용을 수락하지 못하는 당사국은 패널 보고서가 회람된 이후 60일 이내에 동 제17조에 따라 상소 기구(Appellate Body)에 제소할 수 있으며 이에 따라 소집되는 상소 기구는 분쟁 당사국의 이의가 제기된 이후 원칙적으로 60일 이내에 특별한 사유가 있으면 DSB에 그 지체 이유를 문서로 제출해 90일 이내에 보고서를 제출해야 한다.

DSB는 패널 보고서에 대해 분쟁 당사국의 이의신청이 없을 경우 패널이 설치된 후 원칙적으로 9개월 이내에, 상소 기구에 제소되어 상소 기구 보고서가 제출될 경우에는 패널 설치 후 원칙적으로 12개월 이내에 패널 보고서나 상소 기구 보고서를 채택해야 한다(DSU 제20조).

상소 기구가 채택한 보고서 내용인 패널의 권고(recommendations)나 상소 기구의 판정(ruling)은 법적 구속력을 가지며 DSB는 그 이행 여부를 정기적으로 조사 및 감시한다(DSU 제21조).

3. 한국의 중국산 철강제품에 대한 반덤핑관세 부과에 대한 분쟁 해결 방안

한국이 중국산 철강제품에 대해 반덤핑관세를 부과함으로써 야기될 수 있는 중국과의 무역 분쟁은 미국이나 일본이 중국산 철강제품에 대해 반덤핑관세를 부과해 중국과 무역 분쟁을 야기한 경우와 해결 방안을 달리해야 한다. 그 중요한 이유는 미국과 일본은 중국과 FTA가 체결되지 않아 중국과의 분쟁에서 WTO 협정에 따른 해결 방안을 시도할 수 있으나 한국과 중국 간의 무역 분쟁에는 WTO 협정 이외에 한·중 FTA의 규정이 적용되기 때문이다.

앞에서 언급한 중국이 2001년 WTO 가입할 당시에 채택된 중국 가입 의정서(China's Accession Protocol) 제15조는 WTO 회원국들은 중국 기업이 해당 산업에서 시장경제조건이 충족되는 것을 증명하지 못할 경우 중국을 비 시장경제(Non Market Economy, NME)로 분류하고 15년 이후

(2016년 12월 이후) 중국이 시장경제 조건을 충족하는지를 재검토할 수 있게 하였다.

미국이나 일본은 그동안 중국에 대한 시장경제 지위(Market Economy Status, MES)를 부여하지 않았기 때문에 중국의 철강제품에 대한 반덤핑관세를 부과하는 데 있어서 덤핑이라고 주장할 수 있는 덤핑 마진을 산정하는 데 있어서 제3국 시장의 유사상품가격을 기준으로 정할 수 있다.

그러나 한국은 2005년 11월 중국에 MES를 인정하기로 합의하였기 때문에 덤핑 마진의 산정 기준을 중국 내 시장에서 형성된 가격을 기준으로 해야 한다.

이 점과 관련해 한·중 FTA는 제7장 무역구제 제2절의 제7. 7조(일반 규정) 4항에서 "양 당사국은 반덤핑 절차에서 덤핑 마진을 결정할 때, 정상 가격과 수출 가격 결정에 있어서의 대체 가격 또는 대체 비용의 사용을 포함해, 제3국의 대체 값에 근거한 방식을 사용하는 관행이 양 당사국 간에 없을 것이라는 점을 확인한다."라고 하였고 제5항은 "양 당사국은 덤핑 마진이 가중평균 가격 비교 또는 개별거래 가격 비교 또는 가중평균—개별거래 가격 비교를 기초로 설정되는 경우, 양의 값이든 음의 값이든 모든 개별 마진을 평균 계산에 포함시키는 양국의 현재 관행을 확인하고, 이러한 관행이 지속될 것이라는 양국의 기대를 공유한다."라고 하였다.

가. 한·중 FTA에 의한 반덤핑관세 부과 절차

- (정보 공개) 잠정 조치의 부과 후 즉시, 그리고 최종 판정 전에, WTO 협정의 일부인 'GATT 1994 제6조의 이행에 관한 협정(반덤핑협정)' 제6. 5조를 저해함이 없이, 조치를 적용하기 위한 결정의 근거를 형성하는 모든 필수적인 사실 및 고려사항의 완전하고 의미 있는 공개를 하되 공개는 서면으로 하고, 이해당사자가 의견을 제시할 수 있는 충분한 시간을 허용한다. 양 당사국은 최종 판정에서 제시된 의견에 대해 적절히 고려하고 답변한다. (7.7조 2항)

- (통보와 협의) 한쪽 당사국의 권한 있는 당국이 다른 쪽 당사국으로부터의 수입에 대해 적절하게 서류를 갖춘 반덤핑 신청을 접수한 후, 그리고 조사를 개시하기 전 7일 이내에, 그 당사국은 자국의 법과 합치되게, 신청의 접수에 관해 다른 쪽 당사국에 서면 통보를 제공하고, 신청에 관해 회의 또는 그 밖의 이와 유사한 기회를 다른 쪽 당사국에 부여할 수 있다. (7.8조).

- (약속) 한쪽 당사국의 권한 있는 당국이 반덤핑 조사를 개시한 후, 다른 쪽 당사국의 요청이 있는 경우, 그 당사국은 가격에 대한 약속을 자국의 당국이 고려하도록 요청하기 위한 자국의 절차에 관한 서면 정보를, 그러한 약속을 제의하고 체결할 수 있는 기간을 포함해, 다른 쪽 당사국의 대사관 또는 권한 있는 당국에게 전달한다.

반덤핑 조사에서, 한쪽 당사국의 당국이 덤핑과 그러한 덤핑으로 야기된 피해에 관한 긍정적인 예비 판정을 내린 경우, 그 당사국은 수락된다면 반덤핑관세를 부과하지 아니하고 조사를 중지하는 결과를 가져올 수 있는 가격 약속 제안에 관해, 자국의 법과 절차에 합치되게, 다른 쪽 당사국의 수출자에게 적절한 고려와 회의 기회를 부여한다. (7.9조)

- (실사) 실사 대상 정보의 일반적인 성격 및 제공될 필요가 있는 정보는 현지 실사 전 관련 수출자 및 생산자에게 통보되어야 하며 실사의 결과는 실사 후 합리적인 기간 내에 실사의 대상이 되는 관련 수출자 및 생산자에게 공개된다. (7.10조)

- (공청회) 각 당사국은 이해당사자들의 서면 신청을 접수한 경우 또는 자체 발의로, 공청회를 개최할 것을 적절히 고려한다. (7.11조)

- (반덤핑 조치 종료 후 조사) 이전 12개월 이내에 반덤핑 조치가 종료된 상품에 대한 반덤핑 조사 개시를 위한 신청에 대해서는 조심스럽게 검토하기로 합의한다. (7.12조)

- (누적적 평가) 2개국 이상으로부터의 수입이 동시에 반덤핑 조사의 대상이 될 때, 한쪽 당사국은 다른 쪽 당사국으로부터의 수입 효과에 대한 누적적 평가가 수입 상품 간 경쟁 조건 및 수입 상품과 동종의 국내 상품 간 경쟁 조건에 비추어 적절한지를 주의를 가지고 검토한다. (7. 13조)

- (신규 공급자 재심에 적용 가능한 미소 기준) 'GATT 1994 제6조의 이행에 관한 협정' 제9. 5조에 따라 개별 마진을 결정할 때, 덤핑 여부의 조사 기간 중 해당 상품을 수출하지 않은 경우, 덤핑 마진이 동 협정 제5. 8조에 규정된 미소 기준치 미만이라고 판정되면 관세를 부과하지 아니한다. (7.14조)

나. WTO 협정의 일부인 'GATT 1994의 제6조의 이행에 관한 협정'에 따른 반덤핑관세 부과 절차

한국이 중국 철강제품에 반덤핑관세를 부과하기 위해 위의 한·중 FTA 규정에 의한 절차가 우선적으로 적용되나 동 규정과 저촉되지 않는 범위 내에서 WTO 협정의 일부인 'GATT 1994의 제6조의 이행에 관한 협정'에 따른 절차에 따라 부과해야 하는데 동 규정 중 중요한 내용은 다음과 같다.

-(피해의 결정) 반덤핑관세를 부과하기 위한 피해의 결정은 적극적인 증거와 덤핑수입의 양과 덤핑한 수입이 유사상품의 국내 시장가격에 미친 영향과 동 상품의 국내 제조업자에게 미친 결과에 대한 객관적인 조사를 기초로 해야 한다. (제3조)

- (잠정 조치) 한·중 FTA 제7. 10조에 의한 반덤핑 실사가 'GATT 1994의 제6조의 이행에 관한 협정' 제5조의 조사를 대체하는 절차라고 해석되더라도 실사 기간 중에 중국산 철강제품의 덤핑으로 인해 손실을 방지하는 것이 필요하다고 판단되면 반덤핑관세를 부과하는 잠정 조치를 취할 수 있다. (제7조)

- (부과와 징수) 반덤핑관세를 부과할 수 있는 조건이 충족되었을 때 반덤핑관세의 부과 여부와 덤핑 마진의 전부 또는 일부에 부과할 것인지의 여부는 수입회원국의 당국이 결정한다. 반덤핑관세는 덤핑이 이루어진 생산품과 덤핑으로 인한 손실이 발생한 상황별로 개별적으로 징수되어야 한다. (제9조)

- (소급효) 잠정 조치나 반덤핑관세는 소비상태에 있는 상품에 적용된다. 그러나 잠정 조치가 없을 경우 덤핑으로 인한 손실 발생이 잠정 조치가 있을 시점부터 발생한 것으로 최종결정이 나면 잠정 조치가 가능했을 시점으로 소급해 부과할 수 있다. 잠정 조치로 부과된 반덤핑관세와 확정된 반덤핑관세와의 과부족이 발생하면 추징하거나 환불한다. (제10조)

- (관세 부과 기간 및 재검토) 반덤핑관세 부과 기간은 덤핑으로 인한 손실이 발생해 덤핑에 대한 대항 조치를 취할 기간까지 계속된다. 그러나 당국은 관세 부과를 계속할 필요성이 있는지에 대해 검토해야 하며 확정된 관세 부과 일자로부터 5년 이내에 종료한다. (제11조)

4. 중국의 희토류 수출 제한 조치에 대한 분쟁 해결 방안

(1) 희토류 수출 제한의 의미

희토류는 IT산업, 전자제품, 형광체, 광섬유, 원자로 제어제, 저탄소 녹색성장에 필수적인 전기자동차, 풍력발전에 사용되는 영구자석 제조 등에 필요한 원소로 이를 포함한 광물자원으로부터 희귀하게 산출되며 현재 중국이 전 세계 생산량의 97%를 차지하고 있어서 중국의 희토류 수출 제한은 동 자원을 수입해야 하는 산업국가에게 커다란 경제적 손실을 줄 수 있다.

(2) 한국이 취할 수 있는 분쟁 해결 절차

중국의 희토류 수출 제한에 대해 한국은 한·중 FTA의 규정과 WTO 협정에 따른 해결방안을 강구할 수 있다. 한국이 WTO 협정에 따라 분쟁을 해결하고자 할 경우에는 미국이나 일본이 중국의 희토류 수출 제한 조치에 대해 WTO의 분쟁 해결 절차에 따라 패널의 소집요청을 하거나 상소 기구에 제소할 경우 각 절차별로 제3자(third party)로서 참가할 수 있다(DSU 제10조).

(3) 중국의 희토류 수출 제한 조치에 대한 한국의 항변 가능 논거

가. 한·중 FTA 규정에 의한 논거

한·중 FTA 제2. 8조는 제1항에서 "1994년도 GATT 제11조 및 그 주해에 따른 경우를 제외하고 수출에 대한 어떠한 금지 또는 제한도 채택하거나 유지할 수 없다."고 하고 "이러한 목적으로 1994년도 GATT 제11조 및 그 주해는 필요한 변경을 가해 이 협정에 통합되어 그 일부가 된다."라고 규정하였으며 제2항에서는 "당사국이 1994년도 GATT 제11조 제2항 (a)호에 따라 광물자원의 수출 금지 또는 제한을 하는 경우, 그 당사국은 그러한 제안된 금지 또는 제한의 이유, 성격, 예상되는 기간과 함께, 실행 가능한 한 사전에 다른 쪽 당사국에게 서면으로 통보한다."고 하였다.

1994년도 GATT 제11조는 제1항에서 체약 당사국이 다른 체약 당사국으로 수출하는 상품에 대해 관세, 조세, 기타 부과금을 제외하고 할당량(Quota)이나 허가를 통한 양적 제한을 못하는 것을 원칙으로 하고 제2항에서 이러한 원칙에 대한 예외 규정을 두었다.

이러한 규정에 비추어보면 한국에 대한 중국의 희토류 수출 제한이 타당한가 하는 문제를 해결하기 위해 한·중 FTA 규정을 원용하는 것은 결국 WTO 협정 일부의 해석 문제로 귀결되어 WTO 협정 체제 내에서 해결책을 모색하는 과정에 포함된다.

나. WTO 협정에 의한 논거

중국이 광물자원의 수출을 제한해 WTO 협정에 따라 해결한 실제 사례가 존재한다. 즉, 중국은 2008년 이래 국내 입법이나 행정 조치를 통해 보크사이트, 코크스, 형석(fluorspar), 마그네슘, 망간, 실리콘 메탈(silicon metal), 황린(yellow phosphorus), 아연과 같은 광물자원의 수출에 수출관세를 부과하거나, 수출할당량을 정하거나(여기에 희토류가 포함됨), 수출자 허가제를 실시하는 등 수출 제한 조치를 취했다. 이에 대해 2009년 미국, 유럽 공동체(2009년 12월 유럽 공동체가 유럽연합으로 되면서 유럽연합이 승계), 멕시코가 WTO의 DSB에 중국의 수출 제한 조치에 대해 이의를 제기해(문서번호 미국: WT/DS394/R, 유럽연합: WT/DS395/R, 멕시코: WT/DS398/R) 2010년 3월 DSU 제6조에 따른 패널이 설치되었다.

이리해 패널이 2010년 5월 제1차 보고서를 제출하였고 2010년 10월에는 제2차 보고서를 제출하였는데 중국은 이러한 보고서 내용에 이의를 제기해 동 문제가 상소 기구에 제기되었으며 이때 한국을 비롯한 13개국이 제3자 참가를 하였다.

상소 기구는 이 문제를 심사하고 2012년 1월 10일 자의 보고서를 DSB에 제출하였는데 동 사건의 심사과정에서 제기된 중국의 광물자원 수출 제한의 부당성을 주장하는 측과 중국의 입장 및 패널 및 상소 기구의 판정내용을 검토함으로써 한국이 중국의 희토류 수출 제한에 대해 항변할 수 있는 근거를 찾기 위하여 아래와 같은 점을 검토할 필요가 있다.

1) 수출 제한 조치는 국가의 고유한 권리인가

중국은 자원의 보유국이 수출을 제한하는 조치를 취하는 것이 국가가 가지는 고유한(inherent) 권리라고 하였으나 상소 기구는 WTO 당사국이 되는 것은 WTO 협정상의 교역에 관한 규정의 준수 의무를 수락해 이에 관한 국가의 권리가 제한되는 것이라는 미국과 멕시코 측의 주장을 받아들였다.

2) 중국의 희토류 수출관세 부과의 타당성 문제

1994년도 GATT 제11조 제1항의 해석상 중국은 희토류 수출에 있어서 양적 제한 이외에 수출관세를 부과하는 것은 허용하는 것처럼 되어 있으나 상소 기구의 판정은 WTO 협정 체제 전체의 해석상 중국이 자의적으로 수출관세를 부과하는 것을 허용하는 것은 아니라고 해석하였다.

그 근거로 WTO에 가입할 당시 중국 측이 수락한 중국 가입 의정서 제11. 3항은 "중국은 이 의정서의 부속서 6에 특별히 명시되어 있거나 1994년도 GATT 제8조의 규정에 합치하는 경우가 아닌 한 수출에 대한 어떠한 세금이나 부과금을 없앤다."고 하였으며 '실무 작업단 보고서(China's Accession Working Party Report)'의 부속서 6에서 중국이 수출품목 중 수출관세를 부과할 수 있는 84개의 품목을 제시하였는데 동 품목에 일부 광물자원이 포함되어 있지만, 희토류가 명시적으로 포함되어 있지 않다.

동 작업단 보고서는 또한 중국의 WTO 가입 시 중국 측 대표가 부속서에 명시된 84개 품목 이외의 대부분 상품에는 수출관세를 부과하지 않을 것이라고 언급한 것이 기록되어 있다.

3) 수출할당량(quota) 지정 문제

중국이 희토류 수출에 지역별이나 국가별로 할당량을 정하는 것은 1994년도 GATT 제11조 제1항에 의해 원칙적으로 금지되나, 제2항 (a)의 예외 조항에 해당할 수 있을 것인가가 문제가 된다.

동 제2항 (a)는 수출하려고 하는 상품이 국내적으로 중대한 부족(critical shortages)을 방지 또는 예방하기 위해 수출을 일시적으로(temporarily) 금지 또는 제한할 수 있다고 하였는데 앞에서 언급한 바와 같이 한·중 FTA는 이 경우 "금지 또는 제한의 이유, 성격, 예상되는 기간과 함께, 실행 가능한 한 사전에 다른 쪽 당사국에게 서면으로 통보한다."고 하였다.

한·중 FTA의 이 규정을 WTO 협정의 내용과 조화되도록 해석할 때, 중국은 희토류 수출에 대해 할당량을 일시적이 아닌 장기간 실시할 수 없으며 일시적으로 수출을 제한할 경우 희토류를 수출할 경우 국내적으로 중대한 부족을 야기한다는 사실을 중국 측이 입증해야 한다.

4) 수출허가제(licensing) 문제

중국은 2008년 이래 상무부나 세관에서 수출을 허가하는 각종 법령을 제정, 시행하고 있었으나 이러한 관행은 수출할당량 지정과 마찬가지로 1994년도 GATT 제11조 제1항에 의해 원칙적으로 금지된다.

또한 위에서 언급한 '실무 작업단 보고서(China's Accession Working Party Report)'의 '수출허가와 수출 제한(Export licensing and export restrictions)' 제6항은 당시 중국 대표가 "수출허가를 비자동적(Non-automatic)으로 하는 것과 수출을 제한하는 것은 WTO의 규정에 따른다는 것을 확인한다."라고 하였으므로 중국이 희토류에 대해 자의적으로 수출허가제를 시행하는 것은 이러한 규정에 위반한다고 주장할 수 있다.

5) 1994년도 GATT 제11조 제2항 (a)와 제20조 (g)와의 관계 문제

1994년도 GATT 제20조는 수출을 제한할 수 있는 일반적 예외사항을 정하였는데 그중 (g)는 '고갈될 수 있는 천연자원(exhaustible natural resources)의 보존과 관련된 조치로 국내 생산 또는 소비에 대한 제한과 결부되어 유효하게 되는 경우'를 제시하고 있다.

제11조 제2항 (a)는 수출을 제한할 수 있는 조건으로 '일시적'일 것과 '중대한 부족'을 초래한다는 것을 전제로 하였음에 비추어 제20조 (g)는 '고갈될 수 있는 천연자원의 보존과 결부된 조치'일 경우 이러한 조건이 적용되지 않고 수출을 제한할 수 있다는 해석이 가능할 것인가가 문제가 된다.

상기한 중국 광물자원 제한에 대해 미국 등이 WTO 협정에 따라 해결한 사례에서 중국 측은 마그네슘, 망간 등 일부 광물자원이 제20조 (g)에서 규정한 '고갈될 수 있는 천연자원'으로 동 조항에 따라 수출관세를 부여하는 것이 허용되어야 한다고 주장해 제20조 (g)가 제11조 제2항 (a)의 예외 조항으로 해석해야 한다고 주장한 반면, 미국 등 중국의 수출 제한 조치에 이의를 제기한 측은 두 개의 조항이 별도의 내용을 규정한 것이라고 하였다.

패널과 상소 기구는 모두 1994년도 GATT 제11조 제2항 (a)와 제20조 (g)는 서로 다른 조건을 제시한 별개의 규정이라고 해석하였다. 즉, 제20조 (g)에서 언급한 '제한과 결부되어(in conjunction with)'라는 말은 '함께(together with)' 또는 '더불어(jointly with)'와 동일한 의미이며 "그러한 조치가 유효하게 된다(such measures are made effective)."는 의미는 정부의 법령이나 명령을 통해 실제 '시행되어야(operative or in force)' 한다는 것이라고 해석하였다.

따라서 동 조항의 해석상 천연자원의 보존을 위한 수출 제한이 가능하려면 두 가지의 요건을 충족해야 하는데 첫째는 그러한 제한 조치가 국내의 생산과 소비에 대한 제한과 함께 이루어져야 하고 둘째는 국내에서의 생산과 소비에 대한 제한이 유효해야 한다는 것이다.

6. 수출 보조금 지원과 수입 관세 부과가
사회 후생에 미치는 영향 비교

1. 수출 보조금 지원이 사회 후생에 미치는 영향

정부가 특정 상품의 수출업자에게 수출 보조금을 지불하면 그 상품을 생산하는 자들은 그 상품을 국내 판매 대신 수출하려고 할 것이며 수출하려면 보조금을 받은 만큼 국제가격보다 낮은 가격으로 수출해 국제가격이 같아질 때까지 수출하게 된다. 수출하는 자국의 소비자들은 수출물량이 국제가격과 같을 때까지 수출하게 됨으로써 결국 국내가격이 국제가격보다 더 높아질 때까지 공급이 줄어들게 되어 국내가격이 국제가격보다 높아지게 된다.

따라서 그 상품의 국내 소비자들은 그만큼 인상된 가격으로 구매해야 한다. 한편 그 상품을 수입하는 나라에서는 그 상품의 가격이 정부 보조금만큼 인하된 가격으로 수입하게 될 것이다. 이와 같은 결과로 그 상품 수출국의 소비자는 손실을 보고 생산자는 이익을 얻게 되며 정부는 지불하는 수출 보조금에 해당하는 만큼 손실을 보게 된다.

이와 같은 관계를 그래프로 나타내어 사회 후생을 살펴본다면 다음과 같다.

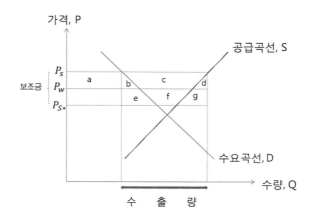

국내에서의 가격은 P_S에서 결정될 것이고 이 가격에서 수요 곡선과 공급 곡선이 만나는 점까

지의 물량이 수출될 것이므로 국내 생산자 이익은 보조금 지급으로 인해 국제가격(P_W)보다 더 인상된 가격(P_S)만큼의 차이가 공급 곡선과 만나는 점까지의 넓이에 해당하는 a+b+c가 된다.

소비자의 손실은 보조금 지급이 없었으면 국제가격으로 수출될 것을 보조금 지급으로 국제가격 이상으로 인상됨으로써 그 차이가 수요 곡선과 만나는 점까지의 넓이에 해당하는 a+b가 된다.

한편 정부 보조금을 지급에 따른 비용은 보조금을 지급하지 않을 경우의 가격(P_{S*})과 보조금 지급으로 인해 인상된 국내가격(P_S)과의 차이가 수출물량과 곱해진 면적 b+c+d+e+f+g 부분이 된다.

2. 수입 관세 부과가 사회 후생에 미치는 영향

수입국가에서 특정상품에 수입 관세를 부과하는 것은 그 상품의 수입을 억제하려고 하는 경우이므로, 그 상품의 수입자가 수입 관세에 해당하는 부분만큼 가격을 인상시켜 국내소비자 부담으로 할 경우에는 국내수요가 크게 줄어들 것이므로 수출업자는 수입 관세의 일부에 상당하는 가격만큼 국제가격보다 낮은 가격으로 수출하게 되고 수입 관세 중 나머지 부분에 해당하는 만큼은 국제가격보다 인상된 소비자 가격이 된다. 따라서 수입국가의 가격은 국제가격에서 수입 관세에서 수출자가 부담한 부분을 제외한 나머지 부분만큼 상승하게 되고 수출국가의 수출상품의 가격은 국제가격에서 수입 관세의 일부에 해당하는 만큼 하락한 가격이 된다.

이와 같은 결과로 수입국가의 수요 곡선과 수출국가의 공급 곡선도 변화된 가격에 상응해 변화하게 되는데 이러한 관계를 그래프로 나타내면 다음과 같다.

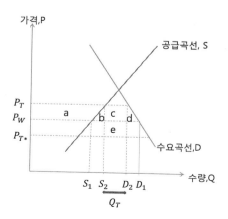

앞의 그래프에서 수입 관세를 부과하면 수입국가의 가격이 국제가격(P_W)에서 관세의 일부에 해당하는 만큼 상승한 P_T로 바뀌며 수출국가의 가격은 국제가격에서 세금부과액 중 수입국 소비자 가격상승분을 제외한 부분만큼 낮아진 P_{T*}로 변한다.

이에 따라 수입국가의 수요는 D_1에서 D_2로 바뀌게 되고 수출국가의 공급은 S_1에서 S_2로 바뀌게 되어 실제 교역량이 D_2와 S_2 사이에서 일어난다.

이 그래프에서 사회 후생을 살펴본다면 다음과 같다.

소비자들은 수입세가 부과되지 않았으면 국제가격(P_W)에서 수요 곡선에 이르는 점까지 구입할 수 있었던 것을 관세로 인해 인상된 가격(P_T)에서 수요 곡선에 이르기까지 구입하게 되므로 a+b+c+d 부분이 소비자 손실이다.

수입하는 국내 생산자는 당초 관세가 없으면 국제가격(P_W)으로 판매하게 될 것을 관세가 부과되어 P_T의 가격으로 판매할 수 있게 되었으므로 이 가격과 공급 곡선이 만나는 점가지의 생산자 잉여에서 P_W 가격으로 이루어진 생산자 잉여를 제외한 부분인 a가 생산자 이익이 된다.

수입국 정부는 수입 관세 부과로 인해 수출업자의 판매 가격(P_{T*})에서 수입함으로써 부과되는 가격 P_T와의 차이에서 수입물량(Q_T)을 곱한 것에 해당하는 c+e 부분이 정부 수입이 된다.

수입 관세로 인한 순수 후생효과를 본다면 위의 소비자 손실에서 생산자 이익을 제외한 b+d 부분이 효율성 손실로 나타나며 정부 이익에서 소비자 손실과 겹치는 부분을 제외한 e 부분이 교역 조건이익(terms of trade gain)이 된다.

색인

ㅈ

ㅊ